U0555160

温州市文史研究馆　出品

温州学人
印象丛书

弦歌中西

易永谊　编

赵瑞蕻

文匯出版社

出版说明

　　在温州五千年的文明史进程中，涌现了一批载入史册的文化名人，正所谓"人物满东瓯""永嘉前辈读书多"。这些人物在各自的领域推动了社会的发展、历史的进步。尤其晚清民国以来，温州人积极融入改革开放的历史变局，出现了多个知识群体，促进了中国现代化进程。

　　"一方水土养一方人。"这些人物成长，离不开温州这片土地的滋养。"东瓯人物""永嘉前辈"烙着深深的温州文化印记。

　　为了加强温州历史文化名人研究，温州市文史研究馆策划出版"温州学人印象丛书"。这套丛书的研究对象以近现代学人为主，一人一册，收集回忆纪念该人物的"三亲"文章，原则上不收论文式的研究文章，突出史料性、系统性、可读性，以合乎"印象"之义，乃别样的人物传记。

　　文化名人是一座城市重要的软实力，希望通过这套"温州学人印象丛书"的出版，能为助力温州文化建设、传播温州良好城市形象贡献力量。让我们一起努力。

温州市文史研究馆

二〇二一年十月

目 录

附　录

上
编

从春草池边说起

王季思

今春的岭南多雨，到初夏还是如此；刚刚阴翳了几天，又闷热不堪。今晨枕上醒来，还不到六点钟，窗外暴雨如注，雷声隆隆。受电波的感应，新装的电铃接连作响。我以为是送牛奶的小陈要叫门进来躲雨，两次下楼开门都不见人影。岭南的雨，来得快，也去得快，雨过之后又特别凉快。

我扭开台灯，开始早读，首先映入我眼帘的是赵瑞蕻教授从南京寄来的《香港文学》，刊载了他《八行体新诗十八首》，其中有赠给我的一首，中间四行是：

在中山大学茂林繁花的深处，
我们品尝家乡美酒，促膝谈心；
春草池边的笑声仍在我心上淹留——
是您首先把我领进了文学的迷宫。

这温州城里原十中初中部的春草池边是瑞萐童年学习的课堂，也是我大学毕业后最初上课的讲堂。这课堂正在春草池塘的边上，我曾否即景生情，对同学们朗吟谢灵运"池塘生春草，园柳变鸣禽"的诗句，今天已一点也记不起，但对他们边朗诵边解释《孔雀东南飞》的诗是记得的。那是因为当时班长项淑贞曾说我讲到兰芝，仲卿双双自杀殉情时，泪光隐隐，引起她们女同学的感动，赵瑞萐在班里年纪最轻，稚气未脱，功课却学得很好，尤其是语文写作的水平，跟年龄较大的女班长项淑贞不相上下，我们戏称这一班为"凤头龙尾班"。

　　一九三五年，项淑贞考入大夏大学中文系后，化名向枫，在上海参加党的地下工作。解放后在党内的残酷斗争中被打成叛徒，夫离子散。

　　一九七九年寒假，我从故乡返穗，道经上海见到她，她说："还是瑞萐好，一心扑在文学上，我是文学、事业两无成啊！"一九八五年，我在南京见到瑞萐，向枫已于一年前逝世。我留诗赠瑞萐："谢客池塘畔，凤头龙尾班。花光春烂漫，鸟语夏绵蛮。一别风云散，重逢桑海翻。向枫长已矣，遗恨满人间！"记下了这一段因缘，多少可以引起我们半个多世纪来的回忆。

　　在《香港文学》的十八首外，瑞萐还寄给我同样体裁的五十四首诗。默念瑞萐这些新作，不时引起我产生愉悦与沉思。他是那么敏感地在寻常景物中发现人生深层的意蕴和美好的愿望，编织成一串串美好的花环，挑动了读者深沉的思忆，涌现出彩霞般的憧憬。像墙呀，门呀，灯呀，无时无刻不在我们生活里出现，在瑞蕻的笔下却出现如下的诗行：

门啊，隐蔽而又要通向外界，
变化的契机。世界上有各种门，
有各种敲门声，天堂似的，地狱似的；
当门开了会遇见什么？门，系着命运。
——《门》的后四行

墙，人类悲剧的开场。
你见过高压电通过的墙吗？
"墙呀！墙呀！"莎翁剧中有人在嚷：
一道道墙堵死了友情和阳光。
——《墙》的后四行

亲爱的灯照着我工作，
把异国诗人的梦织入汉语中；
我祈求孤寂，灯的默契，
好与两百年前的诗魂相通！
——《灯》的中间四行

是谁把我们推进地狱？又是谁把我们引进天堂？是什么堵

死了我们的友情？又是什么遮掩了我们的阳光？是谁逗起了异国诗人的梦？又是谁引我们与两百年前的诗魂相通？聪明的读者将会从这些诗行里引出一个个的问号和深思。他祝愿年轻的诗人，在春天大胆地开花，秋天，自然会有累累的果实。他默默祝愿那亲手种的两株石榴树，在叶子落尽了的寒冬里，期待着初夏时满树的繁花。他静对多瑙河的金波荡漾，祝愿多瑙河上永远是歌声、货轮、游舫；美丽的欧罗巴长年繁花盛放。诗人的联想总是向有希望、有成果的前景生发，读者美好的愿望与愉快的心情，这是我们祖国在拨乱反正后的和平局面和美好前景在诗歌创作中的反映，也是世界从战争逐步趋向和平时人类的心声。"治世之音安以乐，其政和"，"和顺积中而英华发外"（《乐记》），我们二千年前的诗论家早就透露了此中消息。

在瑞祺新寄来的五十四首诗里更多的篇章是对故乡、亲友的怀恋，以及对中外历史上著名诗人的倾慕。请看下面的诗行：

有人说不游雁荡虚度一生，
我游雁荡是为了追寻旧梦；
早春晨光，踏上幽深的山路，
独自漫步，怀念在心里低吟。

到大龙湫看彩虹环绕飞瀑，
入斤竹涧从灵运诗中探风景；

雁荡啊，雄奇的境界——
在每座峰峦我洒上了恋情！
　　——《雁荡》

灰蒙蒙的天，灰蒙蒙的海港，
雨洒在码头，一排排渔船上；
海上灯塔闪亮，雨洒在白帆上，
群鸭仍在飞，掠过层层渔网。
　　——《雨港》上半首

清晨，四月柔和的阳光，
渗进新绿，玻璃窗棂，
照亮了瓶中的丁香花，
荡开了心里遥远的憧憬。

簇簇乳白色的花朵
静静地沁出芳馨——
听得见春天的悄语吗？
是绿的涟漪，美的剪影。
　　——《题一幅油画》

听见了八百年前的笛声，诗人的低吟，

枝头的翠禽也慢慢儿坠入了梦乡……
静静的雪夜，静静碧绿的湖水；
美和幸福的追求啊，咏梅的绝唱。
——《听姜夔〈暗香〉、〈疏影〉演唱》中间四行

年轻时《夜莺颂》使我入迷，
晚年翻译它仍叫我心醉！
……
一百六十年了，琴弦仍在拨动，
岁月遮掩不住济慈的光辉！
——《济慈》三、四、七、八行

　　这些似断不断的诗行，像雨后一道道清澈的流泉，穿过我窗外的草坪，流向康乐园的东湖。它们谛听见春风的细语，亲昵过泥土的温馨，还想象着枝头翠禽的美梦，勾引起怀乡去国的人们一缕缕淡淡的愁思。
　　作为一种新诗的尝试，它是自由体新诗向格律诗转化的产物。这转化的契机，是吸收旧体五七言律诗两句一韵，八句一首的格式，而改变它句子过于凝练、声律要求太严、不适合于现代口语的短处。我一向主张新诗与旧诗的彼此靠拢，取长补短，互相吸收，因此认为这种尝试是十分可贵的。
　　既然是尝试，当然还有值得商量的地方。五七言律诗首句有

用韵的，有不用韵的，从声调的铿锵应和说来，以起句用韵为动听，因此就成为常格。我粗粗计算了一下，瑞蕻这几十首新体诗里，首行不用韵的要比用韵的多，这就值得商量。后面六行一般是两行一韵，有时稍加变化，如《听姜夔〈暗香〉、〈疏影〉演唱》于一、三、五、七、八行用韵，念起来别有韵味，是可以的。但如《席勒纪念碑》一首，八行全不用韵，念起来就不免别扭。

写到这里，窗外早已放晴，我想起陈简斋的诗："墙头语鹊衣犹湿，楼外残雷气未平。"又回忆起将近一年前跟瑞蕻的一次通信，讨论文化领域刮起的一阵小风暴。让那墙头小鹊去叫喳喳吧，让那楼外残雷去鸣不平吧，我们还是写我们的诗。写到这里，稿子恰好脱手。遥望雨后长空的彩霞，我想瑞蕻接到这稿子时，在晚餐桌上该可以多干一杯家乡的花雕酒吧。

一九九八年五月二十五日于中山大学之玉轮轩

选自《多彩的旅程：纪念赵瑞蕻专辑》，董宁文主编，《开卷》特刊 2001 年 8 月版，第 102–106 页。

诗的呼唤

冯 至

读了赵瑞蕻同志的《八行新诗习作》，我未加思索，在笔记本上写了一句读后感，"我听到诗的呼唤"。继而一想，"诗的呼唤"这个词组可以有两种解释。"诗"若是名词，"诗"和"呼唤"就是领属关系，即诗在呼唤。"诗的"若是形容词，就是作者用诗的体裁呼唤。我常听语法学者们说，汉语有时含混不清，不够准确，可以这样理解，也可以那样理解，言外之意仿佛是说汉语的缺点。其实也未必是缺点，一个词组含蓄量广泛一些，说不定还是一种优点。就以"诗的呼唤"这个词组而论，便很有意义，因为两种解释都适用于赵瑞蕻的这些"习作"。

人为了更凝炼、更集中、更有感染力地表达自己的思想感情，创造了诗。诗又好像无时无刻不在呼唤，提出要求，"给我适当的形式"。为了回答这个要求，在诗的历史上随着社会的发展、语言的演变，经过历代诗人的努力，不断产生诗的新形式。汉语诗是这样，世界各民族语言的诗可以说也都是这样。

新诗已经有七十多年的历史，新诗的兴起主要是为了摆脱旧体诗形式的束缚，以便于表达新时代人的思想感情，可是它起步不久，它自身内就有一种要求，它呼唤着"给我新的形式"，不少新诗人感受到这迫切的召唤，他们探索钻研，放胆尝试，在新诗草创的第一个十年内（正如朱自清在《中国新文学大系·诗集导言》所概括的），便形成了三个诗派，即自由诗派、格律诗派、象征诗派。这三个诗派主张各自不同，其至互相争论，但都是给新诗创造了新的形式。此后新诗向多方面发展，有各种各样的风格和倾向，基本上是从这三个诗派演化而来的。当然，演化并没有中止，它还在继续。不少有成就的诗人为此作出贡献。瑞蕻从一九八五年底至一九八九年春节创作了一百五十首八行诗，这些诗不像狭义的格律诗那样严谨，更不像广义的自由诗那样散漫，把语调自然的诗句纳入比较整齐的八行诗体里，取格律诗与自由诗之所长，自成一体。作者称他的八行新诗为"习作"，他以谦虚的态度响应了诗对于新诗人的呼唤。

诗人运用八行诗的形式回答了（作为名词的）"诗"的要求，同时也就得心应手地用以抒发了他的所思和所感。正如他在一首论诗的诗里说的"用激动的声音呼唤"，激动的声音是诗的声音，这呼唤便是（作为形容词的）"诗的"呼唤了。至于他呼唤什么，怎样呼唤，向谁呼唤，一百五十首八行诗首首在我们面前，读者可以全读，可以选读，见仁见智，读者自有衡量的尺度，我在这里只谈一谈我个人的看法。

　　瑞蕻的八行诗最初在杂志上分批发表时，第一批排列的次序第一首是《读巴金〈随想录〉》，其次是《赠沈从文师》，再次是《赠年轻的诗人们》。不管发表时作者这样编排是有心或是无意，不管将来作为诗集出版又怎样重新编订，我认为这三首诗能够概括全集，因为从中可以看出作者作人和写诗的态度。巴金的《随想录》五集，不少篇幅都谈到或涉及讲真话问题，其中有一集就命名为《真话集》：最后一集《无题集》的"后记"最后一段里有这样的话："献上我这五本小书，我称它们为'真话的书'。"瑞蕻把他的八行诗又叫做"诗的随想录"，显然是受巴金《随想录》的启迪。他自己也一再说"最可贵的是敢讲真话"，"我们都愿向巴老学习，讲真话。"人怎么想，便怎么说，怎么写，本来是很普通的道理，可是这个道理有时竟成为问题，甚至巴金自己也说，"难道说真话还有困难"，"讲真话并不那么容易。"这是由于十年浩劫，谎言假话成风，谁也不肯或不敢推诚相见，浩劫过后，有良心、有责任感的作家和诗人们才发出讲真话的呼声。艾青在一九八〇年出版《归来的歌》，这本诗集的"代序"就以"诗人必须说真话"为标题，并且反复地说"人民喜欢听真话"，"人民不喜欢假话"，这是一个时期共同的要求，当然，每个时期都应该如此。"诗言志"是千古明训，八行诗的作者也立下了誓言，"决不虚伪，假如我是一个诗人。"

　　在怀念和悼念师友的诗中，献给沈从文的诗最多，共计十三首，既有怀念，也有悼念，因为从文是在瑞蕨写作八行诗的中期逝世的。《赠沈从文师》一开始就称赞从文的微笑，说他"微笑着三十年代这样，如今八十年代了，他仍然微笑着"，后来另一首题为《沈从文的微笑》，又重复了这两行诗，可见这个微笑给作者的印象是多么深刻。从文经历了六七十年风云变幻的岁月，描绘了故乡的风土人情，潜心研究并欣赏祖国的文物美术，他前半生的文学创作以及后半生的学术论著都洋溢着他的微笑。他之所以能够如此，是由于他永远保持童心，他的"赤子之心愿人世充满崇高理想"。

至于作者第三首诗所期望于年轻诗人们的，则是以各种方式歌颂我们的时代，阳光下的诗与月光下的诗都同样重要，"因为生活永远是丰富多姿"。

说真话，保持童心，面向广阔的时空，诗人就以这样的态度回顾过去，观看现实，畅想将来，他借用了卢梭的一句名言，这就是我向读者掏出心窝。

作者回顾过去，从他所爱戴的古代的、外国的诗人到同时代爱戴的作家，从小学、中学时期到大学时期的师友，从故乡的山水到海内外足迹到过的地方，无不寄以深情厚谊。几十年来，世界上，尤其在中国发生一系列巨大的变化，人的思想感情也跟着转变，有人觉今是而昨非，甚至怀着悔罪的心情与过去决裂，有人则以能超越自己而感到自豪，这都是值得称赞的。但实际上种种从前皆成今我，精神上不管怎样跃进，怎样突破，昨天和今天很难一刀两断截然分开，往往存在着千丝万缕的联系。对于一个认真生活过的人，昨日的不一定皆非，今后的也不一定皆是。我读八行诗，其中关于过去的部分，没有伤感，没有悔恨，字里行间蕴蓄着感激的情谊。作者青年时曾为之倾倒的世界名著，几十年后他对它们的感情并没有消减，反而更为加深。例如"年轻时《夜莺颂》使我入迷，晚年翻译它仍叫我心醉；又如作者在四十年代初期翻译过《红与黑》，到了八十年代重译这本书，"再经历一次灵魂的探寻"。像《夜莺颂》《红与黑》这样的不朽之作，青年时读了，心灵受到震撼，到了晚年阅世日深，理解力增强，会从中有新的发现，取得更丰富的宝藏，怎么能像有人说的那样，觉今是而昨非呢。同样情形，作者对良师益友以及往日的游踪都怀有类似的感情。人生最可宝贵的，是晚年历尽沧桑，回顾早年的工作，仍然感到亲切，无愧于心。

作者有无愧于心的美好的过去，才体会到今日的生活丰富多姿，反过来说，由于今日的丰富多姿，才感到过去生活的美好，二者互相起着作用。他在自然界和生活中寻找爱，寻找真实，热爱自己的工作。他研究比较文学，"把分散的集中，使凝固的流动"，感到"世界多么辽阔，到处有相同和相异"。他翻译名著，在静夜灯光的照耀下"把异国诗人的梦织入汉语中"，觉得意味无穷，无异于自己的创作。他颂扬华文文学，国内和国外的同胞不管距离多么辽远，能用共同的文字倾诉衷情。他勉励他的研究生"用心血培育献给人类的精神花朵"。他访问南亚和东欧国家，写出不少文化交流与友谊的诗篇。他满腔热情歌颂真善美，也以无比的悲愤谴责存在于现世的假恶丑。他向中外当代所有的诗人们大声疾呼："只要地上还爬着封建法西斯幽灵，／诗，就该保持连续追击的本领！／只要人间还存在着黑暗和苦难，／诗，就有了炮弹和养分！"因为"最憎恨黑暗的是最光明的歌"。所以我们也读到对"文革"的控诉，对不正之风的鞭挞与讽刺。

习作中有一首诗《迎一九八八年》，表达诗人对人类的热情希望。如今一九八八年早已过去了，一年内实现那么多的希望是不可能的，把"一九八八年"改为"本世纪九十年代"甚至"二十一世纪"，也未为不可。肯定过去，歌颂今天，畅想未来，是全诗集的基调。所以《最后一首诗》最后的两行是"但我坚信全人类定会迈进欢乐的境界／敬向未来创造者献上三杯美酒！"瑞蕻以这样激动的声音向人类呼唤，显示出他忠于人生、忠于艺术的人格。

一九八九年十二月十日

选自《书海遇合》，湖南大学出版社 2017 年 8 月版，第 213–218 页。

烂漫的梦魂永在梅雨潭

莫　洛

　　啊！我已经登上了山顶，我的灵魂游在自由自在的苍穹。

　　——纪伯伦

　　黎巴嫩诗人纪伯伦在《论死》一文中说："生和死是一件事，如同江河与海洋也是一件事。"虽然诗人的话如此富于人生哲理，但死，毕竟是人永远离开了人间，远行到人们无法再相见相聚的另一个充满奥秘的世界。

　　瑞蕻兄匆匆走了，实在走得太匆匆！匆匆地无法拉住他的那双冰冷的手！

　　阴历正月初二，我接到书法家马亦钊的电话，说赵瑞蕻先生的亲戚告诉他：赵先生于阴历除夕凌晨二时突然因心脏病抢救无效而辞世了！这消息真如晴天霹雳，使我全身震颤。但我仍然怀疑，因瑞蕻兄不久前还写了长长的信给我，说决定三、四月间要乘金温铁路来温州，我还来不及给他复信。为了证实这个噩耗，我当即打电话给瑞蕻兄的侄女赵淑青，询问有无这个不幸的消息。回答终于证实了，还说她较早接到南京来电，由于她对我的关怀，怕我年迈，精神经受不起这悲痛的震撼，想过些日子再告诉我。啊，这时刻，我一边听电话，一边嘴里连呼"皇天"不止。待我心情稍转平静之后，便立即电告金江和唐湜，决定由我们三人马上给瑞蕻兄夫人杨苡女士发去唁电并慰问。

那几天，我心神不定，心里非常悲痛，连睡梦中都不时出现瑞蕻兄那微笑着的亲切而和善的面影。

我和瑞蕻之间不是一般的朋友关系。我们从十中附小、十中初中到温中高中一直在同一所学校，高中时一起参加"野火读书会"活动，一九三六年在上海金家巷，每周或隔周有一次我们"野火"老同学的聚会讨论；直到一九三七年抗战爆发后，我们在温州籀园图书馆一起商议成立"永嘉战时青年服务团"的事。此后他远赴内地继续读大学。相隔十年后，直到一九四七年年初，我在南京工作，他在南大任教，我们又有了多次会面的机会……这一切，我在沉思中都不断涌现一连串的回忆。我和他青少年求学时期虽不同班级，但我们都是一个学校的同学，我们的友谊交往时间是很长很长的。那时，我和瑞蕻都爱好文学，思想倾向又一致。热爱祖国，追求理想，向往革命，正是风华正茂的时候。他中学时期就能写出很好的新诗，英语水平又高，我那时在心里就对他十分钦佩。

瑞萩从外表到内心，是个纯粹诗人气质的人，他热情、正直、真诚，充满爱心。正如他自己在《八十放歌》那首抒情长诗中所歌唱的："自信胸间还跳动着一颗童心"，"一切美好的事物我仍在追求，我最痛恨虚伪、血腥、封建遗臭！"他在这首长诗里，还如此激动地抒发着爱憎分明的强烈感情：

我所追求的是真实和明丽。
人生原应不断往前探索，
敢到高峰上采撷各色花朵！
这年头还有什么害怕？——
如果喊出："陛下！你怎么一丝不挂？"
最可贵的是永远怀抱一颗赤子之心，
最憎恨黑暗的是最光明的歌声！

这是诗人赵瑞萩袒露开胸膛唱出的真诚的歌声。而且，瑞萩，作为一个诗人，一个学者，一个一生在大学讲台上讲课的教授，他还曾公开面对海内外的诗人、作家"大声地呼唤"，毅然呈献他无私的"宣言"："只要地上还爬着封建法西斯幽灵 / 诗，就该保持追击的本领 / 只要社会还存在着黑暗和苦难 / 诗，就喷出火光，闪出雷电 / 只要大同世界还未实现 / 诗，就应该肩负着鞭策的重担 / 只要人类不再流血和饥饿 / 诗，就沁出了永恒的芳馨"这是瑞萩对于诗歌、对于诗人所承担的神圣使命，表现出最为鲜明的态度、见解和最为严格的要求。

诗人赵瑞蕻同时也是位翻译家，他对法国伟大作家斯丹达尔情有独钟。他认为斯丹达尔是个"解剖灵魂"的小说家，在作品里总是"对庸俗、势利、专制、黑暗"勇于举起投枪的人。他翻译的斯丹达尔的长篇经典名著《红与黑》，是我国出版的第一部中译本。我一九四七年一月在南京与他相见时，他第一次赠我的书，就是他刚翻译出版不久的斯丹达尔的小说集《爱的毁灭》。

他和夫人——翻译家杨苡与巴金老人有长期深挚的情谊，他夫妇俩非常赞赏和敬佩这位智慧老人的倡议：要"讲真话"，要建立"文革"博物馆……这些事例都可说明瑞蕻是怎样的一个坦诚、刚直、勇于表达自己真实思想感情的人。

瑞蕻比我年长一岁，他是一九一五年出生的。但他一点也不像一个老态龙钟的老人。他在八十岁生日时写下的诗，曾说："八十岁是个可爱的年龄，人生旅途上一座雄伟的山峰。"他在自己的一些诗篇中，在同我来往的通信上，多次提到要"奔向二〇〇〇年"，然而，他却在将要举步跨向二〇〇〇年的门槛边沿时，突然意外地倒下了。这样一位热爱生命的诗人，这样一位深深懂得人生价值的学者，竟意想不到会在发病的两个多小时之后，遽然停止了心脏的跳动，永别了这个他所热爱的人间！他曾吟唱道："已闯过了'古稀'那重险关，正向着第九十级的危岩登攀！"他执着的生命原是气宇轩昂信心十足的，而无情的死神，却残忍地伸出黑手把他攫夺而去了！

瑞蕻热爱生养他的故乡温州，热爱故乡的山山水水花花木木；他喜爱朱自清用清丽的词句所描绘的梅雨潭的"绿"，他以自己喜悦的感受，用诗篇赞美了梅雨潭的"新绿"。他对故乡秀美山水的爱是至诚的，深沉的，所以，他在诗篇《我的遗嘱》中，就这样吩咐："无须追悼，让火焰拥抱我，请把骨灰洒在仙岩梅雨潭中"。

我亲爱的朋友——瑞蕻，你走了，匆匆走了，我远在故乡，无法赶去拉住你。但我相信，你烂漫的梦魂，会日日夜夜在倾听梅雨潭永恒的如雷的瀑声，会日日夜夜徜徉在梅雨潭的悬岩前，谛视那一潭只有故乡才有的一片迷人的绿！

———————

选自《多彩的旅程：纪念赵瑞蕻专辑》，第 51–53 页。

追忆诗人赵瑞蕻

李济生

　　病了，躺在床上颇为难过，脑子里乱糟糟的，真是思绪万端，杂事纷呈。早些日子静如姐在电话里托代向病中巴金问好，讲起了她的一些近况，说正为编选瑞蕻兄的纪念集而忙着，还问我也能写上篇短文否。因事出突然，更没有思想准备，且又跟他交往不够深，就婉言谢绝了。真没想到在这时候眼帘前竟浮现出瑞蕻兄那白发蓬松、面带微笑，洋溢着一股浪漫诗人的飘逸神态；长长的瘦削身材，衣冠楚楚颇具绅士风貌，该是曾在国外大学里讲学几年中养成的吧。

　　往事上心头，知道他的大名还是上世纪的四十年代，我刚入出版社工作没两年，曾见坊间有他翻译的《红与黑》一书，薄薄一册，仅译出了名著的前一部分，惜乎一直未见书的续译本问世。也许专心于教学之故吧，那时他正执教重庆沙坪坝中央大学。说真话跟他真的相识还是近几年的事了。大都是静如姐和他一道来沪探亲访友之日，多半也是在巴金家或华东医院巴金的病房里，真倒是有点相见恨晚之感。我这人不大懂诗，也很少读诗，虽然早知道他在西南联大读书时就以诗闻名，也就仅此而已。前些年他发表在《文汇读书周报》上论及当前出版的多种《红与黑》的重复译本的文章，对译介世界文学名著的一些看法，引起了我极大的兴趣，对他的论点深表佩服，颇具同感。之后又读到他在其他刊物上发表的回忆文章，遂在写给静如姐的信中除了向他问好外，也乱发了一通议论，更希望他笔力要勤一些，把深藏在胸中的东西多多吐露出来，还谈到二十世纪三四十年代的兵荒马乱、客观条件极差的环境里，西南联大培育出了多少人才。因之我们间就此通上了信。诗人，毕竟是诗人，洋洋洒洒满纸热情，袒露情怀，直抒胸臆，令人心动。信中往往对时下文艺作品某些不良倾向及个别自己的作品直言不讳地表述不满。他认为"作家是人类美好心灵的培育者"（引自一九九八年八月十八日来信），岂能胡言乱语，写出不堪入目的东西，这对青少年将会产生何等的影响。还把刊出的其他文章的复印件寄给我。

瑞蕻兄患有冠心病，平时颇为小心谨慎，为了编选《离乱弦歌忆旧游》这本近四十万字的集子，花费了半年多的时间，日夜辛劳，几经修改终于在一九九九年的元旦完成了第二次的修订稿。岂料一月后的二月十五日凌晨竟以心脏病猝发抢救不及去世，正好是萧乾兄走后的第三日。在静如姐电话里闻此噩耗时，鼻酸泪盈，不知对她说什么安慰的话好。本应是欢度春节的快乐日子，这下子全家落入了悲痛难已的哀思中。后来静如姐在来信中再详述了一切，还说女儿赵蕙在清理父亲的遗物时，竟发现早在一年前她父亲对自己的身后事就作了安排，连"讣告"都拟写好了，并以一九八五年写的"石榴树"小诗打头。在"遗嘱诗"里更要孩子们"做个光明磊落的人！"他那种对生死的脱俗观念，炽热的诗人之心更让我感到深深敬意。

转眼间两年多过去了，不由我想起了他的诗句。"往日旧事人现点点火星……我悲叹师长亲朋的一一离别"，正符我此时的心情。瑞蕻兄在《离乱弦歌忆旧游》一书的《前言》里还写道："回忆是温馨，也是惆怅的；有时也很悲愤。怀旧是一种美好的感情，它带来生活乐趣，哲理沉思，对往日的追索和重新认识，以及获取经验和教训，鼓起继续迈进的勇气。联想到巴金的《再思录》中不少文章正是如此。鲁迅说过："文化之遗留后世者，最有力莫过于心声。"（见《摩罗力诗说》）瑞蕻兄去得似乎过早些，人虽去，留下的"心声"必将存于世。

最后让我也学他的样儿，借用孟浩然一首五言诗以结束本文："人事有代谢，往来成古今；江山留胜迹，我辈复登临。"

脱稿于二○○一年七月开刀后在家疗养日

选自《怀巴金及其他:亲情友情书报情》，上海文艺出版社 2009 年 12 月版，第 93-95 页。

清明节缅怀瑞蕻诗人

王辛笛

今年的清明天朗气清

不再是杏花村的烟雨纷纷

满眼桃李争奇斗艳

恰好供出门祭扫的人一路去踏青

可惜我已频年衰病

无法同行

你的玫瑰色诗帖

不觉已和我作伴两年有零

你虽然是一头斑白的秀发

但依然透着青春

真羡慕你向亲朋告别时

还是微笑 从容歌吟

趁着窗下石榴树又快要开花了

祝愿你美丽的诗篇

染有梅雨潭的新绿

在我们的心目中长存

二○○一年四月五日

原载《文汇报》2001 年 6 月 9 日，选自《海上文学百家文库·辛笛卷》，王圣思编，上海文艺出版社 2010 年 7 月版，第 187 页。

忆赵瑞蕻

姜德明

最早记住赵瑞蕻兄的名字,是读了他的诗《梅雨潭的新绿》,觉得这是一位感情浓郁的诗人,对朱自清老师的情思那么悠远。第一次见到赵兄的学人风度,是在鲁迅研究的讨论会上。我还知道他正默默地笺注鲁迅的旧诗,解说鲁迅的《摩罗诗力说》。后来,我们相识了。他每次北来,我们常见面,彼此谈得很投机。说起《红与黑》,他看不过某些译家的译笔浪漫和为所欲为,愤愤然为司汤达打抱不平。他曾经跟我说,下决心要在自己旧译的基础上重译此书,更希望天下有志的豪杰能写出《〈红与黑〉中译本校读记》《〈红与黑〉中译本比较研究》……赵兄不愧一位严谨、诚实的翻译家。

每次见到赵兄与杨苡大姐时,我脑海中总会幻觉出他们年轻时的俪影。当年在西南联大,一个是英秀的书生,一个是玉洁冰清的才女,真是令人艳羡的一对。我建议他们夫妇多写几篇西南联大的故事,甚至可以展开比赛,看谁写得多。赵兄说,我会写的，要写老师闻一多、朱自清、沈从文、吴宓……晚年的赵兄，果然把笔锋转到西南联大来，有的甚至是与杨苡大姐合作完成的。看了那动人的篇章，我很想向赵兄欢呼:好啊!多么难忘的岁月，多么重要的史实，多么优美的文笔。你的散文也是大手笔，你可要勤笔呀!

正当我企盼着读到他更多散文的时候，他却不声不响地驾鹤西去了。我与赵兄的最后一面是在上个世纪的九十年代，那次我参加一个笔会来温州，没想到在旅舍的走廊上会意外地碰到他。晚年他非常眷恋故乡，总想带着儿女重访故乡，他忘不了梅雨潭，忘不了美丽的瓯江。

瓯江应该以有了这样一个热情的诗人而感到骄傲。

选自《拾叶小札》，复旦大学出版社 2013 年 1 月版，第 113–114 页。

诗人自己写讣告

符家钦

　　我在《译林百家》中有一篇《作家自己写墓碑》，记金克木教授的事。无独有偶，没想到今天要写《诗人自己写讣告》。

　　我是年过八旬的人，每个月总要收到些讣告，表明师友中又有一位"跑完了人生最后一圈"（萧乾语）。这里写的是赵瑞蕻教授。

　　赵瑞蕻教授是浙江温州人，一九四〇年毕业于西南联大外文系，曾派往民主德国莱比锡大学讲学四年，是中国比较文学学会发起人之一，培养了我国第一批比较文学研究生，也是法国经典名著《红与黑》的第一个中译者，著有诗集、文集多种。

　　他是中国著名翻译家杨宪益的妹婿，他夫人杨苡也是翻译家。

　　我和赵瑞蕻教授虽然同在重庆柏溪原中央大学分校住过，可是始终没有见面机会，全都是电话、书信往来。杨宪益兄每次出国都请他妹妹来照料家务，我们便有了电话中互致问候的机会。一九九八年，我编了一套英汉对照本《名著名译丛书》，他为我找南京大学印行，又通过多次电话。

他的遗嘱是用红道林纸精印，有他的肖像和三首白话诗，分别是：

一、我的遗嘱
我已到达了生命旅程的终点，
向亲友们告别，说声"珍重！"
无须追悼，让火焰拥抱我，
请把骨灰洒在仙岩梅雨潭中。
对我的后代只有一点热望——
做个光明磊落的人！
窗前石榴树又快要开花了，
烂漫的梦魂会年年歌吟！

二、石榴树
手植的两棵石榴树已很高大，
枝条亲近三层楼，年年五月准开花；
我也随着入梦，徜徉于灿烂的奇境，
不再烦闷，心魂得到了升华。
秋天来了，石榴树结满了果子，
我也把心上已成熟的诗句摘下；

冬天叶落，棕黑色的枝桠沉默，
期待着初夏，满树橙红色的繁花！

一九八五年岁暮作

三、我的头发
我珍惜我的头发蓬蓬，
那是我长年滋生的树丛；
我已到了生命的冬季，
我的头发却仍能顶得住寒风！
但全给吹白了，哦，可爱的叶子！
叶脉中似有静电在流动；
我沉思，喜欢用双手抚摸柔发，
它们跟自然万物息息相通。

一九八七年春作

诗人在一九八七年就感受到了生命的冬季，但他依然活到八十四岁。我曾经说过，鲁迅三兄弟中大哥只活了五十五岁，老二周作人活了八十五岁，老三周建人却活了九十九岁，以为作品越多，寿命越短。现在看来，赵教授作品那么多，也活到八十四岁，我原来看法也属于偏见，所以我又开始为报纸写专栏，这是第一篇。

附：

赵瑞蕻自拟讣告及后记

讣告

南京大学中文系教授，诗人，翻译家，外国文学专家，中西比较文学家赵瑞蕻（原学名赵瑞霖）先生于199 年 月 日 时分因病与世长辞，享年八十岁。遵照赵先生生前意愿，不开追悼会，不举行遗体告别仪式，不收花圈和挽联；遗体火化后骨灰洒在温州仙岩梅雨潭中。

特此讣告，以志哀思。

南京大学中文系
199 年 月 日

后记

有生必有死，寿命有短有长；一个人从出生到成长、衰老，必走向死亡。这合于自然情理，谁也无法超越、逃避。

今年春节期间，金陵大雪，连朝不融，入夜，户外冰天雪地，异常寂静。枕上不寐，沉思良久，忽在心上浮出一篇《我的遗嘱》来，仿佛灵感之神自天而降，不能自持。翌晨将其写下，并加增删，得诗十六行，以抒我怀。此诚心血来潮之作也。

这些年来，不知多少次到火葬场参加病故的亲友同事们的追悼和所谓"遗体告别"仪式。纸糊花圈，大小挽联，长短悼词，已成惯例。哀乐声中，我曾多次想到我死后定要破除成规，不必有这一套安排。死后立即烧毁。不开追悼会，不举行"遗体告别"仪式，不收任何花圈唁电，不要设立"治丧委员会"。只希望我系里出个极简单的讣告，说我何时去世就行了。这样既可节省开支，尤其可避免浪费大家宝贵的光阴。我惟一的希望和恳求，是请我系领导同意把我这首诗《我的遗嘱》，并配上我的一幅木刻头像，印发给生前友好同志们，作为纪念，这就很好了，非常感谢！

一九九〇年二月二十日

选自《多彩的旅程：纪念赵瑞蕻专辑》，第35-38页。

缅怀赵瑞蕻先生

陈梦熊

　　说起赵瑞蕻先生，人们都以绚丽多彩的旅程来赞美他的人生。那是为什么呢？因为赵先生一生的贡献是多方面的，成绩十分显著。他早在十六岁时就从事新诗创作，此后一直钻研中外古今的诗歌，养成了颇具童心的诗人气质。赵先生还是出色的散文作家，写有《梅雨潭的新绿》和《离乱弦歌忆旧游》等脍炙人口的篇章，令人敬佩。另外，他在文学翻译方面也有较高的造诣。他是将法国司汤达的名著《红与黑》翻译成中文译本的国内第一人。直到晚年，他还要重译这部名著，并且作了专题研究。不仅如此，赵先生更是蜚声教育界的著名教授，从中大到南大，教书育人，桃李满门，深受师生们的赞誉。在学术方面，赵先生在鲁迅研究领域也有着重要的建树，《鲁迅〈摩罗诗力说〉注释·今译·解说》的出版和《鲁迅旧体诗笺释》论文的发表，也为这个领域献出了可喜的成果。余生也晚也，先生多方面的荫泽，未能亲受，只是在鲁迅研究的领域里，偶有机会受到他的关注和帮助，那已是二十世八十年代之初了。

我与先生相识虽在鲁迅一百年诞辰纪念之际，然而得知先生大名却早在三十年前。这是由于我曾在上海海燕书店编辑部工作之故。当时书店唯一的正式编辑王勉先生（即鲲西）曾就读于西南联大，与先生早在蒙自时期就相识了。加上与我一起做校对工作的张德振女士的丈夫曹惇先生，曾就读于中央大学，也与先生相识。何况先生的夫人杨苡，此时正有部译稿《永远不落的太阳》在该店出版，我曾校对过此书，记得出版时，该店已合并改组为上海新文艺出版社了。况且，当时石方禹等与书店有过往来，从工余闲谈中得知先生，并且知道杨苡是著名翻译家杨宪益先生的胞妹，她自己也是位翻译家和教授，这给年轻时代就爱好文学的我留下了深刻的印象，并且心仪而崇敬，故而至今不忘。

建国初，我自进入上海诚明文学院中文系就读以后，就热爱鲁迅及其作品，产生了浓厚的兴趣。尤其是与王士菁先生交往以来，还协助上海鲁迅著作编刊社义务地做些资料搜集工作，这样也就初步涉足到这个领域。接着，在出版社工作时期，我仍利用业余时间，从事鲁迅资料的搜集、发掘和整理工作，并撰写这方面的文章，在大小报刊发表。调入上海社科院文学研究所后更以鲁迅研究作为我的科研选题之一。到一九八〇年四月，我被工作单位派去北京出席鲁迅百年诞辰纪念活动，与赵瑞蕻先生在北京初次见面，有过简短的交谈。记得在北京工人体育场内还有过全体工作人员的合影，这是我首次与先生的合影。翌年，我仍代表上海社科院文学研究所参加南方片区的筹备工作。在出席人员名单和论文确定以后，南方各省市的论文作者都集中在扬州开会。这是一九八一年四月初的事。就在扬州会议上，我与先生有了较多的谈话机会。我向他介绍了当时鲁迅研究界的概况，也谈到了上海在鲁迅研究方面的力量等等。他也曾向我简要地介绍正在撰写的文章的内容。当然也会谈起与他相识的王勉、曹惇两位先生，以及他的夫人杨苡在海燕书店出版的译作等等。我们的交谈是十分融洽的，因此他托我设法觅购一本《鲁迅研究》。会议结束前是全体人员的合影，日期是在同年五月四日，这是我与先生第二次的合影。返沪不久，我便购得《鲁迅研究》，当即付邮，他收到后就亲笔给我复信。这封珍贵的遗札，至今我仍妥善保存着。为了纪念这位心仪的文学前辈，不妨全信引录如下：

梦熊同志：

收到你寄给我的《鲁迅研究》一册，真高兴，非常感谢！我正想读一下其中几篇文章，学习，现在有了书，真好。

我回来后，赶着修改上次在扬州讲的那篇拙作——《中外诗歌多彩交辉的旅程》，现在总算搞完了。拙著《鲁迅〈摩罗诗力说〉注释·今译·解说》俟印好后，一定寄上，请你指正。不过今秋能否赶印出来，现在还不知道。此书排印会有些困难，因外文字不少故也。

匆复，祝

著健！

　　如出差到南京，请一定来舍下欢聚。熟人并候。

赵瑞蕻

一九八一．五．十五

　　在此信后的翌年八月，先生确实寄来了大著《鲁迅（摩罗诗力说）注释·今译·解说》，并在内封上写着"陈梦熊同志存正　赵瑞蕻敬赠　一九八二年八月十八日于南京大学中文系"的题赠文字。这对我是莫大的鼓励，真是感激不尽。先生这部专著，是国内第一位专攻这个选题的丰硕成果。至今也只有日本学者作过更多的考释。尤其他当时是以比较文学的角度来从事这方面的研究，这在八十年代确富有开创性的意义，其功绩具有里程碑的作用，在鲁迅研究史上也有它的地位和影响。

　　以后，我们又在北京参加纪念鲁迅诞辰一百周年大会，九月十七日，全体到会同志在人民大会堂受到邓颖超同志的接见，并合影留念。这是第三次与先生的合影。

　　北京大会结束后，我们又来到了西子湖畔的杭州，参加鲁迅铜像揭幕仪式。十月十九日先生与黄源、萧军、王士菁和周海婴在鲁迅铜像前有过一次合影。我虽未与他们合影，但是参加了这个隆重的揭幕仪式。在当时《浙江画报》上刊有包括我在内的许多专家、学者的摄影报道，这是我记得十分清楚的。

我与先生最后一次见面，是在一九九八年十一月二十三日至二十五日的南京，参加"鲁迅到宁求学百年纪念暨学术研讨会"。会上聚集了江苏省许多研究鲁迅的专家、教授。如包忠文、刘福勤、甘竞存、纪维周和周正章等等。北京前来的有陈漱渝，广东省前来的有郑心伶，上海前来的有陈鸣树、潘颂德、赵敬立、李浩与我等。在这次会议上，我与先生有过寒暄和问候，但记不得有什么具体的交谈了。谁知道这次见面竟然是最后的会见呢，令人惋惜。

我虽早在二十世纪五十年代之初，得知先生的大名，见面且有交往则是在八十年代。我通过北京、扬州等五次开会以及前后四次合影，清楚地感觉到了先生对鲁迅的热爱和尊敬，先生饱满的精神，热烈的情绪，以及坦率、真诚的性格，可爱的诗人气质，无一不为我所折服和爱戴。

加上先生学识渊博，待人和善，这是更可贵的品格。我后悔未能专程赴南京赵府拜访先生，聆听教诲，获得学术上的教益。可惜，先生走得太早了，对我这样的晚辈是无法挽回的损失，为此我伤心，我悲痛，我愿以私淑弟子的心态来撰写这篇短文，聊寄我的怀念之情。先生安息吧！

二〇〇五年一月三十一日写于上海梅陇南窗下夜深人静的悲痛中

原载《温州读书报》2005 年第 2 期，后改题为《回忆与赵瑞蕻先生的交往》收入李果主编《海上艺文散记》，上海人民出版社 2008 年 5 月版，第 119–123 页。

"书痴"赵瑞蕻教授

罗　芃

因为做邻居，从小就同赵瑞燕、杨苡夫妇熟悉。

抗战期间赵先生从西南联大毕业，两年后到中央大学任教，住在重庆柏溪，与我家比邻而居，而杨苡先生与我母亲同是天津人，邻居加老乡，又都因为战乱而流落到这西南的乡下来，"同是天涯沦落人"，因而彼此自然多了许多亲切感。中央大学迁回南京以后，两家仍不断相互走动。

我是赵先生夫妇看着长大的，他们待我多少有点像待自己的子女，我对他们也怀有一份特殊的感情。记得有一年夏天，父母亲去北京，我要上学，不能随行。家里虽有保姆，但是赵先生夫妇对保姆单独照顾我的饮食不放心，索性"越俎代庖"，把我每天的午餐包下来。赵伯母亲自下厨，十来天的饭菜一天一个样，盛在多层饭盒里送过来，顶层的盒子里还总是放一块精致的甜点——饭后配甜点，估计是他们在德国养成的习惯，这一点比我家讲究。那时赵家与我家已经不是邻居，相距有一里多，每天做饭送饭，那是很费了一番心力的。正因为两家之间有这样一层关系，除父母外，赵先生夫妇是我最亲密的长辈，母亲去世后，我们兄弟姐妹回南京，或者赵先生夫妇到北京，我们照例都去看望二老。一九九八年春，我挈妇将雏路过南京，专程去拜访，在他家小客厅畅谈半日，分别时相约他们下次去北京再见，不料这竟成了与赵先生的永别。第二年春节期间接到噩耗，赵先生突发心脏病去世了！赵先生猝然离去，我难过了很久，至今每想起他，仍会有阵阵酸楚攫住我的心。

赵先生原在外文系，上世纪五十年代初高校院系调整，赵先生调到了中文系，缘由多半是他对文学的痴迷。他本是文学青年，他自述"十六岁时开始写诗"，十七岁在温州念中学，在学校文艺刊物《明天》上第一次发表诗作，还组织了诗社，在当地文学圈里小有名气。他说："我有时也很忧郁，感到深沉的苦闷，心中充满了矛盾。"这是那个时代的文学青年尤其是诗歌爱好者的共同心态，也是他们后来走上文学道路的起点。院系调整后的南大外文系，文学已经不再是强项，所以赵先生选择转到中文系，这也是"良禽择木而栖"吧。事实证明，他的这个选择很明智，非但使他的文学才华得到发展空间，更为幸运的是，中文系像他这样英语科班出身，还会法语，又以中国现代文学研究为专长的教师，不说绝无仅有也是凤毛麟角，因而有幸在五十年代中期被高教部选中，派往当时的民主德国莱比锡大学做交流学者。在那个相对封闭的时代，去欧洲讲学，而且一去就是两三年，这个机会令许多人羡慕。回国后，赵先生意气风发，工作与创作热情高涨，《人民文学》《诗刊》《雨花》等刊物不时有他的诗作发表，他很快就成了南大有名的诗人教授。

我当时年纪小，听大人谈话似懂非懂，但是每次听赵先生说到诗歌，眉飞色舞的神情总让我感觉，对于"诗人"这个称呼，他是很得意的。后来在"文革"中，中文系造反派别出心裁，剑走偏锋，在南大率先"考教授"，还把教授们的考卷张贴在南大宿舍区大门口，用意是要"煞煞反动学术权威的气焰"（其他的系正要跟上的时候被校军宣队制止了）。记得有一个考题是"写出八个样板戏"，可怜这些老教授，如陈中凡、汪辟疆等，致力于古典文学研究，加上年事已高，哪里记得全样板戏的名字，而赵先生一则是搞现代文学的，二则毕竟年轻些，所以答得最好。我记得唯一的错是把《海港》写成了《码头》。即使如此，造反派学生还是毫不留情地嘲骂，在评语中给他戴上"'梦想在布拉格金色的草地上打滚'的浪漫诗人"的帽子。

在造反派的语汇里，"浪漫诗人"应该是"不学无术""不务正业""不干革命"的同义语，可是颇有讽刺意味的是，这个称呼恰好对了赵先生的心思。赵先生非但以诗人自傲，而且以"浪漫主义者"为自我期许。诗与浪漫，在他的心里是密不可分、融为一体的，他的论文集《诗歌与浪漫主义》便是最好的说明。在中国古典诗人中，他最推崇李白。记得一天中午，父亲从学校回来，说"今天听了赵瑞蕻的讲座"，母亲问"讲什么"，"讲李白"。我很好奇，赵伯伯不是搞外国文学与现代文学吗？系里一大帮古典文学专家，怎么轮到他讲李白？等我长大些才明白这并不奇怪，因为赵先生觉得自己在精神上和李白是相通的。他自己的诗歌，承袭了新文化运动浪漫主义诗歌的余绪，同时受到以戴望舒、李金发为代表的现代派诗歌的影响，又吸取了中国古典诗词特别是太白、东坡、稼轩这些具有浪漫主义精神的诗人作品的营养，诗句是自由体的，但是在节奏上吸取了古典诗词的律动感与韵味，显示出一种细腻中含着狂放的诗歌风格。

我曾经跟赵先生说起中文系造反派学生送他的"雅号"，问他"在布拉格金色的草地上打滚"是不是他自己的一句诗，他脸上浮起惯常的微笑，慢悠悠地说道："我，我什么时候写过这样一句诗？"不过他立刻又接着说："不过，人家那草坪真是美！"那神情，似乎在他眼前真的浮现出一片洒满金色夕阳的绿茵。我至今不知道他是否的确在某一首诗里发出过这样的感慨，学生给他这个雅号似该有据，不过我并未曾考证过。

我总觉得，赵先生对浪漫主义的热爱源自他的天性，源自他历经磨难而透明如故的那颗赤子之心。赤子心固然使他有时显得笨拙，不合时宜，不谙世故，另一面却也造就了他的乐观与豁达。他有过沉默，但从未有过颓唐，即使在"文革"初期，造反风头正盛，教授们纷纷被"揪出来"批斗，那时候赵先生也未曾垂头丧气，更不曾绝望。那些日子他确实失了往日的奕奕神采，但是对于生活的信念并未丝毫动摇。我见到他的次数少了，但是每次遇到他，他都仿佛什么也没有发生，仿佛头天并没有被批斗过，那种坦然，那种泰然，绝对让你惊叹。一个文弱温和的书生内心何以有如此坚忍不拔的力量来支撑自己直面突然降临的苦难。

赵先生固然首先是诗人，但同时也是卓有成就的翻译家。他早在上世纪四十年代初就着手翻译司汤达的《红与黑》，数年后付梓，出版方是上海作家书屋。《红与黑》从此有了第一个汉译本。赵先生曾经给我看过这版《红与黑》，出版时间是抗日胜利后不久。其时物资极度匮乏，书的纸张是黄色毛边纸，印刷也比较粗糙。几十年里赵先生一直把这书小心翼翼珍藏着。每次与人展示，对于自己是《红与黑》的首译者那份自豪，便溢于言表。尽管这个译本如今已经鲜为人知，但它在中国翻译史与中法文化交流史上的价值却不容低估。因为我搞法国文学，赵先生多次与我讨论《红与黑》，他认为其丰富的内涵足以与《红楼梦》比肩，研究《红楼梦》的"红学"能成为显学，研究《红与黑》这门"红学"也理应成为外国文学领域的显学。正因为先生非常看重这本书的艺术价值与思想价值，而他四十年代的译本由于历史原因未成全本，所以几十年中于心总是戚戚，到了晚年，他毅然在繁重的教学科研工作之余着手重译。听他女儿赵蘅说，他猝然辞世时已经完成了十章，盛手稿的牛皮纸袋上赫然写着"死不瞑目"。这四个大字，不知是他用来鞭策自己务必善始善终。还是他已经感觉到精力不济而不由得表达了内心的恐慌，这一点永远也无从知晓了。但是无论如何，这十章手稿如同一块纪念碑，宣示着一位勤奋严谨的翻译家的心愿与艰辛。

从这四个大字里可以读到许多东西，其中一条就是内心的坚守。在抗战那个食不果腹的年代，潜心从事这么一部文学巨著的翻译，既需要对文学的虔诚，也需要坚韧的精神和对人生的乐观态度。晚年重拾青年时代未完成的工作，同样昭示了他在文学理念上与精神追求上的坚持。先生虽然以浪漫主义为标榜，但是他与新文学运动的某些著名浪漫主义诗人并非同道，他的浪漫，不是没有根基的水上浮萍，不是没有尊严的随波逐流，他的浪漫主义植根于对自我内心的信任和尊重。先生崇拜鲁迅，尤对鲁迅先生的《摩罗诗力说》有精深独到的研究。他对《鲁迅〈摩罗诗力说〉注释·今译·解说》这部作品，比对自己的其他任何著作都重视，并且在心底里引以为傲。他一定认为，自己的精神世界与鲁迅的精神世界在《摩罗诗力说》相会了。

在许多人眼里，赵先生是"洋派的"。他中等个子，面庞瘦削，鼻梁高而直，肤色白皙红润，高兴或激动的时候更是直泛出红光来，令人不由得怀疑他有欧人血统。他的头发，在我的记忆中似乎很早就花白了，然而即使到了晚年却仍旧异样浓密，自然卷曲着，配上白里透红的面色，堪称风度翩翩。配上当年很少有人穿的西装，那形象在当时甚至可以说是张狂的，而这很符合他诗人的身份，诗人嘛，都是外向甚至狂放的。然而，我总感觉到，赵先生内心其实是很传统的。古人云："狂者进取，狷者有所不为也。"有狂有狷，二者结合方有所成就。从这个意义上说，赵先生是一个狂狷之士。他在诗歌创作与诗歌研究上，推崇个性的张扬，彰显内心的力量，而在创作与学术范围之外，他是内敛的、温厚的，甚至可以说是拘谨的。我一直觉得，赵先生天生具备诗人气质，这么说是因为他天性率真，心里藏不住话，喜怒哀乐都写在脸上。然而。赵先生其实是个敦厚君子，相当内敛，加上他有点口吃，平时话不多，从不喜欢与人争执。他关心与在意的，唯有情怀、诗歌与艺术，所以他是淳朴的，甚至有点天真。他夫人杨苡先生说他是"不食人间烟火的浪漫主义者"，是"死读书、读死书的书痴"。她每次到我们家来，闲聊时总免不了要拿赵先生打趣，取笑他日常中的种种笨拙，如果赵先生也在场，他往往会咧嘴一笑，似自嘲又似辩解，慢悠悠说道："哪，哪有这事。"

在常人眼里，"书痴"多与老夫子同义，单看赵先生俊朗潇洒的外表，加上有些洋气的做派，很难相信杨苡先生的话，然而赵先生确实是个"书痴"。他好像没有什么爱好，最大的乐趣就是与书打交道——读书与写作。与他聊天，三言两语便会转到读书上来。他爱读书，并希望所有人都爱读书。我大学毕业后到军垦农场劳动了两年，说是"储备提高"，但是最终由于出身"反动学术权威"家庭而被层层下放，分配到贫穷的皖北最贫穷的泗县一所农村中学。说来也巧，杨苡先生的祖籍就是泗县，她对那个地方的贫瘠落后有所耳闻，对我的处境深感焦虑，隔三差五就来向我母亲询问我的情况，商量以后的出路。赵先生关心的却只有一件事，就是我在乡下是不是坚持学习。他唯恐我消沉下去，丧失意志，荒废了学业。有一年寒假我回到南京，杨先生不知从哪里弄到几张江苏杂技团的演出票，邀请我一同去观看。在那个除了革命文艺小分队的"忠"字舞和快板书之外几乎没有什么文艺演出的时代，这是难得的机会，我欣然接受。按照约定的时间，我兴冲冲去赵家，赵先生正好在客厅，他劈头第一句话是："你要去看杂技？别，别去看那东西，有时间看看书。"我一时间不知该说什么，愣怔在那里。杨苡先生在一旁说："人家孩子好不容易回来一趟，你不看就算了，还不让人家看？"又对我说："甭理他，咱们走。"赵先生见我一副抵挡不住诱惑的模样，不再说什么，无可奈何摇摇头。

一九七九年春节，我研究生入校刚半年，在南京不慎摔伤了手，在赵家住了两天养伤。赵先生最关心的不是我的伤，而是我"除了英文，有没有再学习一门外语"。我告诉他"想学但是没有时间"，他很不以为然，说再忙也是能挤出时间的，然后便从书桌上拿起一本小红书，告诉我他正在学意大利语，没有教材，就用意大利语的《毛主席语录》来学。他郑重其事地对我说："你研究欧洲文学，不会意大利语不行。光懂英语、法语不够，还应该学一点德语、意大利语。"回到学校，我想起赵先生的嘱咐，决定再修一门外语，可是当时西语系没有开设相关的公共课，计划落空。后来想想，归根结底还是怪自己没有决心，否则办法是可以找到的。如今每每想到赵先生，想到先生谢世已经二十年，二十年里自己荒度了许多宝贵的光阴，终于应了那句老话"少壮不努力，老大徒伤悲"，每当此时，便觉得愧对先生对我的期望，同时，对先生的思念便愈发强烈起来。

选自《流水沉沙》，海天出版社 2019 年 4 月版，第 34–43 页。

中
编

邻居的追忆

黄天衣

　　这是一个浪漫而率真的老人。在我对他的记忆里，初冬时节的赵先生戴着法兰西绒帽，围着深红色的围巾在院子里散步，见到朋友时，清癯的脸上露出纯真而有点忠厚的笑容。法兰西帽和红色围巾在我的眼里就是一种浪漫，和他白皙的脸，诗人的名声异常地相配。在物欲横流的世界里，文人和学者也不免沾染上一点虚情假意，说话时眼神里泄露出盘算和猜度。和赵先生谈话时，你能够感觉到他眼睛里的温情和真诚。"我常敞开通向浪漫境界的窗口"，"自信胸间还跳动着一颗童心"，这是他《八十放歌》里的诗句。

　　很早就知道中文系有一位浪漫诗人赵瑞蕻先生，是《红与黑》的翻译者。对于学习理科的我来说，诗人的桂冠使我肃然起敬，浪漫则有那么一点奢侈。真正认识和了解赵先生开始于一九九六年的夏天，我们成了赵瑞蕻和杨苡两位先生的紧邻。书香和花香从楼下不断地飞来。隔着一层楼板，下面就是两位饱学而可以求教的学者，这种感觉真是好极了。陋室费时近两月的装修曾为两位先生带来无穷的骚扰，一根下水管又从他们院子里借道而过，两位先生用他们的宽容和善良给予我们莫大的帮助。

慢慢熟识之后，我有幸成为赵先生作品的一个读者。他在重译雪莱的诗，我就知道了"如果冬天来了，春天还会远吗？"的名句出自《西风颂》。他的《八十放歌》可能是我认认真真地读的第一首新诗。"我的心啊已跳了八十年了，仿佛一只云雀边唱边飞高"。没有一种对自然的爱，对人生的爱，很难想象一个疾病缠身的八十岁老人还有这样的激情。我们不约而同谈起意大利亚米契斯的《爱的教育》，我的小学老师指定我们课外阅读的书。现在缺乏的就是爱的教育，这是我们的共识。

一九九九年二月十三日上午，这一天是旧历小年夜，在楼下遇见了赵先生。他觉得心脏不太舒服，后来又说想要买改正液。我上街买了改正液给他送去。他很感动，说"你很善良"。天哪！轻而易举就得到了一个心地淳厚的老人的赞扬。那天我们谈了很久，说了中国现在的问题和对未来的展望。赵先生说，你是能看到未来的，我已经没有可能了。这句话给我印象十分深刻。我不知道这就是最后一面。第二天我们回老家过年，赵先生就在我们走之前的半夜里因心肌梗塞而去世了。

这个世界上从此少了一个浪漫而率真的诗人，一个饱学之士，一个善良而有童心的老人。我们的上一代中，有一批像赵先生这样古今贯通，中西并蓄的学问家。我们这一代人中，由于时代赋予的浮躁，大家急功近利地写书写文章，肚子里的东西却是少得可怜。像赵先生这样的学者似乎越来越少了。人类创造的灿烂的文学和艺术，发明的科技，令我感到十分骄傲。人类的争斗，为了声名和利益而无所不用之极，却又令我汗颜。对一个人的怀念，来自他的诗句，更多地来自他的品格。

春天来了，赵先生多次颂咏过的那棵石榴树，冒出了娇嫩的叶芽。和其他的绿树不同，叶芽泛着浪漫的红色，在我书桌的窗外，在细枝上随着春风轻轻地飘曳。那个给予它生命的人已经不在了。"窗前的石榴又快开花了，烂漫的梦魂会年年歌吟"。石榴结果的季节，杨先生总是在赵先生的像前放上几个。晶莹而火红的石榴子，使我们想起赵先生那颗炽热的心。

选自《多彩的旅程：纪念赵瑞蕻专辑》，第 71–72 页。

如果不是为了这本书……

徐坚忠

一九九五年。一场"《红与黑》汉译讨论"，我结识了赵先生。

那时我在《文汇读书周报》当编辑。记得是常常有话要说的韩沪麟先生"挑"起了那场讨论，后来便有了许钧先生与赵先生的那篇影响颇大的关于《红与黑》的对谈——许多年轻的读者和我一样，那时才知道《红与黑》第一个中文译者仍深藏在南大树木葱茏的校园里；后来，我还知道，他是一位诗人，早在西南联大时，便有"young poet"之称。

以后我们便有了通信往来，《文汇读书周报》又多了一位可敬的作者。我印象最深的是他那篇《西南联大回忆录之一：怀念英国现代派诗人燕卜荪先生》。那是一篇极有史料价值、极感人的散文，简直将诗人燕卜荪写活了："燕卜荪先生那根红通通的希腊型的高鼻子，那一双蓝灰色的眸子，在阔边黑架子的眼镜后面，闪耀着迷离、渺茫、秋雾似的银光……"诗人回忆着诗人，写下的是诗的散文。

这篇散文给我的印象太深了，以至我从美国探亲回来，一进文汇出版社任职便想到了赵先生，想到了他的"丰富经历，高超文笔"（萧乾语），想到了他的西南联大回忆录……那已是一九九七年夏天。

先生很快给我回了一封长长的信，依然是我熟悉的笔迹，那是一位文化老人用微微颤抖的手一字一字认真写下的。令我特别高兴的是，先生说，"这一两年中，我自己仍在坚持写一本文学回忆录……我很想今年年底，至迟明春二三月写完这本书，暂时取个书名《烽火弦歌忆旧游》。"并说，"这本书也就是我这些年来所学习试写的回忆怀旧抒情散文选集"。

不久，先生便寄来了书稿目录。一九九八年三月，先生寄来初稿，但又说"其中两篇《离乱弦歌忆旧游》和《冯至先生给我的启示》尚需再修改一下"，"我这几天，又想再补写几篇文章，以充实内容"……那时，先生刚从医院检查回来不久，检查的结果是"心率过速，ST 部分下降，表明心房缺血（部分）"。

想着一位八十多岁的老人抱病写作，心中真不知怎样的滋味，我只有一再写信劝他先养好身体，慢慢写。但我知道，一个连前言，后记都要一而再、再而三地修改，一个一心"希望少些差错，甚至一个错字白字，一个标点符号"，一个对"年月日等数字"用阿拉伯数字还是汉字都有严格要求的一丝不苟的文化老人来说，只要有可能，他便绝不会停下手中的笔……

先生是严谨的："我一再想到出一本书，也就是说给社会，不少读者，送上种精神产品，总会多多少少产生这样那样影响的。所以，宁可慢点儿，认真点儿，对不对？因此，我总是不厌其烦一再看看，修改自己的稿子，也请朋友们看看，多提意见，帮助我……"

其实，先生一直在赶时间。

"这些天好多了。我必须把拙作稿件整个搞好，修订完，赶快寄给你，了结一件心事，免得忽然病倒，送医院抢救，那太不幸了。一个风烛残年的老人，一不小心，时时都会发生意外的事故。"（一九九八年三月五日）

"我想本月底、下月初完成余稿，愿苍天保佑我！"（一九九八年七月十七日）

……

不忍再引下去了。当初读着这些信我便后悔向先生约稿。我惟一可以安慰自己的是，这段历史，尤其是西南联大那段历史太需要被当事人讲述，留存给后人了。但人的生命……至今我还是不能原谅自己。一九九九年二月十五日，先生猝然离去，而此前五天，先生刚刚将我就书稿提出的一些疑问作了解答、修正，给我写了一封信，先生给我的最后一封信。接到先生去世的消息，我痛苦，遗憾先生竟然没有看到他"晚年一本凝结着心血和精气的书"……记得上年岁末，我向先生约稿时，先生的声音还是那么爽朗。那时我已调到文汇报《书缘》专刊当编辑,约的是悼念钱钟书的文章《岁暮挽歌》。这篇文章刊发在一九九九年第一期《书缘》版上,也是先生收入《离乱弦歌忆旧游》的最后一篇文章。

先生走了,我也离开了出版社:出版社领导班子大换班,手稿尚未成书……我来到南京为先生送行,为的是见上先生一面,第一面,也是最后一面。在经过他身旁时,我对初次见面的先生,也是对自己说:我一定要亲手把《离乱弦歌忆旧游》编定成书……

书,终于出来了;遗憾,永远地留下了——如果不是为了这本书……

选自《多彩的旅程:纪念赵瑞蕻专辑》,第81-82页。

回忆赵瑞蕻先生

陈丹青

今年开花季节，我的展览在江苏省美术馆开幕，人群里一眼看见杨苡先生与赵苏姐弟笑盈盈过来道贺，还特意送了鲜花——赵老先生怎么没来？我闪过一念，随即想起老人已过世两年了。

二十多年前，我得缘认识了杨苡、赵瑞蕻先生，因妻子素宁与这两位可亲的老人是忘年的故交，但算来我与他们的面见交谈仅止几次。而几次面见，即仿佛是我交谊久长的师尊；总是风神蔼然，总觉得还能见到，见到了，每次都亲切得像是才刚会过面，以至前年得到赵先生故去的消息，我才念及他的高龄，如张爱玲所说，长辈在记忆中似乎总是那样的年龄。而赵先生的性情，根本就像个大孩子，闻说异事，眼睛即刻睁大，语气也常激昂，面色会红起来，伴着可爱的口吃，喜欢就那么站着说话，像个宿舍里的大学生——其实在我们结识的岁月，"文革"晚期，他已年近花甲了。

其时我正与素宁在恋爱中，因所谓出身，所谓时代，为家庭一时阻碍，与两位长辈谈起，就记得赵先生那样惊骇地连连说道：怎么会呢？怎么可以呢！随即站起来，几乎是锐声地，断续地喊道：从前"旧社会"，多少善良的青年男女，就这样地不能结合呀！

我在心里笑了：他这才叫是"善良"，而这善良的方式似乎才是"旧社会"的：对于"文革"的诸种乖缪，那时，我们惯常的举措是关起门来，愤怒、叹息、绝望，而赵先生却是"惊骇"，仿佛他自己并不在无情时局中活过来。后来我在海外多见台湾或留美华人知识分子，即很有他那种"惊骇"之风：未曾被侮辱过的人格，便是这样，极柔弱、因而极强，对人间事，他们惊骇了——我曾在哪里读到年轻的沈从文的轶事，是他的居所似乎来了意外的侵扰者，他正在刷牙，立即昂然冲出要来搏斗自卫的样子，手里捏着一柄牙刷。这细节，虽说与赵先生的惊骇并非同样的事由，但不知怎的，我以为很相似：以我的定义，此即为一种民国式的知识分子的天真。

而赵先生的"风格"却又十足是"新中国"的：新中国初期，全是这样天真的知识分子在欢呼着，激昂着，唱歌写诗，是感奋而感服于新国家的"惊骇"之情，虽然有点夸张，不免浪漫主义，但却是真的，而况赵先生精神学问的来路，正是如席勒那般热情的狂士。二年前我与妻子女儿在二老家中作客，翻看赵先生早岁为共和国派往东德游学期间的相册，那该是一代新中国西学学者最美好的记忆吧，只见赵先生志气清坚，年少英俊。在同类中他是幸运的，不然他完全可以是另一种沦落的命运，新中国也是幸运的，开初可以得到这样纯洁的人物作文化的门面，不然完全可以委派别一种角色——这是我久在思忖的人事：新中国如赵先生这一辈的知识分子，人格与言行，竟不见五十年来的政治世故：他们大半生属于这时代，却与这时代的恶习是陌生的，如油之于水，两不沾染，而他们的学问与职事，虽曾为这国家作过点缀，又为时代所糟蹋，却终生信守着自己的学问与职事，如始如初。

他们自有不易萎折的信念，而赵先生在我记忆中不曾有过沮丧和郁闷。"文革"时我常在为前途忧愤，这时，赵先生却是毫不"惊骇"，总说没关系，会好的；你有才能，怕什么呢。这在他，并非随口的安慰，因为是他温良恳切的笑意使我宽解，好像在说：别着急，明天就不下雨了。

见赵先生，会心情好。我末一回见赵先生，承两位长辈设宴款待，席间赵先生不断探过头去，以英语和我尚在念高中的女儿交谈，他那样天真地嬉笑，也像个孩子。后来女儿说，这是她在中国见过的最有教养的老人。女儿究竟小，她不能见到早已逝去的一代人，赵先生应是那代人的晚辈吧，遗风尚在。从前有"一介书生"的说法，赵先生便是这样的"一介书生"。我喜欢他的仪容，从老照片中看见台静农，沈从文的年青的模样，都让我想起赵先生：清峻，谦和，斯文，有学者的英气，这气品，现在在所谓高级知识分子的面相中，是难见到了。我还记得赵先生的字，虽是在书信中，或写在他珍藏的早年译本的书脊上，不算是书法，而亦儒雅斯文，现在在所谓高级知识分子的书写中，也难见到了。去年，杨先生还特意送我一枚她哥哥的着长衫的旧照片，三十岁左右，一副天生我才的气质，挺立着，魏晋人所谓"轩轩霞举"，大约就是那意思吧，杨先生与赵先生坐在他俩斗室的书柜前，真叫做是"贤伉俪"，杨绛与钱钟书，大约也就是这样的吧。赵先生先走一步，我与素宁探访杨先生，倒不必特意表示伤悼，因见她还是风神蔼蔼，笑语如昔，日后我要告诉女儿：这也是人的教养啊。

我未曾受过什么教育，对两位老人的学问著作，可说一无所知，只是爱慕他们的"人"。现在因编纂集册的委托，就写这些不着边际的话，算是对赵先生的敬意与纪念。

二〇〇一年五月四日

选自《多彩的旅程：纪念赵瑞蕻专辑》，第78-80页。

"离乱弦歌忆旧游"：浪漫派的赵瑞蕻先生

徐　雁

　　《离乱弦歌忆旧游》是由上海文汇出版社出版的一部回忆散文集，它的作者是西南联合大学一九四〇届外文系毕业生赵瑞蕻先生（浙江温州人，一九一五——一九九九年）。然而令我引以为憾的，是再也不可能得到由赵先生亲笔题款并粘贴着中西文合璧书票的作者签题本了。

　　九十年代初，我从北京调到南京大学出版社工作还没有几年，当年认识的南大学者还相当少。一年春天，我在设在北园北大楼后面的编辑室里上班的时候，在一位毕业于本校中文系的同事指点下，从身影上初识了这位蜚声文坛的"知名诗人、翻译家"。当年的赵先生似乎骑着一辆式样有些古老的自行车，但印象中神清气爽，红光满面，给人以一种"夕阳红"的强烈感觉。

　　大概一年以后，当我看到赵瑞蕻先生的一本文集《诗歌与浪漫主义》（南京大学出版社一九九三年二月版）出现在社里的时候，我才知道那次赵先生到编辑室来找同事谈的，就是这部三十五万余字的书稿。

《诗歌与浪漫主义》是赵先生退休以后率先编定的两部文稿之一。这部书稿约分为七辑，主要内容是关于诗歌、浪漫主义诗人及其作品的评论的，并编入了数篇译著、自著的前言后记等。其中谈谢灵运的山水诗、谈"永嘉四灵"和"江西诗派"、谈齐白石的画、谈鲁迅的作品、谈华兹华斯、谈济慈和兰波等等，无不贯穿着他的强调"理想"，强调"主观抒情"，强调"激情和想象"，强调对大自然的"描绘和歌颂"，强调"强烈的反抗精神与强烈的个性解放"的结合等浪漫主义诗评观，以及自己对诗人诗作的印象性感悟和主观性抒述。

我以为，这部《诗歌与浪漫主义》中还可注意的，是编在第六辑的两篇回忆录。写作在一九四三年的是怀念燕卜荪教授的一篇，题为《怀念英国现代派诗人燕卜荪》，作者后来曾表示："那时我二十八岁……从这篇距离现在已有五十五年之久的散文里，可以看出我那时已有意开始写点回忆怀念我的母校西南联大的东西了。"修订于一九八六年的是纪念朱自清先生的一篇，题为《梅雨潭的新绿》。其实包含在这两篇忆文字里行间的深厚情愫，正是他在二十世纪九十年代开始写作回忆文集《离乱弦歌忆旧游》的催生剂。

因为在他那么年轻的时候，就对"回忆"有着这么深切的认同了："回忆就像一支珍贵而温暖的芦笛，它时常给我弹奏着那些往日的欢娱和惆怅；时常发出记忆和联想亲切的乐音，在年岁的笛孔里流过一朵朵时光的泡沫……"

是在前年的春夏之交，我自告奋勇地代《东方文化周刊》的编者薛冰先生向赵先生约稿，而首次落座在赵先生那位于北京西路二号院内的书房中的。时文坛上下为川中张紫葛老先生所撰《心香泪酒祭吴宓》（广州出版社一九九七年三月版）情节的真伪之争，京沪合流，舆论几成一律之势。但因为我此前认真读过才印刷了一千册的《回忆吴宓先生》（陕西人民出版社一九九〇年七月版）一书，所以对京沪舆论独报以白眼。

我的往访显然使得赵先生高兴。几年不见，我注意到他的银发是更白亮了，脸色是更红润了。说到我曾经读过他赠送给程千帆先生的《回忆吴宓先生》一书时，他告诉我，这本书中收录的他那篇《从一首怀念吴宓先生的小诗说起》的文章，写作于一九八八年的岁暮，是从当年发表在《香港文学》杂志上的小诗《怀念吴宓师》说起来的，诗云："吴宓先生走路直挺挺的，/拿根手杖，捧几本书，/穿过联大校园，神态自若；/一如他讲浪漫诗、柏拉图，/讲爱伦故事：写他的旧体诗。/'文革'中老师吃了那么多苦，/却还是那样耿直天真！/唉，这位中西比较文学的先驱！"

言毕，他表示下次见面也将送我一册，这就是雁斋至今珍藏的那一部。扉页上先生仔细粘贴着一帧藏书票复印件，以他年轻时的木刻头像为构图，左下角是一枚阴文藏书印。同日他还在我旧藏《诗歌与浪漫主义》一书的扉页上题写了鲁迅《摩罗诗力说》中的一句话:"盖人文之留遗后世者,最有力莫如心声"。

应我之约,赵先生和他的夫人杨苡老师很快就各写了一篇文章由我送往《东方文化周刊》刊出。这两篇由吴宓在宁弟子亲自撰写的回忆吴先生教书育人往事的文章,在下江人主办的刊物上及时登载以后,得到了上江人的积极响应。一年以后,我还专程把重庆《红岩》杂志社编印的一册专门关于《心香泪酒祭吴宓》争鸣的书,反馈给他们夫妇,因为我知道他们真诚地关注着"走路直挺挺的"吴宓老师的晚年惨遇和身后令名!

今年二月二十三日上午,是南京大学为赵瑞蕻先生举办追悼会的日子。是日凌晨,我不能寐,起身写作这篇回忆录,但因哀痛在心,方寸淆乱而未能成稿。当拂晓来临,城东紫金山方向透露出一片装饰着缕缕粉红色的鱼肚白时,院中一只不知名的黑鸟开始不断鸣叫,鸣叫声最终唤来了滴滴答答的春雨点儿。

是三周前(二月七日)的一个下午,我还在赵先生的书房中坐过整整一个时辰。我约略感到了先生的精神好像不如往昔,有些老弱的样子了,便有心多坐了一会儿谈天。

问到文汇出版社接受出版的《离乱弦歌忆旧游》一书的进展时,先生在凌乱堆叠的书桌文案中,很快地找出了责任编辑徐坚忠给他的近信给我看,于是知道老人家心念已久的这部回忆录,即将补入他的数篇近作后发排。

我表示在得到先生的签题本以后，将写作一篇"书后"来发表我的读后感。先生欣慰地笑着说，你送给我们的《雁斋书灯录》（陕西师范大学出版社一九九八年九月版）已经看过了，你写吴宓注意到了他的性情，写到《风雨中的雕像》时不忘巴金先生提出的"文革博物馆"，这样的笔法都有意思，很有意思……

尽管我的住处与先生府上相距不远，但我不知道，今晨院中的未名鸟儿可曾在先生房前小院的石榴枝头也鸣叫过？我旋又悲哀地想，可惜南京大学最后一位浪漫主义诗人，是再也聆听不到这夜莺一般的歌唱了。

在二十世纪这最后的十年内，老成凋零，呈现出日益加速度的趋势，新世纪似乎正越来越没有耐心地召唤着被旧世纪折磨得精疲力竭的人们。赵先生在一九九八年年底为钱钟书先生谢世而写的怀念文章中，曾经说自己已是为数不多的尚在人世的听过钱先生讲授的《文艺复兴》课的学生了，他有责任把自己知道的、感受到的往日人事用笔记录下来——这么说来，赵先生是有意要把流离乱世而保持弦歌不绝的人文精神，传诸后世，留作为新世纪的读本了？

当我参加三月十五日下午在南京大学中文系举办的"赵瑞蕻先生追思会"，获得一份特制的印有人物像、简历、译著目录，以及代表诗作《石榴树》《我的头发》和《我的遗嘱》的精美纪念卡时，我才恍然悟觉到了先生在人世间的遗嘱，其实就是他前往新世纪天国的宣言：

"我已经到达了生命旅程的终点向亲友们告别，说声'珍重！' / 无须追悼，让火焰拥抱我 / 请把骨灰洒在仙岩梅雨潭中 / 对我的后代只有一点热望——做个光明磊落的人 / 窗前石榴树又快要开花了 / 烂漫的诗魂会年年歌吟！"

在二〇〇〇年五月公开出版的《离乱弦歌忆旧游》有一个灿烂的副标题——"从西南联大到金色的晚秋"，作者标明该书的性质是"文学回忆录"。

阅读《离乱弦歌忆旧游》一书，最不能令人忘怀的是凝结在笔墨间的作者的"联大情结"。先不说一九九八年春为纪念西南联大六十周年，他写就了本书的主题篇《离乱弦歌忆旧游》；紧接着为纪念北京大学一百周年校庆，他又为本书写作了《编后絮语》，单说他为联大的师友所写的纪念文章：闻一多殉难五十周年前数日，他写下了《红烛颂》；吴宓辞世二十周年，他写出了《我是吴宓教授，给我开灯！》；穆旦逝世二十周年，他写成了《南岳山中，蒙自湖畔》；沈从文仙游十周年，他写定了《想念沈从文师》及其《后记》；冯至谢世五周年，他就写了《冯至先生给予我的启示》；许国璋弃世两年，他有《追思旧谊》寄怀；钱钟书仙游不到一周，他有《岁暮挽歌》致哀……瑞藏先生的笔，竟载动了如此沉郁厚重的"联大情"！

"盖诗人者，撄人心者也。"（鲁迅语）收集在《离乱弦歌忆旧游》中的四十二篇文章，无论是怀人之作，还是游历之文，抑或是读信、论文、品诗的随笔，都有着一种无微不至的撄人心怀的笔调，特具感染的力量。"盖人文之留遗后世者，最有力莫如心声"，这句为赵先生素喜引用的话，大概可为其道德文章的揭橥罢！

一九九九年三月三十一日夜初稿

二〇〇一年六月十九日夜二稿

选自《开卷余怀》，东南大学出版社 2002 年 5 月版，第 259–265 页。

橙红色的梦魂啊，会年年放歌
——读赵瑞蕻《离乱弦歌忆旧游》

许　钧

　　从巴黎开会回宁不久，听唐建清兄说杨苡老师病了，第二天晚上，我来到省人民医院。推开病房，只见她静静地躺在床上，床头桌上放着一本她译的新版的《呼啸山庄》。

　　杨老师瘦多了，我想她是因为"太牵挂赵先生"，心里这么想，嘴里也就这么说了。她摇摇头，说"不，不。只是先生的去处还没有找好。想选学校里的一棵长青树，悄悄地把他的骨灰在树下埋了，让他安息。"我告诉她，赵先生临走前编定的回忆录《离乱弦歌忆旧游》，翻译界和读书界很多朋友都读了，都很感动，都在怀念他。

　　是的，赵先生走了已经五百多个日子了，可我总觉得他还在。读着他的书，仿佛在聆听他说话，顺着他旧游的足迹，慢慢地走进他的丰富的精神世界。

　　这是一次漫长的人生之旅，"从西南联大到金色的晚秋"。赵先生说，他是在"寻觅消逝了的时光"：忆旧游，"特别虔诚地祭奠那些不幸和非命的已故者们，歌颂他们高洁心灵不灭的光辉"。他说他相信卢梭的一句话，"时间会揭开重重帷幕"，西南联大知识分子群体所走过的道路，以及他们后来的命运，折射出了永存的西南联大精神。闻一多的鲜血，朱自清的傲骨，吴宓的呼喊，沈从文的独行，在赵先生的眼里，这是崇尚自由、坚持独立、勇于探索、追求真理的历史见证：赵先生一次次"梦回柏溪"，在"南岳山中，蒙自湖畔"追寻的，正是西南联大的精神。

赵先生在《南岳山中，蒙自湖畔》那篇纪念文字里，这样写道："六十年前降临在中国大地上的秋云是灰色的，黑色的，动荡的，悲愤的，兵荒马乱，烽火连云，也是同仇敌忾的，充满着反抗呐喊声的。"青年诗人赵瑞蕻将他愤怒的呼吼融入了这反抗的呐喊声中。他的怒吼声一直延续了半个多世纪，在纪念世界人民反法西斯战争胜利五十周年的日子里，他再一次发出呼喊：NIE WIEDER！"这是以全世界人民的生命、鲜血和眼泪，成千上万人的苦难和牺牲、挣扎和抗争，其中包括德国、意大利和日本人民自己长期的悲剧，惨痛的教训和觉悟所换来的两个宝贵的字眼，两个神圣的字眼，充满着最坚定的意志和最强烈的希望，闪烁着全人类、地球上每个民族每个国家最美好祝愿的光辉！——NIE WIEDER！这就是：永远反对法西斯和战争！"（见第一百五十九页）反对战争，爱好和平，关心民族和人类的命运，这是西南联大知识分子群体精神的又一闪光点。

我终于明白了，为什么赵先生特别强调做人要光明磊落，要憎爱分明，要既有中国情结，又有世界胸怀。我也明白了，为什么面对不义，面对罪恶，他总要发出一百多年前法国作家左拉响彻世界的那声怒吼：J'accuse！我控诉！

赵先生是个富于创造的诗人，他的一生，是一首融汇着"热血、想象和智力"的诗（见第二百六十一页）。在他的生命中，"热血"，也可以说是"激情"，是第一位的。因为在他看来："这也是爱，是灵魂，童心，同情；是青春之火，生命之源。同时，这也是一种憎恨人世间一切堕落腐朽的东西的力量"（见第二百六十一页），更是他赞美人间一切美好的东西的源泉。于是，我们才可以听到他的《岁暮挽歌》，看到《梅雨潭的新绿》，才可以《长留双眼看春星》，跟着他歌唱《金色的晚秋》，赞美《一颗燃烧的心与生命的开花》。

赵先生是个不断探索的学者，从他一九三二年秋天进入温州中学高中部到二十世纪最后一年的初春离开我们，六十七个春秋，他在不停地求知，不停地思考，不停地探索。他走的是一条中外文学探索之路，他融文学创作、翻译和研究为一体。是他，在嘉陵江畔，低吟着"炉火峥嵘岂自暖，香灯寂寞亦多情"的诗句，追问生命的意义，第一个将斯丹达尔的不朽名著《红与黑》介绍给中国读者。是他，致力于新兴的比较文学学科，在南京大学中文系创建了比较文学与世界文学专业，培养了我国第一批比较文学方向的研究生，他的专著《鲁迅〈摩罗诗力说〉注释·今译·解说》被公认为我国比较文学领域的一部力作。他对学生这样说:"比较文学是文学研究的一种方法, 是新世纪许多眼光远大、心胸恢宏的人, 许多可敬的学者开辟出来的一条文学研究的新路。这种探索使人看得更远, 想得更深, 越过民族和国家的界限而把全人类在漫长的岁月里所创造出来的文学作品统统聚集在一起, 加以比较研究, 探索它们之间的异同, 共同影响, 各种文学现象的产生发展和演变; 追寻世界文学发展的共同规律"(见第二百九十八页)。有对比较文学如此深刻的理解, 才有对比较文学独到的研究心得, 他在八十高龄出版的《诗歌与浪漫主义》《诗的随想录》, 是他一生探索的结晶。重读回忆录中的《西方的"红学"》《Que sais-je》《重译重读雪莱〈西风颂〉》《重译重读济慈〈夜莺颂〉》, 我更深刻地理解了赵先生以诗的语言表述的这样一段话:"在人类悠长的文学史上, 每个国家社会都有自己的诗人和作家, 唱出每个时代各自的心声。虽然民族、国家不同, 社会情况各异, 但是, 在特定的历史条件下, 不同的文学艺术仍能互相产生作用, 对人们起着这样那样的精神影响。仿佛春风吹过, 中国的牡丹和欧洲的郁金香都能一齐开放; 又如秋气袭来, 南天的凤凰木和北地的白桦林都纷纷落下了叶子"(见第二百九十八页)。我想, 文学是心声, 赵先生不懈地进行中外文学探索, 不正是致力于人类心灵的沟通吗?

见过赵先生的人, 都说他纯真、乐观、充满着激情。我的学生袁筱一在四年前写过一篇记赵先生的文字，叫《岁月不曾流失的纯真和诗情》，这篇文字，赵先生跟我不止一次提起，说他很喜欢，看来，我们对他的感觉，赵先生是认同的。他的学生范东兴，写过一篇同样充满激情的文字，说先生有一颗"火焰拥抱着的诗魂"。作为译界的后学，我有过很多次机会登门向赵先生请教，我还带上我的朋友、我的学生一起去听他，听他夫人杨苡老师谈文学，谈翻译，谈人生，还留下过几篇谈《红与黑》翻译，谈翻译与创作的文字。赵先生跟我们说话，总是带着慈祥的微笑，说到激动处，会爆发出爽朗的笑声。那笑声真的很纯，很透明，很有力量；赵先生跟我们说话，从来没有武断的声调、教训后辈的口气，他总是在探询，在诱导。于是，谈话往往会变成对话，年轻人会自然地打开心灵，接受他光明的启迪。荡漾在他纯真的笑声中，沐浴在他心灵的光辉里，我多少次感到迷醉。真的，我跟杨苡老师说过，他走后，我有很多次梦到赵先生，梦到他跟我谈《红与黑》，谈文学翻译，谈文化交流……

在新世纪第一个春天的一个上午，我带着赵先生在梦中传来的笑声，轻轻地走到他居住的小园子前，园子里弥漫着一种温馨的春天气息：西边的丁香树开着乳白色的花朵，东边一棵高大的石榴树正绽出绛紫色的嫩芽，树底下有簇簇剑叶兰，盛开着浅蓝色的小花，还有一丛丛橙黄色的金盏花，杜鹃正在含苞待放……看着这番景色，我想起了赵先生"八十放歌"的最后两句："窗前石榴树仍要开花似火，／橙红色的梦魂啊，会年年放歌！"

原载《雨花》2000 年第 11 期。

"诗神和爱神的顶礼者"

杨正润

　　岁月流逝，给我留下许多终生难忘的忆念，其中一些最美好的东西，是同我敬爱的恩师赵瑞蕻先生联系在一起的。

　　在拙作《雪莱传》（台湾版）的"前言"中，我曾这样写道：

　　赵先生是一位诗人，也是一位研究西方浪漫主义诗歌的专家，我对雪莱的认识和了解，有许多得自赵先生的传授和启发，我还记得当年赵先生给我们讲《西风颂》，他神采飞扬，潇洒的长发随着他充满感情的朗诵在飘动，近二十年过去了，那情景如在目前。

　　写这段话时，先生还健在，我随时可以去聆听教诲，可整日忙忙碌碌，并没有珍惜这机会。而现在，天人相隔，我只有永远珍藏我的记忆了。人生就是这样，许多东西，只有到失去之后，才能更深刻地体会到它的可贵。

赵先生集诗人与教授于一身，我在先生门下，受益最多的，就是听先生讲诗。除了雪莱，先生给我们讲过弥尔顿、济慈、华兹华斯、波德莱尔……他一般是先用中文，再用英文或法文朗诵一遍，并征引古今中外其他诗人的类似的诗句进行比较。他不讲多少理论，也不作多少学院派惯常的背景介绍：他以诗人特有的敏感辨析诗义的精微，见人之所未见，发人之所未发，把我们引入诗的情境之中。我猜想这种讲授方法恐怕是他受业师、语义派宗师燕卜荪教授 (William Empson) 的影响。最使我感动的是先生的朗诵，这时，他的脸上散发出光辉，他似乎忘掉了讲台下面的听众，也忘掉了身外的世界，他会微微摇着头，用略带口吃的温州普通话喃喃自语："这……多美……多么美……"

这时，我总是默默注视着先生，我会想起柏拉图关于人生最高境界的描述：

……他凭临美的汪洋大海，凝神观照，心中涌起无限欣喜……

谈诗、谈美者多矣，也不乏作秀或捡块敲门砖的，但如先生这样，进入忘我之境、与诗融为一体的，能有几人？惟有把尘世间的一切凡庸丢在一旁，澄明的心灵纯净如水，才能对艺术、对美这样虔诚地赞颂和膜拜——只有柏拉图所说的"诗神和爱神的顶礼者"，才可能具有如此心境。诗歌是属于青春的；但先生八旬高龄，还能写出那么清晰、那么富有想象力和原创性的诗句，这是真正的诗人才能创造的奇迹。

回忆赵先生讲课，正是可谓"江南忆，最忆是杭州"。一九八〇年五月，杭州大学召开"巴尔扎克和托尔斯泰学术讨论会"，赵先生同我的另一位恩师张月超先生一道，带着我们世界文学专业的研究生全体出动，师生六人浩浩荡荡、兴致勃勃共赴杭州。那是外国文学界规模空前的一次盛会，可是说实在的，与会的有哪些名流，会上发表过哪些高论，我早已忘记。我只记得赵先生连续两晚讲浪漫主义，除了我们几个学生外，与会代表大部分也都来了，报告厅被挤得水泄不通，掌声、笑声不断，许多同行说："多少年没有听过这么精彩的学术报告"。我们作为赵先生的学生，也感到分外光荣。清晨和黄昏，先生则带领我们悠游于附近的"九溪十八涧"之间，我似乎从来没有呼吸过那么清新的空气，聆听过那么动听的流水，满目青翠、春意盎然。斯时斯景，有关春天的各种名句从我们心中涌起："暮春三月，江南草长，杂花生树，群莺乱飞""日出江花红胜火，春来江水绿如蓝"……赵先生也同我们一道背诵，间或也作一点讲解。很快，他不再满足于背诵前人诗文，他说，他自己要写一首诗。此后，会议的闲暇，或是在西湖和灵隐游览的时候，总是看到先生在酝酿诗情、锻造诗句（后来他的那首长诗发表在《人民日报》上）。在杭州度过的那几天，是我进入师门后最难忘的时光，它使我想象着亚里士多德带领众弟子，在吕克翁（Lyceum）一边散步，一边讲学的情景；也使我想起了孔夫子："暮春三月，春服既成，冠者五六人，童子六七人，浴乎沂，风乎舞雩，咏而归。"这是人生的至乐，这是先生的赐予。

赵先生是诗人，诗人气质常常不见容于世俗，美国文学史上的两位大师约翰生和卡莱尔都为诗人气质进行过辩护：无论有什么弱点，真诗人总是最善良的人。赵先生就是这样，他总是用一颗诗人的爱心拥抱这世界，温暖着周围的人们。

我还是个中学生时，就拜读过先生的诗作，景仰之情，油然而起。一九六三年国庆节，南大中文系在大礼堂举办诗歌朗诵会，我闻讯赶来，只见盛况空前，匡亚明校长讲话，陈中凡老先生登台诵诗，大部分同学则是朗诵"毛主席诗词"，给我印象最深的则是先生朗诵他的长诗新作，这是我第一次瞻仰先生的风采。可是直到一九七九年，我经历了"文革"十年的风雨，身上沾着苏北的泥土，带着洪泽湖腥涩的水气，才重新踏进大学的门槛，总算跻身先生门下。但其时我又战战兢兢、忐忑不安，我本科念的是中文系，还没有学习外国文学，就遇上"文化大革命"。学的英语则是《北京周报》和《毛泽东选集》英文版。考取了世界文学专业的研究生，却要听英语讲授《贝奥武甫》、读莎士比亚原著，困难可想而知；再看看其他三位同学，清一色外语系毕业的高才生，课堂讨论，讲一口流利的英语，做作业，写一手漂亮的英文，我只能用中文讲、中文写，我几乎丧失信心。在这困难的时刻，赵先生理解我，给了我信心和勇气。他常常约我聊天，告诉我他的身世，他的经历，他甚至向我介绍他同杨苡先生当年恋爱的故事。谈得最多的，是先生回忆他在西南联大的老师，包括吴宓、燕卜荪、钱钟书以及沈从文、闻一多诸先生，我的拘束很快消失了。为了提高我的外语水平，先生去拜访外国学者（其中包括国际比较文学学会前任会长佛克玛教授），常常要我陪同，他总是指着我向外宾介绍说："这是我的好朋友，杨先生。"我最初以为这是先生的口误，立即表明我是先生的学生，但是一次一次，他总是这么介绍，我才渐渐明白了先生的深意。对我而言，确实可以说，先生是良师，也是挚友。

赵先生最重友情，他的诗集中就有那么多赠送或怀念师友的篇章。我也不会忘记这样一件事：张月超先生一生坎坷，又年长于先生，无论人前人后，赵先生对张先生都非常尊重。有一年，系里要赵先生为研究生入学考试出题，赵先生很认真地出了，但不知哪位领导阅后不满意，又布置张先生重新命题。后来阅卷时，偏偏又要赵先生批改。那天下午，赵先生没有午睡就赶来了，情绪很好。但打开试卷，发现题目全变了，他十分惊讶，也有点生气，不过听说是张先生出的，他很快平静下来，把题目再看一遍，对我说："张先生是出得比我好。"然后他就坐下来阅卷，他再不发一言，认认真真把全部试卷改完。那天我在旁边，我为赵先生感到不平，但我从此更尊敬他。

先生书房的窗外，是个小小的庭院，一株丁香占了其中一大片，他是那么爱这株丁香，亲自给它锄草、施肥、浇水，丁香也一次次出现在先生的诗中，丁香，对先生来说，不只是一种植物或一种诗材，它是有灵性的生命，就如弥尔顿的水仙、济慈的夜莺、雪莱的云雀、惠特曼的草叶，丁香寄托着先生的爱，先生也常常用丁香表达他的挚爱。记得一九八九年清明前一日，张月超先生去世，清明那天，我岳父洪焕椿先生去世，他们都是先生多年的老友（赵、洪两先生还是温州同乡和校友），此后的一段日子里，先生很少说话，说起话来口吃也明显了，一见到我，他就流泪。张先生的追悼会上，赵先生亲自带来一大束丁香花，我们几个学生把这束丁香放在张先生遗像的下面、灵台的正中，它是那么洁白、那么醒目。洪先生去世后没有举行追悼会和任何仪式，赵先生却坚持一定要同家属和学生一道去安葬洪先生。赵先生果然来了，向老友作最后的告别，并洒下了第一锹土。安葬结束了，没有坟墓，没有墓碑，没有任何文字，洪先生复归了大地，那里只剩下一株青松，青松前面，是赵先生献上的一大束丁香花。

我也领受过先生的厚爱。一九八一年四月，我不慎摔跤骨折，暂居兄寓养伤，那时正是写作论文最紧张的时候，又面临法语考试，我却卧床不起，不免心烦意乱，且疼痛难忍，不知该怎么办才好。一天下午，我突然听到外面有人喊我的名字，是赵先生的声音，我真不知道他怎么能找到这个偏僻的地方。先生微笑着进入我的卧室，手里拿着一大捧盛开的丁香花。我想不到先生会亲自来看我，但似乎又完全在意料之中，因为这就是先生的为人。这捧丁香使我躁动不安的心灵平静下来，我重新充满勇气，顺利完成了学业。

赵先生去世以后，我代表我们那届研究生敬献挽辞于先生灵前：

众心之心 COR CORDIUM

这是借用诗人雪莱去世以后，其友人镌刻在他墓碑上的词语，丹麦文学史家勃兰兑斯对此的解释是：

因为他所理解和感觉的正是事物至深的内心，事物的灵魂和精神，他所表达的也是心灵至深处的内在的感情，这种感情使语言相形见绌，而只有在音乐中，否则就只有在他那样的诗歌中才能得到抒发，而他的诗歌正像圆润和谐的旋律一样富于音乐美。

这也是我从赵先生那里得到的感受——"诗神和爱神的顶礼者"所具有的福心。

又是丁香盛开的季节了，从我第一次看到先生庭院中的丁香，至今已二十多年，其间发生的无论喜剧、悲剧或闹剧，都如过眼云烟，让它们过去吧；惟有这洁白的丁香花，永远开放在我的心中。

二〇〇一年清明于秦淮河畔

选自《多彩的旅程：纪念赵瑞蕻专辑》，第 73–77 页。

火焰拥抱着的诗魂
——记我的老师赵瑞蕻

范东兴

　　我来法国留学已经四年了。这些年来，每当更深人静伏案苦读，或晨光熹微独自漫步时，我的脑海中就浮现出一幅永远不会褪色的画面：在扬子江边钟山脚下，美丽的南京城里有个幽静的小院，小院里有一棵花儿开得像火一样红的石榴树；挂在枝条上几个笼子里的细细儿不知疲倦地歌唱着。树下一把竹椅子上坐着一位正在沉思的老人，凉爽的晚风不时轻轻地梳理着他那已经雪白的头发……

　　这就是我的老师，南京大学中文系中西比较文学教授、著名诗人赵瑞蕻先生。从一九八三年到一九八六年，整整三年，我有幸在先生的春风沐浴下学习西方文学与比较文学，耳濡目染，老师高尚的品格与情操给我留下了终生难忘的印象。先生年轻时就开始写诗，不仅在晚年仍然坚持创作，而且我感觉到他比许多诗人更拥有一颗诗人的心：正直、纯真、富于爱心，如火的激情，以及在生活与大自然中对美的不断追求。他为人光明磊落，最痛恨虚伪。他在一首写李贺、济慈与兰波的诗中说："最憎恨黑暗的是最光明的歌。"这一行包涵着辩证法、有着极强的概括性、引人深思的诗是他长期观察社会人生与古今中外文艺现象所得到的，也是他自己心声的吐露，是会留传后世的警句。

瑞蕻师年近八十，但他却纯真得像个孩子，心灵澄明得像一泓清泉。前几年，我们在校时，他为了仔细观察睡莲的蓓蕾怎样开放，怎么随着晨曦舒展花瓣，曾在六月中两次在黎明前一个人骑自行车悄悄地跑到玄武湖，蹲在睡莲池边等候天亮，等待一朵朵睡莲慢慢儿绽开。他后来在课堂上告诉我们说："太有意思了！朝阳上升，睡莲花开；整个宇宙在移动，地球在旋转，我们大家的心脏在跳动，万物相连在一起，心心相印，息息相通；这就是时间，这就是生命，就是和谐，就是诗，就是美……"先生的院子里原本有五盆漂亮的君子兰，某夜却不翼而飞，师母气得直嚷嚷，他却不以为然，呵呵地笑着，连声说："太有意思了！太有意思了！……"那光景好像小偷偷了别人家的君子兰似的。除了教学与研究之外，先生最惬意的是在家中陪他的当时才五岁的小孙子旸旸玩。院子里一棵白色丁香花树个有一个小小的水池，养了十几条金鱼。他和小旸旸常蹲在池边欣赏鱼儿在水草间游来游去。他比小孙子还喜欢蝈蝈儿，连石榴树上的蝈蝈笼每年都是他亲自到大街上买回来的。

瑞蕻师真是平易近人，和蔼可亲，每当青年人登门求教，他总是热诚接待，耐心指点。因此校园里的学生，特别是"南园诗社"的同学都格外尊敬他，爱戴他。不少次，他被邀请去作关于中外诗歌的报告，参加朗诵会。他上课的方式活跃而富于创意，善于启发学生的想象力；讲到高兴处，往往连下课也忘了。我记得有一年端午节中文系部分老师和同学一起赛诗、朗诵诗，每人都拿出自己的新作，结果瑞蕻师以《我的头发》一诗荣登榜首。这首诗只有短短八行，是这样的：

> 我珍惜我的头发蓬蓬，
> 那是我长年滋生的树丛；
> 我已到了生命的冬季，
> 我的头发却仍能顶得住寒风！
> 但全给吹白了，哦，可爱的叶子！
> 叶脉中似有静电在流动；
> 我沉思，喜欢用双手抚摸柔发，
> 它们跟自然万物息息相通。

后来，瑞蕻师的一张鹤发童颜的彩色相片配上这首诗，被镶在南大南园的画廊里，大家看见了都说好，一时传为美谈。

我们那一届有五个同学，家都不在南京，逢年过节，先生常常请我们到他家里，一同欢度节日。杨苡师母系上围裙，亲自烧菜。不认识她的人，谁也看不出她是一位成就卓著的作家和翻译家，译过《呼啸山庄》等西方文学名著，写了不少篇精彩的散文。我还深深地记得初到南京的第一个中秋节，那天我们五个研究生就在赵先生和杨先生家度过一个非常愉快的夜晚。在吃过月饼，喝完师母为我们煮好的咖啡以后，瑞蕻师带我们一起出外散步。林荫道上静幽幽，天上刚刚捧出一轮金黄色的圆月，我们顺着北京西路一边朝鼓楼方向漫步，一边听先生侃侃而谈，谈诗，谈翻译，谈治学与创作的方法，也谈到他以前在西南联大读书的一些情况。十年过去了，我依然怀念着那个美好的月夜。

我曾因为不够用心而受到他严厉的批评，而当学生稍有进步时，他即予以热情鼓励。我在校时曾试译英国十九世纪诗人丁尼生的几首诗，其中包括一首长诗《艺术之宫》，赵先生看了后，十分赞许。为了鼓励我，便把他一九五五年秋在莱比锡国际博览会书展市场上买到的心爱的《丁尼生全集》送给我，还在扉页上写了几句话作为纪念。先生个性坦诚，虚怀若谷。他的新作，无论是诗歌还是学术论文，都先让我们阅读，并虚心地征求我们的意见。他一生热爱教育工作，他也鼓励我们从事这一伟大的事业。当年我在西藏拉萨考入南京大学时，由于档案调转上有些周折，我焦急地给素昧平生的赵先生拍电报求援，他立即回电说："培养研究生是国家大事，热望贵校大力支持，协助该生办好手续，速来南大报到。至为感荷！"一九八六年，毕业分配时，我想改行，不愿当教师，并请先生推荐我到政府有关部门工作。没有想到先生大为恼火，不但不帮忙，反而把我着实教训了一顿。他说，目前我们国家最需要的是教师，教育不上去，文化怎能普及提高，国家怎能富强？在他的劝说和教导下，我认识了这一点，开始安心于教育工作，后来就很愉快地去辽宁师范大学任教了，他还经常写信督促我。这些年我在法国求学，攻读博士学位，离先生远了，但先生的心却与我更近了。在我处境最为艰难的时期，他多次给我写信，砥砺我一定要克服困难，"不要动摇，不要气馁！充满希望，充满信心！"而这时他已年近八旬，双眼患白内障，又有颈椎病，右手臂麻木，写字手抖，而每次来信却都写满四五页，充满了诗情。

瑞蕻师就像一支燃烧着的红烛，燃尽了自己，照亮了别人。一九九〇年春天，那一年的春天来得特别迟——我收到先生因突患急性心肌梗塞险症住院治疗，稍好后写给我的一封信，随信还附有一份用诗句写的给家人、亲友和师生们的遗嘱。我拆开信，一眼就看到那首诗的题目，泪水夺眶而出；我呆呆地看着先生的墨迹，心中仿佛刀割一样。我不相信我的老师，这么热情坦爽的老人真的会在重逢欢聚之前离开我们而去，我读了信和《我的遗嘱》，诗共十六行，最后两节是这样写的：

永别了，灿烂的阳光和星光，

永别了，家乡，壮丽的风景！

无需追悼，任火焰拥抱我，

请把骨灰洒在雁荡、瓯海滨！
但愿在我的诗和散文里
萌动着一颗纯朴的心！
窗前的石榴树又快开花了，
烂漫的梦魂会年年歌吟！

这样一位热爱生活，热爱大自然，永远像蝈蝈儿一般在歌唱的诗人，怎么会轻易地告别世界，过早开始他那独自一人的远游呢？我怀着沉重的心情，赶紧写回信，为他祈祷；真诚地祝愿他早日战胜病魔，重新拿起笔来，写出更新更美的篇章。为了给赵先生带来快乐，我把法国南方普罗旺斯地区——当时我生活与学习之处——风景图片配上拙作诗句寄给他，希望他能从中追寻一个遥远又温馨的梦境。因为这片美丽的土地，先生虽然人未至而神已游，他在西南联大上学时，非常喜欢的法文名著、都德的《磨坊书简》就是描写那儿的风光的；同时，先生自己所译过的济慈的杰作《夜莺颂》一诗中更是交织着南国的阳光，普罗旺斯的乡村舞蹈，以及闪着泡沫的紫红色陈年佳酿……不久，在医护人员细心治疗后，先生痊愈出院，重返书斋了。听到这个佳音，我感到无上的慰藉与由衷的喜悦！

瑞蕻师不但提倡爱的教育，用一片爱心对我和其他的同学们关怀备至，而且以他的创作和学术研究（例如《鲁迅〈摩罗诗力说〉注释·今译·解说》《诗歌与浪漫主义》等著作）深刻地影响了许多年轻人。他勤奋一生，一直在文化教育园地上耕耘。到晚年，他仍在计划重译《红与黑》。为了译得更准确些，对原作一字一句会有更深刻的理解，并且进行比较研究，他先后搜集了好几种文字的译本，其中竟有五种不同的英译本。当我把意大利文的《红与黑》和另一本他盼望已久的亚米契斯的意大利文原著《心》（即中译本《爱的教育》）找到寄给他时，先生随即回信说，他高兴得一边闻着书香味儿，一边像孩子似的叫起来——"太好了！太有意思了！"

同赵先生分别多年，真是想念万分！我多么渴望早日见到他和师母！我已和在国内外学习、工作的十几位同学（他们都是赵先生所培养的研究生）商量好，在一九九五年中秋节相聚于南京，为先生祝贺八十华诞。"问渠那得清如许，为有源头活水来。"瑞蕻师对我的谆谆教诲，他那颗永远被火焰拥抱着的诗魂，就像天上明星一样，会永远闪耀在我的心头，给我力量，照我前进。

一九九四年二月于法国巴黎

原载《文教资料》1995 年第 1 期。

哭导师赵瑞蕻先生

唐建清

　　先生，你在给我的信中写道："春节快到了，你第一次在国外过年，一定有点想家吧。"是的，今儿一整天我都像失了魂似的，心中空空荡荡没有着落，捱到下午五点，阿拉斯市教堂的钟声传来，我想此刻正是中国除夕的午夜时分，中央电视台春节联欢晚会的新年钟声也该敲响了。我拨通了南京家中的电话，儿子跟我道过"新年好！"后，迟迟疑疑地说："赵爷爷去世了。"真没想到打电话拜年却传来了你辞世的噩耗。"这是怎么回事？"我惊呆了。"先生，你走了，在除夕？！"我简直不敢相信。

　　记得你在年前给我的信中说，医生嘱咐你以后不要激动，不要劳累，你说你该"听命"了。你还说，"我盼望明年——一九九九年，本世纪的最后一年。"我知道这是你早就期盼的年份。记得一九九六年，你就在书房兼客厅的墙上挂了幅有着"1999"四个大字的年历（先生将 1996 年年历中的"6"字剪下倒过来制成)。你说这是一个好年头。转眼,一九九九年到了,我为你感到高兴,你走进了一九九九年。我知道,这是你的"本命年",我还知道,你盼一九九九年,而你内心深处是要跨进二〇〇〇年,跨进新世纪。

二月十日,探亲后返回法国的钱佼汝老师转来了你写于一月三十一日的信,并说你和杨先生的身体均佳,我听了十分欣慰。你还托钱老师带来了你为悼念钱钟书先生去世写的两篇文章,并问巴黎的中文报纸能否发表。我知道你素来敬佩和爱戴钱钟书先生,你珍藏着钱先生给你的信函,你时时关切钱先生的近况;钱先生的去世,你感到异常难过。

二月十三日,我给巴黎的东兴打电话,告知你的近况。东兴说他可以联系巴黎的《欧洲时报》,让我把你的文章寄去。二月十四日,星期天,我打电话给你,告诉你已收到你托钱老师转来的信,并正在联系报社发表你悼念钱钟书先生的文章。你的话虽不多,且有些迟缓,但你的声音清晰,语气沉稳。你在托钱老师转来的信中说:时光飞快,还有半年多就可以回来了。是啊,无需半年我就可以回去了,而先生,你会在家,在四壁皆书的客厅,在开满石榴花的院子里迎候我、拥抱我、欢迎我的归来吗?我毕业留校十多年来,始终得到你的爱护和帮助,其实,你的每个弟子,你都视如自己的儿女,不论他们在美国,法国,或是在国内其他城市,你都时常牵挂着,关心他们的学习、工作及家庭生活。你曾对我解释过孔子的"有朋自远方来,不亦乐乎"。你说，孔子所说的"朋"应是"弟子"。还说，古时老师辞世，应是弟子执礼送行。而如今，先生遽然辞世，你的弟子却大多在异国他乡，当我在电话中将这些告知在巴黎的东兴，我俩都不禁失声痛哭。今夜，我遥望东方，星斗阑干，止不住泪流满面。

你在信中说：三月下旬要到故乡去，"烟花三月下温州"了。我为你感到高兴。我深知故乡温州在你心中的分量。越到晚年，你的思乡情越浓重，故乡不仅活跃在你的记忆里，也流淌在你的血液里。故乡的一切牵动着你的心，你的情。你晚年尤其喜欢吃家乡菜，听家乡话，你为故乡的过去感到骄傲，你也为故乡的发展感到欣喜。你曾写下《梅雨潭的新绿》等诗篇歌颂故乡，而这些年，你时常念叨着要回家乡看看。你关切着家乡的父老乡亲，你多次表示要为家乡做点事。我出国前，你几次让我去为你清理藏书，称要为家乡的学校寄书，让家乡的孩子分享古今中外的精神果实。啊，烟花三月，春草池塘，先生，让你的思乡情、家乡魂随春风春雨作故乡行吧！

你晚年患心脏病，心肌缺血，医生嘱你少激动，但你天生一个诗人。你说一个诗人就在于善感、敏感。你不仅善感，而且易于动情，喜怒形于色。你虽已满头白发，但你的心十分年轻。你喜欢看花，听鸟鸣。夏季，你让蛐蛐在你窗前欢唱；入冬，你为南京的第一场雪而欢呼。你的心十分温柔。孩子的笑声会让你开怀。但你读到报载的不幸及罪恶，你也痛苦、愤怒，你一生喜爱中外浪漫主义诗人,你认为他们的诗作传递着、宣扬着美与爱、甜蜜与光明的思想感情。你两次来信都让我与东兴为你买阿米契斯的《爱的教育》的法译本。你在给我的最后一封信的末尾引了你最喜爱的英国诗人雪莱的一句诗: If winter comes, can Spring be far behind ?(假如冬天来了,春天还会远吗?)并写道:"人类永远在呼唤着,期盼着真正的大同世界的来临。理想世界和现实永远矛盾着,人类在矛盾中迈进。痛苦在此,欢乐在此。最憎恨黑暗的是最光明的歌。"先生,这是你留给我们的,你对世界所作的"最后的断案"么?你热爱生命,你仍认为生命是美好的;你热爱生活,你认定生活中有痛苦,也有欢乐。我相信,你是唱着欢乐的歌走的。你是一只唱着歌的夜莺,在年三十凌晨南京古城的夜色中,你飞走了,但你的歌声会留下,永远留下!

一九九九年二月十五日夜于法国阿拉斯市

原载《南大报》1999 年 3 月 20 日。

永远的梅雨潭
——追怀赵瑞蕻先生

毛水清

　　早就想写一篇怀念恩师赵瑞蕻先生的文字了。越想写，就越写不出；越认真，就越不知从何处着手。我这人活了六十多岁，真是无用得很。

　　赵先生走的时候，我在北京学习，住在万寿巷附近的一个学院里。在一九九九年三月二十七日的日记里，我写道：

　　晚九时，张惠民打电话来，云收到"大块头"老许南京的信，说赵先生于二月十五日突发心脏病去世。她很难过，我也很难过。赵先生是大诗人、著名翻译家，一个极好的人，我的恩师。

　　我真想写一篇追悼文章。

　　张惠民和老许（大名许惟贤，上海人）是我大学时的同学，惠民毕业后一直在北京中央广播电台工作，老许留在母校任教，而我被教育部分配到祖国的边陲南宁，这是一九六一年七月的事。我们都是赵先生的弟子。一九五二年夏天，先生从德国莱比锡马克思大学讲学四年归来后，曾给我们讲授"中国现代文学史"。当时他才四十岁左右，英气勃勃，风度翩翩，讲课时充满激情，旁征博引，喜欢即席朗读中外名诗，往往中文中夹杂着外文，别有一种诗人的风采，使年轻的我们耳目为之一新。我从小爱写新诗，又听说他是大诗人朱自清、闻一多的学生，因此，心里更崇拜他。还因为同是浙江人，格外增加了一份亲切，就这样在大学三四年的时间里常向他请教写诗的问题，写了诗也希望及时得到他的批改和指点。当时正是我世界观和性格的形成期，接触多了，在性格和为人方面都受到了相当的影响，认为真诚、坦率、热情、童心、正义感是诗人应该具备的基本品质。后来我走向复杂的社会，这种优点常常成了弱点，加以特殊的时代背景，结果就累遭坎坷，历尽磨难，吃了许多的亏。现在回想起来，虽然颇多感慨，但却始终不悔。曾记得那夜放下电话，先是惊愕，欲哭无泪，接着一个人独自站在窗前沉默了好久，又出房门在院子里走来走去，徘徊了好久，数十年许多往事的浪花激荡在心头，乱纷纷，五味俱全，只觉得北京的初春之夜特别的冷，冷得彻骨。凝聚在日记中的这几句话，虽然有点轻描淡写，但却比较真实地表达了我当时的心绪。只是由于许多具体的情况还不清楚，悼念的文章当然暂时无法动笔。

回到南疆，我仍然非常关心赵先生的消息，但两地相隔实在太远，知道得仍然朦朦胧胧，并不清晰。他是那样乐观浪漫的一个人，怎么在大年夜就急匆匆地走了呢？真令人难以置信。前年四月，我去安徽芜湖参加全国李商隐研讨会，就近顺道匆匆忙忙过南京。几位老同学聚会，听老许作些介绍，总觉得仍不十分真切，未能完全满意。后来独自在细雨蒙蒙的傍晚来到北京西路二号新村赵先生的旧居前，本想叩门慰问赵夫人杨苡先生（也是翻译家，儿童文学家），与她聊聊赵先生临走前的情况，但又怕因此触动了她心头那根最哀伤的弦，最后终于失去叩门的勇气，又怅然地离开了那并不陌生的地方。但窗前诗人那多次吟唱的丁香花和石榴树仍在，它们已开和未开的花朵，没有了赵先生，我想将永远是寂寞的。而杨苡先生每次看到这些花树将会引起种种亲切的回忆，总会得到一些安慰的吧？对于我呢，赵先生那卷曲的白发，那闪闪的眼镜，那迷人的笑容，那潇潇洒洒朝我走来的风采，却在我的记忆里永远定格在这门窗花树下了。去年八月，我收到了老许寄来的《多彩的旅程》，那是纪念赵先生的专辑，那么多动人的悼念文章，一一拜读之后，更觉得赵先生人格的伟大，影响的深远。其中许多珍贵的照片，使我感到赵先生仍然快乐地活着，他的一举一动都充满诗意。尤其是他老人家参与制作的藏书票，那么精致，那么巧妙，处处可见赵先生的锦心慧手，这是很令人惊叹的，也是我过去从来没有见过的，很遗憾我没能亲自去南京参加追思会，在赵先生的遗像面前鞠一个九十度的躬，向他作最后的告别。当然，客观上是当时不知道消息，离得实在太遥远，但这遗憾却是即使有补天的女娲也无法弥补的了。

今年除夕夜，在暖融融的一家团聚的氛围里，随着满城毕毕剥剥此起彼伏的鞭炮声，我又想起五年前此刻离去的赵先生，仿佛他那爽朗、纯真的笑声，正从遥远的地方传到我的耳膜，鹤发童颜的慈祥面容，正真山真水地在我的眼前浮现。我再也无法安静地坐在沙发前看电视晚会了。于是，我回到书房，铺开十六开的稿纸用笔倾泻我无尽的思念，无尽的感激，以及我们之间浓厚的师生之情。我相信无论多远，在天国或仙岩的赵先生一定可以看到、听到、读到的。不是吗？我是你永远的学生呀！……

赵先生，你知道我是农村的孩子，父母都是文盲，高中毕业前只会讲本地土话。我从中学时代起就爱写诗，但没有人教，自己摸索得好苦，连韵书都无法找到，押韵常常不准。你别笑话，一九五六年考大学时我第一志愿是报北京大学，也就是你的母校西南联合大学的前后身，但由于作文是写诗的，犯了忌（不准写诗），当然成绩不可能理想，因此进入填第二志愿的南京大学。入学后，由学兄周仲器介绍，加入"南大诗社"。我们出了社刊《谷风》，记得创刊号是由郭老（沫若）作的序，据说是中文三老之一的陈老（钟凡）特地去信请他写的。记得郭老的序，一开头就引用《诗经·谷风》的话"习习谷风，以阴以雨""德音莫违，及尔同死"，对我们寄以很大的期望。后来，又请来南京部队"前线"话剧团的著名演员张辉（电影《家》和《风从东方来》的男主角）和白刚等人作朗诵诗表演，大家受到激励，写诗的热情更高了。赵先生从海外回母校任教，无疑给南大的新诗坛增加了雄厚的力量，大家是很高兴的。

中文系喜欢写新诗的学生，我们年级除了我，还有光中、杨方、刘钧等人。低一个年级有交往的是刘平，我们一九五八年曾一起去江苏宜兴采风。高一个年级的有周仲器，还有一位脸廓宽大、神情敦厚、有络腮胡的北方同学，名字记不清了。我后来参加学校广播台文艺组的工作，又主编全校的黑板报，就将歪诗在校内四处投寄，校刊、黑板报、广播台都可以读到和听到我的小诗，有时还参与搞诗传单，如支持古巴独立和保卫巴拿马运河等大事，我们几个人共同刻印并张贴在汉口路、鼓楼一带的墙壁上，真是热烈得可以。后来，我的歪诗《为了一〇七〇》居然还登载在学校一九五九年的招生宣传广告上，发向全国各地。中文系办了铅印的文艺刊物《火箭》，我、杨光中、杨方三人曾合写一首较长的诗在创刊号上发表，记得执笔者是杨方。母校在南京栖霞山附近创办了农场，我两次到乡下劳动，还和杨光中拉板车回来运豆腐渣喂猪，来回走了近百里路。记得一九五九年赵先生坐车下乡来看我们。我忘不了他夹着黑皮包一一与我们握手的情景，后来他在诗中说"连枷的乐音流荡过山崖水边"（《新秋声赋》),想必就是歌唱我们当时劳动的情景的，当然也是他在农场亲眼看见我们在晒场上打连枷后的具体感受。其实，这一次劳动，我也创作了一首大约五段二三十行的小诗，还得意地请赵先生过目并指正。赵先生一边站着从头到尾轻轻地朗诵，一边称赞其中的一句诗写得好。这句诗大意是说我们住的这个村庄小得在地图上找不着一个点。他认为这句话别人没有写过，有自己独到的体会，有新鲜感。今天看来这句诗并不特别出色，但却给了当时幼稚的我以很大的鼓励。

赵先生早年讲课往往喜欢将中外文学加以比较。他讲到郭沫若，会兼及惠特曼，讲鲁迅会提到尼采。他特别喜欢国外浪漫主义诗人的作品，如拜伦、雪莱、济慈、华兹华斯、弥尔顿等人的诗歌，朗诵起来有时略带结巴，却特别有感情，给人的印象是仿佛这首诗就应该这样朗诵才是最好的。他还能随口说出英语、法语的原文，这对于只念过俄语的我，就显得有些神秘，觉得特别难得。他尤其推荐法国诗人波德莱尔的《恶之花》，曾给我非常深刻的印象。我一直想要读读这本诗集，但通览多年总未见国内的译本，直到一九九七年才买到漓江出版社郭宏安的译著，内有原版彩色插图三十余幅，于是拜读之后才得知波德莱尔诗作的真正价值，更体会到了赵先生眼光的深刻之处。至于赵先生提到的其他国外诗人的集子，我差不多都收罗齐备了。在我国现代诗中，年轻时我是崇拜郭沫若的，他的诗我有好些会背诵。记得听课后我曾写了一篇《谈谈郭沫若的诗歌创作》的文章，有数千字，后来经赵先生过目后张贴在系办公室楼梯下的墙壁上。

由于对赵先生越来越钦佩，我们几个爱新诗的同学常常去看他。其中我和杨光中一起就去过两三回。那时，赵先生居住在南京大学和南京师范大学中间的陶谷新村（杨苡先生在南京师范大学任教）一座西式的小洋楼里。最初的一次，敲开铁门，进院子，心里是惴惴的，有些紧张，后来慢慢就自然了。我有时也一个人往先生那里跑，师母杨苡先生总是彬彬有礼、温煦和蔼的陪着（我已经从《雨花》等杂志读过她的作品）。还见过他们夫妇的三个孩子，大姐赵苡，二姐赵蘅，儿子赵苏，都还小。大姐似乎在读中学了，已开始练琵琶。赵先生总是热情地接待我，侃侃而谈，殷殷教导。他要我向民歌学习，在形式上进行探索，尽量将新诗、民歌和古典诗歌三者熔为一炉，创造出新型的诗歌作品。还要求精练，反复修改，自己多读多诵。为此，我数年间读遍了图书馆几乎所有的民歌集，而且将优秀民歌一一抄录在笔记中，积累成厚厚的三册，有的达到能背诵的地步。一九六〇年秋，报上登载了南京女二中毕业生金以凤主动去荒凉的苏北农村，后来当了郝砦农业中学教员的先进事迹，我读后非常感动，决心"唱出作者心底的赞歌"，于是创作了近两千行的叙事长诗，题名《金凤展翅》，第二年四月我修改后眷清成二册，送给赵先生审阅。两天后赵先生将诗稿退回给我。我翻开来，发现许多地方他都用红笔作了认真的修改。这修改，主要是两类，一类是用词，如：

你是南国的艳枝，
你是郝砦的白杨。
金以凤呵，
我为你歌唱！

你是石城的光彩，
你是长江的波浪。
金以凤呵，
我为你歌唱！

赵先生将"南国"改为"苏北"，"艳枝"改为"劲枝"，也许认为"石城"太文，就改为"紫金山"。三处修改今天看来前两处都是对的，唯第三处可商，因为石城是南京的旧称，即石头城。"紫金山"虽好，可惜多了一字，与"长江"不配。另一类修改是押韵，如《序曲》的开头：

天上什么星星最亮堂？
地上什么鸟儿歌声最委婉？
山上什么花开红斑斑？
林中什么树枝向上节节长？

天上北斗星最亮堂，

地上百灵子歌声最委婉，

山上杜鹃花满坡红斑斑，

林中竹子树向上节节长。

这里，赵先生指出"委婉"的"婉"(wǎn)，"斑斑"的"斑"(bān)与"长"(cháng)、"堂"(táng)不合韵，这就反映了我作为浙江人平时读音存在的不足，必须勤查韵书才行，而在当时我的手头并无韵书可参考。赵先生水平高，他对诗歌的敏锐感觉到现在都令我佩服，值得学习。当时看到这个诗集稿子的只有两人，除了赵先生，还有同年级的徐慧征大姐，她是系党总支部副书记。徐大姐为此写了两页纸的读后感，对我鼓励有加。当然，这些诗无疑是幼稚的，也难免受时代风气的影响。我在《前记》里写道："困难时常阻挠我，有时握笔在手，久久不能下笔，苦于找不到适当的词句来表现诗里的人物（赵先生改为"英雄形象"），真是'患挈瓶之屡空，病昌言之难属'。……形式问题长久地苦恼我……往往有力不从心，弄巧成拙之感。"大约可以肯定的，也只有勇气和热情了。

一九八一年二月底，我去南京的母校听课，进修一个月。这已经是大学毕业后的第二十个年头了。这时，天地回春，十年噩梦结束了，许多大学恢复招生，我也从北海调回南宁的一所大学中文系任教。第二天下午我就由杨光中陪同去拜访赵先生。赵先生已经六十六岁，头发花白，脸形瘦削，但精神矍铄，笑声爽朗，说话充满着滚烫的热情。他笑谈"文革"中自己的遭遇。其中给我印象最深的是红卫兵"考"教授，要他默写毛主席诗词。他胆战心惊，总怕出差错。当写到《蝶恋花·答李淑一》第一句"我失骄杨君失柳"时，红卫兵走了过来，斜眼看纸冷笑说"教授真是无用！连这样的句子也背错"，弄得他一时惶惑，连忙改成"君失骄杨我失柳"，果然成了笑话。此外记得他还说在"牛鬼队"中学做木匠，兼看管"老校长匡亚明"，到溧阳分校劳动，吃苦菜忆苦餐等等，话调轻松，颇有幽默感，似乎苦难本来就是小菜一碟。我知道，他在国内作家中素来最崇拜鲁迅。鲁迅去世后，他于一九四六年写的纪念诗中就有"痛悼黑夜中灯塔的熄灭，风暴中要追随你英勇的气概""你第一次的呐喊有了千古随从"。他告诉我他正在一字一句地注释今译鲁迅经典性的文学批评论文《摩罗诗力说》，而且也要求我一字一句读懂这篇用文言文写的作品。我告诉他，在中学时我就半懂不懂地读过鲁迅的许多作品，也记得先生在课堂上大略讲过这篇作品，知道摩罗即魔鬼的音译，摩罗派诗人，即浪漫主义作家。一九六四年还特地购买了《鲁迅全集》，以便朝夕随时翻读。他听罢高兴地笑了。杨夫人好像正在翻译《呼啸山庄》。说到孩子们，赵先生高兴地说，女儿一个学音乐一个学绘画，还说二女儿是家里的"政治委员"，觉悟高，有主见。这次见面三人都兴奋极了。赵先生尤其神采飞扬，妙语如珠。三月底，我离开南京时还特地到赵先生处拜别。

三年后，我收到赵先生的新诗集《梅雨潭的新绿》，是江苏人民出版社作为"诗人丛书"之一出版的。先生很客气，在扉页上题云"xxx同志存正留念。赵瑞蕻敬赠。一九八四年七月二十八日"。这本诗集共收录先生从二十世纪三十年代初到一九八一年底的五十五篇作品。我爱不释手，不由得坐在窗前一口气通读起来。诗如其人，作者的新诗，充满澎湃的激情、坦荡的胸怀、丰富的想象、独到的感受、新鲜的辞藻。就题材和视野来说，诗人关注的内容越来越广阔、越来越深刻了。《梅雨潭的新绿》有两首是怀念他的先师朱自清的，后一首可以说是前一首的浓缩本。朱自清于一九二四年到了温州，写出著名的散文《温州的踪迹》，其中有一篇就是《绿》，是专门描写浙江瑞安县仙岩名胜区梅雨潭的秀丽景色的。梅雨潭离温州市郊仅四十里水程，在赵先生故乡的范围内，当然是他非常熟悉的地方，因此睹物思人，由潭及文，诗情就显得特别浓郁。同年九月中旬，我从兰州开学术会议后转到南京，到母校和南京图书馆查阅唐代诗人李绅和传奇作家沈亚之的有关材料，乘隙去拜访赵先生，专门当面表达我的谢忱，可惜先生出差去了，暂时失之交臂。但杨光中却送给我一本杨苡先生的新译著《呼啸山庄》，不巧中又有新收获。幸运的是赵先生后来带着数位研究生千里迢迢来南宁讲世界比较文学。先生住在广西大学的招待所里，我特地去看望他，他神采奕奕地陪我到校门西侧的平房里去看暂时居住在那里的研究生们，而且一一向我作了介绍。那时广西大学中文系有一位比较文学的学者孙景尧，他也当面对我赞扬赵先生的学说和品格，不过孙后来调到苏州大学任教去了。第二天下午，我请赵先生到我所在大学的阶梯教室作学术讲演。他历来就特别喜爱南宋著名词人姜白石的咏梅绝唱《暗香》《疏影》，这次特意播放了新磁带，请一位女歌唱家演唱，而且以琵琶、二胡、箫、笛作伴奏，曲调则是按照词作者自度曲的原谱译制而成，可以说原汁原味。因此，当赵先生亲自播放且作扼要精彩的比较讲解时，自然就多次激起全场非常热烈的掌声。我知道赵先生精通英、法文，又研究我国现代文学，却想不到他对我国古典诗词有如此精湛的修养。我真是惭愧得很，"旧时月色，算几番照我，梅边吹笛？唤起玉人，不管清寒与攀摘"。这是怎样动人的雅境清韵和美好的享受啊！我又想起母校赵先生旧居窗外，年年素白的丁香和红艳的榴花了。后来，赵先生偷偷得意地告诉我这曲中琵琶的演奏者还是他的爱女呢！还有这盘录音带在印度尼赫鲁大学讲演播放时，这美丽的诗词、动听的音乐，也同样倾倒了那些在场的异国大学生们。难怪由于在这方面的光辉业绩，赵先生被学界一致誉为"我国现代比较文学的创始人之一"了。

二十世纪九十年代，我三次去南京，也都与赵先生有难得的会面。第一次是一九九〇年十一月二十六日，我从双门楼宾馆开罢唐代文学国际学术会议移住母校招待所之后的早晨，当天的日记云："上午看赵瑞蕻先生，又谒鲍明炜先生，不遇。购《秦淮古今大观》和雨花石一袋。鲍先生是国内知名的语言学家，大学时当过我的班主任，教过《现代汉语》课。第二次是一九九一年七月三日晚，我去安徽马鞍山市参加李白国际学术讨论会，路过南京，当天下午五时才住进鼓楼旅社。日记云："晚七时，访杨光中，夫人说，他去主编家了，辞去。又访鲍先生，他住院了。去赵先生那里聊天，至十时方回，杨苡老师在。"光中当时任《青春》杂志社编辑，家在兰园路，鲍先生家在大钟亭，都离旅社不算远。第三次是一九九六年十月七日下午四时左右，当天早晨我从烟台开会回来，路过南京，住进母校招待所。这回老许陪我去，见到赵先生后，他先走了。赵先生见到我非常热情，问了我的近况和南归的打算。杨苡先生也笑眯眯地问东问西，尤其是广西的一些情况，如风土人情等。赵先生忽然扭亮客厅书桌上的电灯，高兴地对我说"我送你一本书"，于是翻开扉页，题字云："×××同学存正留念，纪念重逢欢叙，于南京 一九九六年十月七日，金色的秋天。"又盖印和签名。这本书是《文字·文学·文化》（《红与黑》汉译研究），南京大学出版社出版。我知道赵先生是法国作家斯丹达尔《红与黑》的首译者，该书于一九四一年由重庆作家书屋出版，在国内外有广泛的影响，于是我们的话题就由《红与黑》的翻译问题展开了。赵先生告诉我，目前国内有《红与黑》二十多种译本，各有不同风格，也存在不少问题，母校法语教授许钧对这些译本进行专门的研究，主编了这本书，很有必要。北京《光明日报》、上海《文汇读书报》对此也有报导和讨论。赵先生送我的这本书中有他的两篇文章，一篇是《译书漫忆》，一篇是《西方的"红学"》，还有一篇是与主编许钧的"对谈"，赵先生也将自己对于翻译的观点比较充分地阐发了。他对一些有关《红与黑》的译著不忠实于斯丹达尔的语言风格的现象进行了批评。他希望译笔要"信"，要明白晓畅，要接近原作者的风格。那时他已经八十高龄了，仍有高屋建瓴、意气风发的气势。赵先生说他对自己早年的译作也很不满意，想将《红与黑》进行重新翻译，尽可能博取众长，译得尽善尽美一些。我对赵先生晚年还有这样的壮志当然是非常赞许的，并表示要好好学习这三篇文章。说到高兴处，赵先生又进内室拿出三篇剪报复印件送给我。其中两篇是《文汇报·笔会》上刊登的近作，一篇是纪念闻一多殉难五十周年的《红烛颂》，发表于当年七月二十二日；另一篇是纪念九十高龄谢世的王季思先生的，题名《长留双眼看春星》，发表于当年九月十日。王季思先生是中山大学教授，我国著名的曲学大师，也是温州人，早年于中央大学毕业后在家乡中学任教，当过赵先生的启蒙老师，晚年又为赵先生的著作《诗的随想录》写过序言，彼此交谊甚深。悼文写得深沉、真切，虽然文字不长，却颇感人。第三篇是对他的采访记，发表于《南京日报》九月二十三日，离我之访仅差半个月，题为《和自然相通》。文章引用先生的《劝友》诗"一只野兔只能钻进一个洞，成堆官衔怎能胜任不憔悴"，赞扬先生胸襟豁达、勤奋、健康。这三篇文章说明赵先生晚年的精神状态是非常好的。临别时，他还提及在广西的老同学贺祥麟教授（也毕业于西南联合大学，现任教于广西师范大学），问我认不认得。我点了点头，他让我代为问候并嘱咐我一定要向贺教授学习。谆谆教导令人动容。

唉，这些话，这些书和文章，如今都成了我的无价之宝了。赵先生，我会牢记着、珍藏着的。可是，今后我去南京，再也不能去你的故居里拜访聊天，再也不能听到你妙趣横生的诵诗之声，再也不能看到你迷人的笑容，再也无法接受你关于写诗和做人的教诲和指导了。我好想你哟，赵先生。那天那夜，匆匆走时你怎么不告诉我一声呢？我不知道已经九十岁的你，如今在哪里漫步，哪里做诗，哪里酣睡呢？我知道你是爱热闹的，想必你没有去陌生的天国，而是回到故乡，回到仙岩，回到梅雨潭去了吧？不知怎的，我在南国，每当月白风清之夜，站在阳台上，只要一思念你，仿佛春风都会送来你遥远的歌吟：

　　激动的心情使我快快上山，
　　仿佛年轻时去会见一位姑娘；
　　我渴望着再亲近那"女儿绿"，
　　向她倾吐阔别重逢的衷肠。

这是《梅雨潭的新绿》中的一段，如同郭沫若的《炉中煤》："我为我心爱的人儿，燃到了这般模样！"其中喻意多少有些相像。梅雨潭水的绿，是新绿嫩绿，纯真无瑕的绿，也就是朱自清形容的"女儿绿"，多么像赵先生保持一生的童真和纯洁的诗心。而潭水则源于幽涧和飞瀑，"翠嶂上飞旋"的"哗哗的水声"，多么像赵先生心头永远充沛的激情，这是他诗作不竭的原因。我以为这两者就是赵先生一生最可贵之处。

多么好，赵先生回到了故乡梅雨潭；多么好，赵先生化为梅雨潭——故乡的精灵，我想"烂漫的梦魂会年年歌吟"，赵先生的生命永远是绿的，它在宇宙中的生命永存。

二〇〇四年一月二十二日至二月八日

选自《晚风集》，广西民族出版社 2007 年 6 月版，第 97–107 页。

永远的老师

陆 华

今年春节，我收到的最令我心动的礼物，是我三十多年前大学时的一位老师送给我的：这是一封信，长达六页，透过那遒劲流利的钢笔字，我好像看到了那满头银发、年逾八旬的老师严肃的神情，其语谆谆，其心拳拳，这怎能不令我这个学生感动！

不只是感动，还有愧疚。因为，老师于春节前赶着给我写来这么一封长信，只是为了一个字。只一个字！老师在信的开头说："拙作怀念钱钟书先生一文承蒙发表，很高兴。……但有一个地方，必须更正。这就是钱先生给我的那封信中一句：话旧事而诉离惊。你大概没有认真考虑，也未去查一下字典，擅自把原信中的'惊'，改成'衷'了。这不对！"

看到这里，我的脑袋"嗡"了一下"糟了！"心里直叫苦。我这几十年的老编辑，怎么竟犯这么"低级"的错；而这个错，偏偏撞在了我敬爱的老师头上，还涉及老师的老师，文界泰斗钱钟书老人。记得处理这份稿子，是我和另一老编辑一起进行的，思想上还是比较重视的，不知怎么一来，竟出了这一字之错。那么，只好像当年当学生时那样，听老师的教诲了："'惊'字系古汉字，现在一般通用字典词典不易查到……惊的意思就是心情、情怀、情绪等。钱先生信中就用'离惊'二字。"

老师在信中进一步教导说："在这里，我们也可以认识到钱钟书先生学问渊博，功力深厚，遣词用语都有依据，绝不是胡乱使用的。这也是我们应该向他学习的。……顺便说一下，做个报刊或者出版社的编辑也真不容易，十分辛苦，我们首先要感谢他们。不过，一定要认真仔细，多考虑，多调查，多查阅有关文献资料，这样可以避免一些原可以避免的错误。你说对不对？"

我的这位老师，是以学贯中西、潇洒倜傥，在当年的青年学子中留下深深印象的。我们喜欢他的课。主要不是喜欢听他讲的什么，而是喜欢他那讲的样子。说实在的，他的口才一般，甚至有点儿结巴，特别是在激动的时候，而他那诗人气质又特爱激动，一激动，就更听不清他讲的是些什么了。因为其中夹着一串串的英语(或许是德语)。那会儿他从欧洲讲学归来不久。夏天，一身洁白的衣衫，一条鲜红的领带挂在胸前。挺拔洒脱，往讲台上一站，就是一道风景。须知那时是六十年代初，整个南大校园，可能再找不到第二个打着领带，西装笔挺的人来。记得一次上文学史课，讲到武训，他在讲台上模仿武训背着行囊行乞的样子，将领带一半甩到背后，两手抓住另一半，躬着腰在讲台上作步履维艰状，口中念念有词：武训就这样，走哇，走哇……课后有人议论了，武训是反面人物，赵先生这么讲，像是赞赏的意思。

但议论了一阵，也就释然了。因为这是赵先生，只有他能这么讲。

几十年中，老师在教学和科研两方面，建树多多。令人敬佩的是，退休后的十多年来，仍勤奋工作，笔耕不辍，近年出版了文集和诗集多部。特别是老师多年来对我的工作一直倾注了关爱，除撰写精短散文之外，对报纸副刊文学编辑业务方面多有建议，使我得益匪浅。这封信，只是其中一例。

他是我永远的老师。

他的名字：赵瑞蕻教授。一位我国当今文学界、学术界和翻译界德高望重的前辈。

作者附记：文章还未发出，惊悉赵教授去世的消息。他是在兔年春节前夕在伏案劳作中，因突发心脏病而遽然离去的。哀哉吾师，夫复何言，谨以此文以祭。

原载《扬子晚报》1999 年 3 月 10 日。

缅怀敬爱的赵瑞蕻先生

吴新雷

我第一次见到赵先生是一九五一年秋，在南京大学中文系同学们组织的诗社里，听赵先生朗诵他自己创作的新诗。那时赵先生只有三十多岁，蓬蓬长发，潇洒脱俗。他的朗诵抑扬顿挫，声调中充满了激情，大家都称赞他是罗曼蒂克的诗人。

到了一九五二年秋，赵先生给我们二年级同学开讲《新文学史》，我就成了赵先生正式的受业弟子。赵先生讲"五四"以来新诗的发展，有许多精彩的见解。受了他的影响，我也跟着学作白话诗。但由于我的天分太低，几次习作都没有起色。后来，我便放弃了做诗人的梦想，转而研习古典文学，钻到故纸堆里去了。

赵先生天性乐观，热情奔放，在待人接物方面，处处都表现出诗人的赤子之心，真诚坦率，和蔼可亲。虽然我后来在陈中凡先生的门下专攻中国古典戏曲史，但赵先生并不见外，仍关心我的学业成长，始终欢迎我常到他家作客。他有时和我一起弹琴唱歌，有时又一起讨论唐诗宋词，谈笑之间，完全打破了传统的师生界限。他最喜欢我唱南宋词家姜白石的《暗香》《疏影》，对昆曲《游园惊梦》也是百听不厌。

赵先生是浙江温州人，他常和我谈论温州的风土人情，特别是津津乐道永嘉太守谢灵运留下的诗篇："池塘生春草，园柳变鸣禽。"他讲得眉飞色舞，使我神往久之。一九七九年六月，温州师院中文系邀请赵先生回故乡讲学，他便趁机推荐我和外文系的汪文漪老师一同前去。赵先生讲《谢灵运的山水诗》和《新诗运动》，我讲《词曲声律》和《〈红楼梦〉研究的新发展》，汪老师评讲《〈红与黑〉与〈基度山恩仇记〉》。因为汪老师原是温州本地人，而我却是外地人第一次到温州，所以赵先生在课后便专门带我游览了市区的华盖山、松台山，到谢池巷康乐街寻访了以谢灵运诗题命名的"池上楼"及"春草池"；又带我考察了瓯江中的江心屿，体味谢灵运《登江中孤屿》中"云日相辉映，空水共澄鲜"的诗意。由于温州是宋元南戏的发源地和明清昆曲的流行区，我得便又访问了永嘉昆剧团，和"永昆"老艺人进行了交流座谈。总之，我这次温州之行，打开了眼界，激扬了思维，机会之得，全是仰仗赵先生的一手扶持。

在和赵先生亲近的师生交往中，他对我时加教诲，并经常传递文艺界和学术界的各种讯息，如果买到了什么好书，他也会随时告诉我。在一九九七年纪念西南联大成立六十周年的岁月里，他特别兴奋地写了一系列文章。原来，赵先生早年毕业于西南联大外文系，是斯丹达尔《红与黑》的第一个中译者。他深厚的中文功底，得力于在西南联大时旁听了中文系名家的多门课程。我为好奇心所驱使，曾几次三番跑到赵先生家里，请他讲讲抗战期间西南联大的往事。他深情地讲了闻一多、朱自清、钱钟书、沈从文、钱穆、吴宓等老师的遗闻逸事，我像孩子一样听得津津有味。他见我兴趣很浓，便干脆把《西南联合大学校史》《回忆西南联大》《西南联大在蒙自》以及有关吴宓的几本图书都借给了我。本来我只知西南联大在昆明，对云南的边远城市蒙自毫无所知，看了这些书后，才了解到该校从蒙自迁昆明的历史，而且蒙自风景优美，民风淳朴，闻一多、朱自清、陈寅恪、吴宓等一代宗师都曾在蒙自聚会。赵先生又跟我讲了他在蒙自师从英国诗人燕卜荪的风趣故事，使我对蒙自向往不已。——赵先生为纪念这些师长而写的散文已结集出版，书名题为《离乱弦歌忆旧游——从西南联大到金色的晚秋》，每当我捧读这本文集的时候，赵先生的音容笑貌，便立刻映现在我的脑际，我敬仰久之，心仪久之。

回首前尘，我由衷地感谢赵先生对我的教导和提携，我永远怀念敬爱的赵先生！

二〇〇一年三月写于南京大学中文系戏剧影视研究所

选自《多彩的旅程：纪念赵瑞蕻专辑》，第39-40页。

永远紧握手中笔

裴显生

瑞麒师走了，没想到他走得那么快。二月十四日白天，他还在写纪念萧乾的文章，夜里心脏病突发进了医院。等我接到师母杨苡先生的电话，在十五日凌晨三时赶到医院，他已经带着对生活的挚爱真情离开了人世。作为受先生教诲四十多年的老学生，我的心情是十分悲痛的。这些天来，先生伏案写作的身影常在我脑海里浮现，先生爽朗的笑声常在我耳边回响，特别是他手中的那支笔，常在我的眼前晃动……

先生年过八旬，仍以极大的热情，在文苑里辛勤耕耘。近几个月来，为完成长篇文学回忆录《离乱弦歌忆旧游》的最后几章，每天笔耕不辍，我每次去看望他，都见他在奋笔疾书。我曾多次劝他要劳逸结合，放慢节奏，不必急着赶写。他总是笑着说："要写的东西太多了，得抓紧写，多写一点。"在跟我谈话时，他手里还紧握着那支笔。

作为诗人、翻译家，先生用手中的笔，唱出一支支心中的歌。从《梅雨潭的新绿》到《诗的随想录》，他用诗抒写人民的心声，真诚地和人民"同甘苦，齐爱憎"；从翻译《红与黑》到

《梅里美短篇小说选集》，他把众多世界文学名著介绍给中国人民，开掘着一条通往世界、通向人心的道路。去年八月，先生参加第三届"全国十佳文学少年"颁奖活动，在发表了热情洋溢的讲话后，执笔题诗曰："最可贵的是永远怀抱着一颗童心，最憎恨黑暗的是最光明的歌声！"这不仅是他对一代文学少年的希望，也是他对自己的写作生涯的一个总结。

作为学贯中西的专家、教授，先生用自己手中的笔，写下了《鲁迅〈摩罗诗力说〉注释·今译·解说》《马雅可夫斯基研究》《诗歌与浪漫主义》等一系列著作，为建设新兴的比较文学作出了不可磨灭的贡献；他用手中的笔认真撰写讲稿，细心为学生修改作业、论文，热情为青年作者修改作品，把自己的心血倾注在青年一代身上。他既是一位热情洋溢的诗人，又是一位诲人不倦的良师。至今，我们这些老学生还常谈起当年先生上课时的情景，还保留着他亲笔批改过的作业、论文。

瑞蕻师走了，他的人品、学问，永远值得我们学习；他的著作、业绩永存人间。我想，学习先生，像他那样永远怀着一颗赤子之心，"做一个光明磊落的人"；像先生一样，永远紧握手中笔，在文苑中耕耘到最后一息。

这是对瑞蕻师最好的纪念。

一九九九年三月九日

原载《南大报》1999 年 3 月 20 日。

感悟"外星人"

王德安

　　赵老师离开我们两年多了，但我总也找不到他已去世的感觉。前几天作协开会，看到杨老师一个人默默坐在那里，那一句习惯问候差一点脱口而出："赵老师呢？"

　　赵老师已经不在了。但他读起诗来那热情洋溢的神态，讲起话来那旁征博引的潇洒，都历历在眼前。赵老师哲人式的深沉睿智，孩子般的热情率真，又久蓄心头挥之不去……

　　刚恢复高考那年，南京有位业余作者报考了南京大学中文系。当时的录取分仅为一百八十分。就这样低水平的考试，这位作者也只考了一百三十分。得知分数后，他哭丧着脸找到我，求我找南大的老师说说情，我当即就想到南大中文系的老诗人赵瑞蕻。于是带着他找到正因脑血管病住院的赵老师。赵老师见我来了，激动地从病榻上爬起来，听我说明来意，就让我快把这位作者的诗读几首给他听，我读了两首，他兴奋地拔掉氧气管，连说好诗好诗，并表示明天一早就去找匡亚明校长。

说来也巧，我们走后恰逢匡校长来探望赵老师，赵老师向匡校长着力推荐了这位作者，说这是他几十年教学中，少见的有才气的学生。匡校长和赵老师是"文革"中的患难之交，十分尊重赵老师的意见，破格收下了这名学生。

　　但遗憾得很，并非每个千里马都会感戴伯乐之恩的。这位作者一路顺风上完大学，毕业后又谋到一份让人羡慕的职业，并当上了领导。但后来听说他将这一抱病引荐之功全都否认了。他在一次文学报告会上大谈他的个人奋斗史，说他自学成才，在"文革"动乱中人家都造反去了，他却想方设法找书来读（还编造了一个类似萤囊映雪的故事），恢复高考时以高分入围云云。

　　我不相信这是真的，一个有良知的诗人决不会昧良心撒谎，而且帮助过他的赵老师是个从不施恩图报的人，他没有必要这样说。

　　后来，这位作者去南方发展，当上了政府官员，煞是春风得意。有一年我有个朋友去南方办事，我让他带着我的一封平安信找他联络联络。他端详着我的信，装做莫名其妙的样子，说："这人我不认识呀，咦，好像名字在哪见过……"他怕我这位朋友会托他帮忙找工作，连说深圳这地方真不是人呆的，整个一个花花世界，好人都被带坏了。其时，他把自己一家都迁到了深圳。我那位朋友和他聊起赵瑞蕻教授，他鄙夷不屑地说，他以前给我们上过课，哎呀！就是个三句不离洋文的"假洋鬼子"，哈哈……

为这事我气了好几个月，想把这一切告诉赵老师，又怕对他刺激太大，就在一次闲谈中婉转地将这位作者的行踪告知，并把他忘记师恩的话稍带了两句。谁知他听了半天才冒出一句："他的诗写得挺好，现在如果不写真太可惜了……"。我当时觉得赵老师简直是个"外星人"，怎么连这点世事俗情都听不懂？多少年之后，才品味出赵老师的与人为善、大智若愚。

赵老师就是这样的人，不论人非、不计人过，想到的都是人家的好处、长处。我今生无缘，没当过赵老师课堂上的学生，但与他交往中感受到的品行、为人和学识乃是我今生真正意义上的老师。

———————————

选自《多彩的旅程：纪念赵瑞蕻专辑》，第 64–65 页。

怀念赵瑞蕻老师

章祖德

　　六十年代初我刚进南大外文系读书，在校园里看到有一位中年教师十分引人注目。他身着笔挺的西装，蓄着艺术家般的长发，目光炯炯有神，夹着皮包，步履沉稳地走向教室。高年级的同学告诉我，这就是大名鼎鼎的赵瑞蕻老师，诗人、翻译家、西洋文学专家，曾到德国莱比锡大学讲学。听了这番介绍，我心头油然升起一股敬意。当时的南大学术空气甚浓，学生拜访自己仰慕的教授学者是常事。我虽生性好学，但由于性格的缘故，对名人往往抱着敬而远之的态度，而且与赵老师又不同系，因此始终无缘上门求教。

　　一九九五年下半年，江苏省译协领导班子换届，年高德劭的赵老师退居二线，我作为译林出版社的代表参与了译协工作，从此与赵老师也由相识到频频接触，时常听到他的教诲和指点。

　　与赵老师相识后，才发现他为人谦和，毫无某些名人固有的架子，对后生尤其真诚热情。更给我留下深刻印象的是赵老师虽然已是耄耋之年，却有一颗年轻的心，对周围事物反应敏锐，言谈举止中无不流露出浪漫诗人的本色。他虽历尽沧桑，但对学术的专注和追求不减当年，对未来充满美好的憧憬。平日聊天时，说到社会上的种种丑恶现象，他声色俱厉，但他始终相信正义终要战胜邪恶，人类的高尚情操在经受种种磨难后，必将闪耀出更加灿烂夺目的光辉。与赵老师这样的前辈学人相处，我常常感到惭愧，觉得有一种无形之力在鞭策自己，因为无论道德、文章，我们需要从他们身上学习的东西实在太多。在商品大潮中，"实用"和"浮躁"几乎成了许多知识分子的通病。这固然是客观环境在起作用，但与我们自身缺乏坚定的信念和远大的目标也是分不开的。

今天当我提笔写这篇短文时尤感如此，也更对赵老师这一代学人充满敬意。我愿以赵老师等前辈为楷模，自省自律，继续他们的未竟之业。

二〇〇一年三月二十日

选自《多彩的旅程：纪念赵瑞蕻专辑》，第 57 页。

赵先生没走

王理行

　　那年春节还没过完，便惊闻赵瑞蕻先生已驾鹤西去。我难以置信，因为就在节前，我还收到过他寄来的重译重读雪莱《西风颂》的长稿。我怎么也难以想象他已去另一个世界的样子，我眼前浮现的只能是他一头银丝、满面红光、笑意盈盈的样子，我耳边还时时回响起他的呵呵大笑。

　　得知送别赵先生的具体时间，我毫不犹豫地决定要去。这"毫不犹豫"对我来说可不容易，因为我这个人有个不好的毛病，凡是去见人最后一面的场合，我都怕去。我一步入那种场合，便会不由自主地感到阴森森的，毛发直竖，心跳加速，闻到那种场合某些特有的味道，看到那种场合特有的一些陈设，听到或发自肺腑、悲痛欲绝的哭泣，或走走过场、装模作样的干嚎，伴以不断的、声嘶力竭的、震耳欲聋的哀乐，不论我是否感到心碎难忍，总令我心情沉重而压抑，总令我喉头哽咽堵塞。而且事后，被送别者的形象，常常是不同于其生前、令我不快，甚至毛骨悚然的形象，时不时地会挤入我的脑海，还挥之不去。因此，每逢这种场合，我是能不去就不去，这与我对被送别者及其家属的态度无多大关系。可那次赵先生的事，我想去，就因为我心里感到他还没离我们而去。

步入赵先生在的大厅，听到的是低声萦绕着的西方古典音乐，令人心平气和。挂在显要位置的，是和我脑海里一模一样的身穿西服、一个十足的浪漫诗人的彩照，有那么一瞬间，我真想上去和他聊几句。厅内摆满了有关单位、部门和各界人士敬赠的成排成行的花篮。仪式间隙，杨苡先生在两位女士的搀扶下（其实杨先生根本用不着人扶，自己一个人完全能行走自如，大概是好心人觉得此种情形下该扶着杨先生），平静地从来宾中走过，频频点头致意。那神情，那衣着，那步态，一如平常。此刻的赵先生见了相伴终生的此刻的杨先生，定会说："呵呵呵，静如，你挺好的嘛！"仪式间隙，来宾们互相打招呼，握手，聊上几句，聊赵先生的趣闻逸事、为人为文、道德文章，聊与赵先生完全无关的事。赵先生把大家叫到一起来了，大家不用拘束，就像在家一样，随便聊，我不止一次地忘了自己身处何境，与人聊着聊着竟然嗓门大起来，竟然劳驾旁人几次拽我的衣袖。最后，每位来宾向宁静安详地睡在那儿的赵先生献上了一朵红色康乃馨。我特意仔细多看了几眼一身西服的赵先生：仍然那一头"我的头发"，仍然那一脸慈祥红润，仍然透出那股浓郁的浪漫诗人的气息，仍然是我脑海中的赵先生，仍然是平常的赵先生。而我们来为赵先生送行，则是一次平常的令人愉快的聚会，至少我内心至今仍是这么一种感受。

为赵先生送行距今已两年有余，但我老觉得，我们送了，可赵先生没走。当置身于与诗歌、浪漫主义、中西比较文学、《红与黑》、文学翻译、鲁迅等相关的场合或情景时，说不定赵先生的音容笑貌就会浮现在我的眼前，始终是那副和蔼可亲令人愉快的样子，有时更是他诗兴大发的样子，那在抑扬顿挫之间满脸通红、泪水夺眶而出的情景。在当下物欲横流、商品经济的气息几乎无孔不入的时期，我们，至少是我个人的生活中，太需要赵先生那种浓郁的浪漫主义的诗人的气息、诗人的激情了。

二〇〇一年三月二十五日

选自《多彩的旅程：纪念赵瑞蕻专辑》，第 58–59 页。

赵瑞蕻先生与南园诗社

徐有富

　　赵瑞蕻先生是一九九九年二月十五日除夕因突发心肌梗塞而不幸去世的，那年寒假过后，南京大学中文系专门开了一个追思会，我因为有课没参加，因而错失了一个领略赵先生多彩人生的机会。我一直想写篇怀念赵先生的文章，然而时间匆匆过去了将近十年，我竟没有动笔。

　　我觉得在中文系课程表之外，还有一个非常重要的教学内容，那就是由某些有创作经验而又热心的教授来指导学生们的课外文学创作活动。在南京大学中文系的历史上，最辉煌的例子要算吴梅先生所指导的学生词曲创作团体潜社。其活动形式大概是每月一集，拣一个星期天的下午，师生一同游览南京名胜，如扫叶楼、灵谷寺、玄武湖等处，并作词或曲。题由先生出，作好也由先生改，直到傍晚，才一同归来，在夫子庙东头的"万全酒家"聚餐，有时也将聚餐的地点选在秦淮河的画舫中。如果作的是曲，吴梅先生会即席订谱，吹笛歌唱，极一时之乐。后来这些作品还被辑印成《潜社词曲汇刊》。这些课余创作活动，极大地激发了同学们学习词曲的兴趣，也造就了王季思、唐圭璋、卢前、任二北、常任侠、赵万里、吴白匋、钱南扬、沈祖棻、陆维钊等一大批学者名流。

说到后来对学生们新诗创作的指导，则当推赵瑞蕻先生。他于一九四〇年毕业于西南联大外文系，一九三八年五月，在云南蒙自，曾和西南联大文法学院的同学们组织过南湖诗社，后来学院搬到昆明，诗社改名为高原文学社，导师就是闻一多、朱自清。两位先生还和学生们在一起开过座谈会与诗歌朗诵会。赵先生将这一传统带到了南京大学中文系。记得我一九六二年入学不久，就知道有个南园诗社，导师就是赵先生。诗友杨春鼎特意将一九六三年南京大学中文系诗歌创作朗诵欣赏晚会的作品目录寄给了我，赵瑞蕻的名字在目录中出现过三次，《前记》是他写的，他自己朗诵了《马雅可夫斯基颂》，江苏戏曲学院李海华朗诵了他发表于一九六二年八月十日《人民日报》文艺副刊上的《梅雨潭的新绿》。不难看出赵先生是南大新诗创作活动的组织者与领头人。

我和赵先生的一点缘分也是因为诗。记得一九六三年三月二十八日，班上组织了一个以回忆对比为中心的主题班会，要我也发个言，当时此类任务是不便拒绝的，于是我写了一首诗作为发言稿，题目是《我要怎样做人》。念完了，当时同学们居然觉得还不错，于是认为我比较喜欢诗。后来赵先生教我们班外国文学史，班长特地让我担任课代表，大概是为我向赵先生求教创造条件吧。但是我性格木讷，课外与赵先生没有什么接触。只记得曾到总统府（当时为省政协礼堂）参加过由赵先生主持的文学活动，活动内容早忘记了。

我们大学时代的文娱活动比较单调，所以每年元旦前夕，各班都要开迎新晚会，也邀请任课教师参加，活动内容除班上预先准备的几个重点节目外，就是生着法子让同学们上台表演节目。大约就在一九六三年年底的晚会上，我也未能幸免，于是朗诵了一首自己写的题为《时光老人的礼物》的诗，还记得开头四句是："我是时光老人，经过无数历程，虽然已白发三千丈，但就是热爱年轻人。"由于紧张，立足未稳就朗诵起来，朗诵得结结巴巴的，后来赵先生发言时，还特意模仿我局促不安的样子，朗诵了这几句，惹得哄堂大笑。

平静的读书生活很快就结束了，我们先是到海安去搞四清运动，接着又到溧阳果园搞劳动建校，后来就被卷进了"文化大革命"的旋涡。赵先生在"文革"中当然也受到了冲击，大约在一九六七年年底，当时中文系三年级的"革命小将"出了一份试卷考了一下中文系的教授。题目大概是默写《毛主席语录》第一页第一段；写出《毛泽东选集》第一卷第一篇的篇名；默写八个样板戏的名称；默写《毛主席诗词》中的《蝶恋花 答李淑一》等等。赵先生回忆过当时参加考试的情况：他胆战心惊地，总怕出错，当写到《蝶恋花答李淑一》第一句"我失骄杨君失柳"时，红卫兵走了过来，斜眼看纸冷笑说"教授真是无用!连这样的句子也背错"，弄得他一时惶恐，连忙改成"君失骄杨我失柳"，果然成了笑话。赵先生后来说起此事语调轻松，其实当时还是承担了巨大压力的。他女儿赵蘅曾谈到他当时害怕被抄家和批斗，竟将播音员朗诵他的诗作的录音带剪成一段一段的扔进冲水马桶里冲走，还将他从德国带回来的马克纪念币都扔到了玄武湖里。

我一九七九年回到系里读研究生，虽然在系里或路上常遇到赵先生，但我那不善与人交往的缺点没有丝毫改变，所以也仅鞠躬致意而已，从未驻足向他请教过什么问题，不过我知道他仍然在指导着南园诗社，还在忙着做关于中外诗歌的报告，参加诗歌朗诵会。大约是在一九八六年的端午节，南大中文系还举行过一次赛诗会，参加的老师和学生，每人都朗诵一首自己的诗歌新作，经过评比，结果赵先生的诗作《我的头发》荣登榜首。现录之如下：

我珍惜我的头发蓬蓬，
那是我长年滋养的树丛；
我已到了生命的冬季，
我的头发却仍能顶得住寒风!

但全给吹白了，哦，可爱的叶子！
叶脉中似有静电在流动；
我沉思，喜欢用手抚摸柔发，
它们跟自然万物息息相通。

后来这首诗还配了一张他那鹤发童颜的彩色照片，嵌在南园的画廊里，吸引了不少人的眼球，成了一道美丽的风景。

赵先生年过八旬，还在关心着学生们的文学创作活动，如一九九八年曾应邀为我系作家班做过一次讲座。特别令我感动的是在一九九九年的大年三十，赵先生还特地给我打了一个电话，关心湖北考生青年作家张盛科的录取情况。我当时担任副系主任，参与了作家班的录取工作，便告诉他未能录取，并解释了原因。赵先生还一再嘱咐我到学校再去争取争取，并且要我转告学校说这是他的意见。我私下里想这已经不可能的了，但赵先生热情、真诚、纯朴的人格魅力深深地感染了我。

赵先生在《我的遗嘱》一诗的最后写道："但愿在我的诗和散文里，萌动着一颗淳朴的心！窗前的石榴树又快开花了，烂漫的梦魂会年年歌吟！"可见写诗为赵先生的终生爱好，而这一爱好的养成，显然得益于闻一多、朱自清所指导的南湖诗社。而他为指导南园诗社倾注了大量心血，也培养了不少人才。据我所知，我们那几届学生中从南园诗社走出来的诗人、专家、教授就有毛水清、陆苇、蒋士枚、石湾、薛正兴、杨春鼎、王许林等等。赵瑞蕻先生之后还有谁既有能力又有热情来关心南园诗社的创作活动呢?

原载《东方早报》2009 年 3 月 1 日,后收入《南大往事》,江苏人民出版社 2018 年 5 月版,第 245–251 页。

天真浪漫的诗人
——赵瑞蕻先生

张伯伟

一想到赵先生，他说话时特有的调子就在耳边萦绕起来，大三时给我们讲授"西方浪漫主义文学"课程，比如说"什么是浪漫主义"吧，常人的节奏一般这样："什么是 / 浪漫主义"或"什么 / 是 / 浪漫主义"，赵先生总会说成"什么是 / 浪漫…主……义"。如此的自问配上其自答，就更有趣了。他随身带着一只日本 SANYO 牌的单喇叭录放机上讲堂，说一声"请……听"，手指一按播音键，电影《魂断蓝桥》的主题曲《友谊地久天长》便回荡在教室里。一曲完毕，赵先生总结道："多……美啊。这…就是。浪漫…主……义。"

想到赵先生，另一个深刻印象是他的头发。第一次见到他，是一九七八年的初春。一九七七年高考制度改革，考试拖延到十一月，大学则到了次年二月下旬，中文系的迎新会也就安排在三月。一个下午，在食堂的二楼，例行的领导讲话之后，就是师生的节目表演。赵先生出场了，虽然还是与常人一样的中山装，但一头飘逸的美发，清秀脸庞配一副玳瑁框的眼镜，就显得特别的斯文，一开口，更是让我们这群没经过世面的学生崇拜到五体投地。他说："我今天要给大家朗诵一首英国诗人雪莱的《西风颂》，准备用五种语言来朗诵。"于是，雷鸣般的掌声响起。"很可惜，我只找到了三种语言的版本，就用三种语言来朗诵。"打折了？不过也还是了不起，又是一阵掌声。"但是最近身体不是太好，所以今天只用英语给大家朗诵。"剩下一种了？唉，遗憾归遗憾，还是崇拜的，掌声响起，不次于之前。虽然一句也没有听懂，但赵先生抑扬顿挫、充满激情的朗诵，还是有一种激动人心的力量。"If winter comes, can spring be far behind？"因为知道中文的名句"假如冬天来了，春天还会远吗"，所以当赵先生激情澎湃地朗诵到这里的时候，也就大概"猜"出其意思了。说起这个节目，在半年之后七八级同学的迎新会上，又如此这般地表演了一回，从五种语言递减为一种。对于七八级的同学还有新鲜感，对于七七级的我们来说，就变成一个早知道答案的相声里的"包袱"了。以后的迎新会我再也没有参加过，也不知赵先生的节目可曾有什么变化。但七七级的迎新会过去了三十多年，印象最深的还是赵先生的节目和他的头发。

赵先生对自己的头发一定是很陶醉的，他自己设计的藏书票，格外突出了头发的形象，或正面或侧面，在《我的藏书票》一诗中说："哦，我的 Ex Libris!/ 画面上是我的头发似流云。"他甚至还专门写了一首诗《我的头发》：

我珍惜我的头发蓬蓬，

那是我长年滋生的树丛；

我已到了生命的冬季，

我的头发却仍能顶得住寒风！

但全给吹白了，哦，可爱的叶子，

叶脉中似有静电在流动；

我沉思，喜欢用手抚摸柔发，

它们跟自然万物息息相通。

  这首诗属于赵先生自创的"八行新诗"，他不满于现代新诗在形式上的冗长，想给新诗找到一件合适的"外衣"。中国的五七言律诗是八行，西方也有意大利的"八行体"(Ottava rima)，所以在晚年，他就尝试用八行写诗："我想用八行体抒发晚年所见所感，一百五十首《诗的随想录》算是一种尝试。"(《我的尝试》)这些作品都汇集在一九九五年出版的《诗的随想录》中。新诗从胡适的《尝试集》开始，经过八十年的努力，到《诗的随想录》，看来还在尝试中。这也不算什么，如果把班固的《咏史》看作文人五言诗的开端，到初唐五言律诗的形成，可是经过了六百多年的时间呢。所以，从各个不同方面加以实践，吸收中国的、外国的、文人的、民间的各种营养，总有成形的一天。

  赵先生是这样努力去实践的，态度是认真的，用力是持久的。用他《七十五岁之歌》中的诗说："最愉快的是唱自己心爱的歌，最幸福的是活着仍能探索。"作为教授兼诗人，他的诗在传统上可以归为"学人诗"。"学人诗"最大的毛病是"掉书袋"，喜用典故。赵先生写诗也用典，但并不生硬难懂。举一首我喜欢的《李商隐》吧：

> 夜晚，春雨，提着一盏灯，
> 忧郁地徘徊在深巷楼前。
> 就是你吗？唉，李商隐！
> 像只飘荡的鸟儿，多孤单，
> 你怎能管得住自己的命运？
> 当鸱鸮鼓噪，豺狼喧嚣的凶年，
> 你沉吟，将满腔愤慨悲戚，
> 倾注在流芳百世的清词丽句里。

熟悉李商隐诗的读者，从前五句中自然会联想起他的"红楼隔雨相望冷，珠箔飘灯独自归"（《春雨》），以及"流莺漂荡复参差，渡陌临流不自持"（《流莺》），然而融化在这一首诗中，却如盐着水，既不隔断，又不难解。再看一首《李贺、济慈、兰波》：

> 三大诗人：李贺、济慈、兰波，
> 九世纪和十九世纪，相隔千年之多。

在梦幻奇想中创造撄人心的诗，
短暂的生涯，不朽的光焰闪烁！
生活的鞭子抽打着各自的身世，
最憎恨黑暗的是最光明的歌！
七色的水晶球旋转，天才的投射，
来自民族的精英：李贺、济慈、兰波！

这里除了"撄人心"三字出于鲁迅的《摩罗诗力说》，用得稍显生硬，其他都很恰当，"最憎恨黑暗的是最光明的歌"无疑是其中警句，作者几乎是用以概括古今中外所有优秀诗人的创作精神了。

赵先生写诗，强调得最多的是"真"。他说："决不虚伪，假如我是一个诗人。"（《假如我是一个诗人》）又说："这里没有庄周梦蝶式的迷惘，我所追求的是你啊：真实和明丽。"（《梅雨潭的新绿二集》小序）这除了诗人的秉性之外，也与他的师承和前辈影响有关。比如沈从文，给他最多的劝导是"一定要保持童心"。他曾引用沈从文致他与杨苡先生的信："和人争是非得失，虽挺不中用，毫无'战斗力'。但在工作上争成就，似乎始终还保留一点永不消失的童心。"并强调"信中重点是沈先生自己打上的"（《诗的随想录·编后絮语》）。又如吴宓，"'文革'中他吃了那么多苦，却还是那样耿直天真——这位中西比较文学的先驱"（《怀念吴宓师》）。还有巴金，"最可贵的是敢讲真话，犹如一盏明灯照亮四周，不再有蒙混的阴霾"（《读巴金（随想录）》）。其实，赵先生的《诗的随想录》，书名即取自巴金的《随想录》，甚至一百五十首的数目，也是为了与《随想录》相呼应。巴金《随想录》的最大特点，就是讲真话（其第三集即《真话集》）。在很长一段时间里，中国人不仅没有讲真话的自由，也没有不讲假话的自由，这是多么的可悲。陶渊明说："羲农去我久，举世少复真。"所以他的作品，展现的就是对于"任真"生活的不懈追求。萧统说他"论怀抱则旷而且真"（《陶渊明集序》），元好问评论他是"豪华落尽见真淳"（《论诗三十首》之四）。赵先生的"真"更多的是单纯，是天真，与陶渊明"质而实绮，癯而实腴"（苏轼《与苏辙书》）的绚烂至极而皮毛剥尽后的"真"是不同的。

单纯的天真是可贵的，但在生活中有时也是逗笑的。现代文学史上，戴望舒有一首名作《雨巷》，赵先生很喜欢，也用此题写了两首：一首四十八行，写于一九五九年；一首五十四行，写于一九六二年。赵先生对自己的《雨巷》十分钟爱，一九八三年三月，在印度新德里尼赫鲁大学参加"首届国际翻译文学讨论会"时，他曾经用中英文朗诵了一九五九年版的《雨巷》。他还请江苏人民广播电台的播音员录制此诗，带到课堂上放给同学们听。一遍放完，他会亲切地问："怎么样？好听吗？"见同学未有反应，他就会自我评价道："太…好了，请再听一遍。"引起全班大笑。有一年江苏省社科成果评奖，赵先生的著作被评为三等奖，他老大不喜，乃至拒绝领奖。赵先生喜欢讲浪漫主义文学，总要归纳其若干特点。八十年代初，严迪昌先生告诉我，他有次去参加南京市文联的活动，有人问及"赵先生讲浪漫主义的特色，有时是七个，有时是九个，到底是几个"，我前时又读了赵先生的《诗歌与浪漫主义》一文，浪漫主义的特色一共列了十项，此文写定于一九九〇年，应该可以视作最后定说了。赵先生是温州人，从年轻时就酷爱自然，所以特别喜欢谢灵运的诗。他初中时上的第十中学在"春草池"畔，这个名称就是从谢诗名句"池塘生春草，园柳变鸣禽"（《登池上楼》）而来。"池塘生春草"很容易理解，"园柳变鸣禽"的意思，根据习惯上的解释是，在林园的柳树间改变了鸣禽的种类，也就是暗示了季节的变换。但赵先生别作新解道："我感到这里'变'字就是一个及物动词，也必须是个及物动词。'鸣禽'就应该当作'园柳'的宾语。这句诗的神妙正在此。"这样，此句的意思就是"柳枝都变作鸣禽了"（《池塘生春草，园柳变鸣禽》）。记得一九八二年南大八十周年校庆，中文系也隆重举行论文报告会，赵先生也报告了这篇论文，很多先生，包括研究训诂学的洪诚先生以及古代文学教研室的一些老师，都对赵先生的这一说法予以严厉批评。但赵先生却总是温和地坚持自己的看法。这个看法形成在一九六二年，文章几经修改，最后刊发在一九九一年的《南京大学学报》上，还是这个观点。

虽然学术界几乎无人理会这个解释，但赵先生认为就是该这样解释，还将这一新解写进了诗中。《琅琊山行》有云：

> 正如那个著名的山水诗人，
> 在"新阳改故阴"的春晨，
> 由于激情，诗的想象，他以为
> 所有的园柳都变成了鸣禽。

> 多么奇妙的想象呀！没有想象，
> 一切的诗歌都会去了亮光；
> 正如没有激情，怎会发出歌声，
> 没有翅膀，诗歌怎能飞翔？

多么可爱的赵先生！多么天真而又认真的赵先生！

想起赵先生的一些往事，有时令我暗自发笑，但笑过之后，却不免又有几分苦涩。今天的大学教授身上，还有这样的天真吗？这样的天真，在今天还能够生存吗？当下的知识界、教育界，太多的教授、学者更接近王朔笔下的"顽主"，有着过于浓郁的江湖气息。本来，理想破灭的知识人"以天下为沈浊，不可与庄语"，故出以"谬悠之说，荒唐之言，无端崖之辞"（《庄子·天下篇》），实有其意义所在。但若熙攘天下一片，"忽悠"成风，知识人也在与世浮沉中溺而不返，凡事便再无"认真"可言了。

赵先生的天真，更多是接近于"童真"：单纯、明朗、主观、无机心，对于自然、人间总是充满了爱。也许爱本来就是浪漫派文学的一个真谛吧，心灵与物质、精神与自然、过去与现在、天堂与人间，一切都融化成无限的爱。仅看他对自己的老师和学生吧，在一百五十首八行诗中，就有《赠沈从文师》《沈从文的微笑》《赠王季思师》《赠冯至师》《赠柳无忌师》《赠钱锺书师》《赠我的研究生》《再赠我的研究生》《怀念吴宓师》《怀念吴达元师》《怀念威廉·燕卜荪师》《怀念朱光潜先生》《怀念我的小学老师们》等等，而"悼念沈从文师"的诗作更是多达八首。王国维说："主观之诗人，不必多阅世。阅世愈浅，则性情愈真。"（《人间词话》）所谓"主观之诗人"，在王国维的认知中，就是"纯粹之抒情诗人"，比如拜伦，或者说，就是浪漫派诗人，所以天真是"主观之诗人"的条件。赵先生生活在二十世纪，但他的艺术趣味还是在十九世纪的浪漫派文学，单纯、热烈、善良、清显。虽然他也研究过鲁迅，但用力所在，却是其早年的《摩罗诗力说》，而不是后期的如匕首、投枪、解剖刀一样的杂文。在赵先生看来，鲁迅的这篇文章可以毫无愧色地"列入世界浪漫主义的文献宝库中"（《诗歌与浪漫主义——读鲁迅〈摩罗诗力说〉漫记》）。试读其《东北虎——在南京玄武湖动物园里》：

我暂时认输了，被赶出山林，

把我当个观赏物？忍气吞声！
用铁栏隔开你们和我——否则，你们敢挨近！"
迈着毛茸茸的雄壮的四条腿，
在笼子里，成天来回走动；
瞪着眼睛，在不眠的深夜里，
它神驰于大兴安岭丛林。

　　我总觉得这首诗是从奥地利诗人里尔克 (R.M.Rilke) 的一首诗中得到灵感，但意味却大有不同，试看其《豹——在巴黎动物园》(冯至译)：

它的目光被那走不完的铁栏
缠得这般疲倦，什么也不能收留。
它好像只有千条的铁栏杆，
千条的铁栏后便没有宇宙。

强韧的脚步迈着柔软的步容，
步容在这极小的圈中旋转，
仿佛力之舞围绕着一个中心，
在中心一个伟大的意志昏眩。
只有时眼帘无声地撩起。——

于是有一幅图像浸入，

通过四肢紧张的静寂——

在心中化为乌有。

里尔克是一个现代派诗人，他的诗不重在描写而重在表现。借助于笼中豹的感觉（实际上是诗人的感受），写出当今世界中社会对人的压抑和人对社会的厌倦。其看待人生的目光是冷峻的，他对于世界的剖析是严酷的。而赵先生笔下的"虎"，尽管被关在笼子里，却依然有着对自由的渴望和重新称霸森林的雄心，并且坚信这种雄心是可以实现的。除了用浪漫主义的框架来说明，还能有更好的解释吗？

赵先生在一九九九己卯年的大年三十去世，走完了其八十五岁的旅程，生命被永远定格在二十世纪。他生前爱美，爱自然，追悼会上我们每人手执一朵玫瑰为他送行，他的骨灰也埋在南大校园北大楼旁的丁香树下。每当风儿穿过周边的枝叶，发出簌簌声响的时候，仿佛诗人在另一个世界中还在不倦地吟唱。

二〇一四年一月十七日

原载《随笔》2014 年第 3 期，后收入《读南大中文系的人》，南京大学出版社 2014 年 9 月版，第 54-62 页。

诗人赵瑞蕻轶闻一二

赵江滨

有一次上鲁迅的公选课，课间的时候有学生来向我咨询，能否可以将英国浪漫主义诗人拜伦与鲁迅进行比较做一篇论文，听后我颇感踌躇——拜伦肯定对鲁迅有所影响，鲁迅在日本留学时就写过《摩罗诗力说》，充满了对拜伦一类"摩罗"诗人的推崇之情，拜伦的叛逆气质深得鲁迅青睐。然而真要做一篇专门的研究文章，这个话题是否具有足够的学术拓展空间，我确实没有把握……不过，这却让我想起了一本久违了的与鲁迅《摩罗诗力说》有关的书，连带着又记起了这本书的作者——这就是《鲁迅〈摩罗诗力说〉注释·今译·解说》和它的作者赵瑞蕻先生。

《摩罗诗力说》是鲁迅早年在日本留学时用文言写的一篇长文，文字古奥，加之参考文献丰富，涉典较多，思想芜杂，不是太好读。当年我在进入鲁迅研究领域后，赵瑞蕻先生的这本书曾经是我理解和把握《摩罗诗力说》的最重要的工具书，而且不是之一。这本书资料丰富翔实，考证工夫精深，诠释准确可靠，见解精辟，但文字又没有一般学者的冬烘气，流畅清新，颇见文采，几乎可以当作文学作品来读，是我非常喜欢的极少数学术著作之一。以至有一段时间我对它爱不释手，从资料室借阅后很长时间放在书架上，不舍归还。后来发现，赵瑞蕻先生还是中国现代《红与黑》的最早翻译者。但关于赵瑞蕻先生的更多情况却不甚了了。

后来听说的两件事让我对赵瑞蕻先生有了进一步的认识——他何止是一位学者和翻译家，本质上更是一位诗人。

一九九四年到南京大学读研究生前夕，有一天遇到同事王明堂先生。王先生五十年代先后毕业于华东师范大学和复旦大学，曾长期在华东师范大学任教，后调徐州师范大学工作。他在现当代文学领域耕耘了一辈子，对学界情况比较熟悉，当时已经退休。在谈到南大的同行时，他讲了一则亲身经历的关于赵瑞蕻先生的轶事，让我印象深刻，至今难忘——

大约是"文革"后的一个夏天，江苏省教育厅组织一帮专家编写教材，住在南京的一家招待所，当时他和赵瑞蕻先生住在一起。有一天午后，天气闷热，大家正准备午休。突然乌云翻卷，狂风大作，顷刻间电闪雷鸣，暴雨倾盆而下。室外的人纷纷张皇失措地躲进室内，室内的人也手忙脚乱地关门闭窗。霎时间，天地间白茫茫一片，狂风暴雨肆虐着大地。但忽然间赵瑞蕻夺门而出，冲进雨帘，昂首矗立到楼前空旷草坪的大树下，旁若无人，迎着暴雨雷电，高声朗诵高尔基的散文诗《海燕》。这的确是属于那个时代的激越诗篇，而我也似乎隐隐听到了那回荡在电闪雷鸣雨骤间的高亢旋律：

在苍茫的大海上，狂风卷集着乌云。在乌云和大海之间，海燕像黑色的闪电，在高傲的飞翔。

……

——暴风雨！暴风雨就要来啦！

这是勇敢的海燕，在怒吼的大海上，在闪电中间，高傲的飞翔；这是胜利的预言家在叫喊：

——让暴风雨来得更猛烈些吧！

此情此景，雷电与吟诵和鸣，暴雨和狂放共舞，暴风雨中的赵瑞蕻俨然已将自己化身为搏击暴风骤雨的高傲精灵了。目睹这一幕，直把大家都震撼得目瞪口呆，大概也只有性情豪放无羁的诗人才能为之。王明堂先生说到这个情景连连摇头感慨，我也听得大开眼界，直呼"到底是诗人啊！"

后来在南大遇到邓兴峰博士，他学的是语言学专业，本科在南大，后来又保研硕博连读，算来在南大前后待了八年，后来出国了。有一次他在跟我聊到文学时，也讲了一则听来的关于赵瑞蕻的轶事，进一步印证了其诗人品格——

"文革"前的有一年，赵瑞蕻先生上课的时候拎了一个录音机。上课铃响之后，他打开录音机，先请同学们欣赏一首诗朗诵。随着配乐声起，中央人民广播电台著名播音员声情并茂地朗诵了一首诗，悠扬婉转之声深深扣动着在场每一个人的心扉。朗诵完后，赵瑞蕻先生问大家："好不好听？"大家齐声说："好听！"赵瑞蕻先生见状，也毫不谦虚地说："这首诗的作者就是鄙人。大家既然说好，那么我们就再听一遍。"于是抑扬顿挫的诗朗诵再次回响在教室里，经久荡漾。邓兴峰说到这个故事的时候也感叹地表示："老先生在课上是多么自信啊！"

如果认为上面这个场面仅仅属于诗人的率性为之，那肯定是对诗人的浅薄误解。当我后来读到赵瑞蕻先生在《纪念西南联大六十周年》一文中回忆的一个场面，终于明白，赵瑞蕻先生的"诗人气质"其实是西南联大精神熏陶的产物，他的率性流淌着西南联大浓浓的人文传统。在这篇文章中赵瑞蕻先生深情地追忆道：

有一次去听罗庸先生的"杜诗"，他正好讲杜甫《同诸公登慈恩寺塔》一诗。当时教室里坐满了人，罗先生一开始就读原诗：

高标跨苍穹，烈风无时休；

自非旷士怀，登兹翻百忧。

方知象教力，足可追冥搜。

仰穿龙蛇窟，始出枝撑幽。

七星在北户，河汉声西流。

羲和鞭白日，少昊行清秋。

秦山忽破碎，泾渭不可求。

俯视但一气，焉能辨皇州？

回首叫虞舜，苍梧云正愁。

惜哉瑶池饮，日宴昆仑丘。

先生来回走着放声念，好听得很。念完了就说："懂了吧？
不必解释了，这样的好诗，感慨万千！……"

显然，赵瑞蕻先生后来的上课方式和西南联大的受教经历
有着密切的传承关系，人文教育不仅需要传授，更需要熏陶与
人格影响。

赵瑞蕻（一九一五——一九九九），笔名阿虹、朱弦等，浙
江温州人。中学时开始写诗，一九四〇年毕业于西南联合大学
外文系。在西南联大时与同学组织文学社团，一九四二年在中
央大学外文系任教，建国后在南京大学中文系任教，是中国比
较文学学会发起人之一。出版译著《红与黑》《梅里美短篇小说
选》《爱的毁灭》《土库曼的春天》《欢乐颂与沉思颂》《符拉基
米尔·伊里奇·列宁》，诗集《梅雨潭的新绿》，论文集《诗歌
与浪漫主义》，回忆录《离乱弦歌忆旧游》等。《〈摩罗诗力说〉
注释·今译·解说》广受好评，一九九〇年获全国首届比较文
学图书荣誉奖、江苏社会科学奖。一九九九年二月十五日在南

京去世，享年八十四岁。

赵瑞蕻先生的夫人、也是著名翻译家的杨苡女士——《呼啸山庄》的中译本就是她的杰作，在赵瑞蕻先生去世后曾评价道："这是一个如此热爱生活的人，一个从小迷上了《爱的教育》并想为之奋斗一生的理想主义者；一个被朋友戏称为'不食人间烟火'的、不谙人情世故的幻想家；一个进了课堂便滔滔不绝，愿为年轻人倾注他所有知识的好老师。"真是知夫莫若妻也！

当年在南大读研究生的时候，赵瑞蕻先生早已退休，我无缘亲睹年轻时的神采，只能偶尔在中文系的走廊里会见到赵瑞蕻先生略显年迈的身影。远远望去，赵瑞蕻先生虽已八旬，但精神矍铄，气宇轩昂，眼神依然透露着诗人的不羁风采……

带着对《鲁迅〈摩罗诗力说〉注释·今译·解说》的特殊好感，怀着对赵瑞蕻先生的深深敬意，二〇一三年十一月一日我在孔夫子旧书网上搜到并购得了这本心仪已久的书。该书由天津人民出版社一九八一年出版，当时只印了七千多册，以后一直未再版，现在看来也算弥足珍贵了。购得这本书，对我来说是出于喜欢，但更是对一段往事的怀恋。

选自《北望》，江北区作协编，宁波出版社 2018 年版，第 130-136 页。

芬芳的清气

石　湾

　　虎年除夕，我在南京大学读书时结识的赵瑞蕻先生远走天国，留给我的是一个无法强颜欢乐的春节。

　　我走上文学之路，是从爱好写诗开始的。六十年代初，身为中文系教授的赵瑞蕻先生正担任中国作家协会江苏分会诗歌散文组组长，我们南大文学社一群爱诗的学子，便投到了他的门下。而他，似乎对我这个历史系的学生尤为偏爱。最令我难以忘怀的，是他亲自带我去参加作协江苏分会诗歌散文组的活动，使我有幸从十八九岁开始就与那群卓有成就的诗人、作家有了交往，并在他们共同营造的一个相当温馨的创作氛围中，获得了令我终生受用的激励与熏陶。

　　那时，作协江苏分会诗歌散文组的活动，每半月一次。在我的印象里，这种沙龙性质的例会，无特殊情况，总是如期举行。记得有年暑假，我没有回武进农村，而是留在南京勤工俭学。其实白天在校办工厂劳动所得，也就只能维持低标准的生活费用，而我不回乡度假的主要原因，是眷恋这获益匪浅的文学沙龙。"诗人幸会更无前"，那确实是一个个令人神往与沉醉的夜晚……

作家协会的活动，对一个未见过世面的年轻大学生来说，自然独具神秘色彩，其诱惑力是无可抵御的。赵瑞蕻先生第一次提出要带我去作协江苏分会参加他们诗歌散文组的例会时，我兴奋不已，真有一种受宠若惊之感。当时，作协江苏分会设在长江路原国民党总统府内。而这里，本是太平天国的御花园。会议室近侧，当年建造的石舫风采犹存，月光竹影里，一块刻着张继《枫桥夜泊》的石碑更令人流连忘返……每次走进这座幽深静谧的花园，就仿佛来到一个诗的王国，亦真亦幻的迷人景色，激活了我的灵感与想象。

赵瑞蕻先生谈吐幽默，性格豪放，极富浪漫气质。作为沙龙的主持人，他堪称一个真正懂艺术民主的师长。与会者无论年龄大小、地位高低，均以文会友，平等对话。尽管有时难免因艺术见解有别而争个脸红脖子粗，但谁也不会大动肝火，伤了和气。这半月举行一次的具有沙龙性质的聚会，并非每次都事先确定好主题。往往是某个诗人、作家即兴挑起一个创作话题，或就其一篇新作各抒己见……清茶一杯，无拘无束；有话则长，无话则短；真可谓谈笑风生，如沐春风。似乎从来没有冷过场，一次谈不完，下次接着再谈。一切顺其自然，又一切听凭大家的喜好。在那些早已声名远播的诗人、作家面前，我这个乳臭未干的初学写作的小青年，开初几次赴会，不免有些拘谨。假若不是有赵瑞蕻先生提携，我是决计不敢走进这样高雅得近乎圣洁的文学殿堂的。

赵瑞蕻先生是个热情而又勤奋的诗人，几乎每次都要在会上朗诵自己的新作。在虚心听取了大家的意见之后，下回碰面，他又会把修改稿公之于众。在他的带动与感染下，与会的诗人们纷纷献出自己的新作，或豪放，或婉约，南腔北调，声情并茂，不亦乐乎! 连续感受了几次这般和谐、热烈的气氛之后，在赵瑞蕻先生的鼓励之下，我也就壮大胆子以自己的习作当众献丑。每次聚会，《雨花》杂志和《新华日报》《江苏青年报》副刊的编辑也都来参加，每有他们中意的诗稿，他们就当场要走了。我有几首习作，就是通过这一途径发表的。因此，这每半月一次的文学沙龙，既是创作汇报会和信息交流会，又是集体改稿、审稿会，对创作所起到的推动作用，那是不言而喻的。也正是在这几年间，赵瑞蕻先生的《雨巷》和《梅雨潭的新绿》，沙白的《水乡行》《访古抒怀》，忆明珠的《跪石人辞》，臧云远的《南京一小楼》……先后在《人民文学》《诗刊》《人民日报》等报刊发表之后，均风靡一时。还有宫玺、孙友田、鲍明路、丁汗稼（后两位英年早逝）……也都佳作迭出，令诗坛瞩目。我要特地在此提上一笔的是，赵瑞蕻先生不只是因为我是他的门生，才专为我开了方便之门，而是因为他主持的这个文学沙龙声誉鹊起，吸引了南京工矿、院校的一批文学青年，如至今还活跃在诗坛的吴野、王德安，当时都是普通青工。每次活动结束，我们意犹未尽，总是结伴踏上归程，沿着长江路边走边聊，久久舍不得分手……如今，每当见到他们的新作问世，我总会回想起那些谈诗说文、低吟浅唱的美好夜晚。因此可以说，赵瑞蕻先生当年主持的这个文学沙龙，就是我和这群诗友的文学摇篮。

在赵瑞蕻先生赠送我的诗集《梅雨潭的新绿》里，有一首题为《新登楼赋》。《新登楼赋》所记述的，就是一九六三年六月二十八日作协江苏分会诗歌散文组在南京鼓楼举行诗歌朗诵会的情景：

> 穿过鼓楼广场，走进丛林里，
> 沿着幽径，那些光滑的石级；
> 慢慢地，慢慢地往上攀登，
> 为了珍惜周围芬芳的清气，
> 慢慢地，慢慢地登上高楼，
> 迎接诗人们，我的朋友；
> 古色古香的花厅一片幽静，
> 期待着热烈的诗篇和歌喉。

在那个雨后的初夏之夜，我是跟随赵先生登上鼓楼，出席为纪念屈原逝世二二四一年而举办的这次诗会的。如今回想起来，何止是那天会场的周围笼罩着"芬芳的清气"呀，而是我有幸参加的作协江苏分会诗歌散文组那持续了好几年的半月一次的文学沙龙，都充满着"芬芳的清气"。这"芬芳的清气"，就是文朋诗友间那种民主、团结、和谐的风尚，那种既尊重创作的自由与个性，又真诚交流、互相激励、友好竞争的生动局面。此后不久发生的"文化大革命"，无疑把赵先生所珍惜的"芬芳的清气"横扫殆尽……但作为他的弟子，当我还是一个诗歌爱好者时，就在他主持的文学沙龙吸纳到了这股宝贵的"芬芳的清气"，这不能不说是一个难得的机缘。遗憾的是，当我成为中国作家协会会员之后，许多年来，却再难找到当年作协江苏分会诗歌散文组那半月一次充满着"芬芳的清气"的文学沙龙了。联想及此，我也就更加感念赵瑞蕻先生对我的栽培之恩，不禁悲从中来……

———————

原载《文艺报》1999 年 3 月 16 日。

师恩难忘
——怀念赵瑞蕻先生

石　湾

　　九月十二日，杨苡先生百岁诞辰（实岁九十九，按中国民间习俗，生日过九不过十），她女儿赵蘅在《北京青年报》上发表了《她是呼啸而来的奇女子》一文。文中提到："妈妈隔不久就会叫我打电话问候她的老朋友。前时她明确说在北京她最惦记的有四个人：邵燕祥、袁鹰、姜德明、石湾。她经常说人要懂得感恩。邵燕祥帮她存过旧诗稿，袁鹰在她无端挨批判时去南京看望过她，这些她都一直记得。石湾作为南京大学的学子，对我爸非常敬重，这些年常去看我妈。"

　　我是一九六四年考进南京大学历史系的，因入校前就爱好文学，已有诗作发表，故就读于历史系后，课余仍痴迷于写作，加入了校文学社，正所谓"身在曹营心在汉"。为此在系里常遭白眼，批评我"专业思想不巩固"。好在头一学年我门门功课都得了五分（当时学苏联，五分即为满分），后来开明的系领导就以"文史不分家"为由，对我网开一面了。我加入南大文学社不久，就被推举为副社长兼诗歌、戏剧组组长，还具体负责墙报（南苑橱窗）《南大文艺》的编辑工作。文学社的成员，多半来自中文系。他们告诉我，中文系的教师，大多从事文学研究和理论批评，只有赵瑞蕻教授既搞文学研究和理论批评，还兼顾创作与翻译，是中国作家协会江苏分会诗歌散文组组长。于是，我就动了去赵先生家登门拜访，请他来当文学社辅导老师的念头。社长欣然赞同我的提议，并带我去拜访了赵瑞蕻教授。当时，赵先生夫人杨苡先生在南京师范学院（今南京师范大学）外文系任教，译有名著《呼啸山庄》，也还从事儿童文学及诗歌散文创作。赵先生热情接待了我，说他早就听中文系的同学讲，历史系出了个"校园诗人"叫石湾，并在报刊上读到过我的诗，觉得比他们中文系的同学写得还好……我受宠若惊，不知怎么感谢是好，慌忙把几首新写的诗递给赵先生，激动地说："这是我最近的几首习作，请赵先生批评指教。"从那天开始，我每当有了新作，课余就登门向赵先生求教。而他每次看过之后，给予我的，都是热情的鼓励，从不直接指出我的习作有什么毛病和不足，该如何修改。而当我提出很想欣赏他的新作时，他又总是笑着应允："好，我来朗诵一首给你听听。"

那时，赵先生的诗歌创作正处于巅峰期。给我印象最深的是，极富浪漫气质的他，创作态度却极其严肃认真，对自己的作品，每一首都反复推敲修改，似乎没有满意的时候。他的代表作《雨巷》和《梅雨潭的新绿》，最早都是发表在《雨花》上的，后来分别在《人民文学》和《人民日报》刊出的这两首同题诗，都是他从头至尾重写的稿本。《雨花》上发的《梅雨潭的新绿》是十八节七十二行，而《人民日报》刊出的稿本，只有八节三十二行，他把一遍遍修改和重写的原稿提供给我看，并告诉我他为什么要这样一遍遍修改和重写，使我从中领悟到他作诗的激情、方法与技巧。尤其是那首怀念朱自清先生的《梅雨潭的新绿》，几乎是倾尽了他激情和心血。他告诉我，朱自清先生早先是他的母校浙江省立第十中学（温州中学前身）的国文教师，为十中写过一首有名的校歌，还教过他的二哥赵瑞雯。他九岁时，二哥曾拿出经朱先生用朱笔批改的作文簿给他看过，当他进十中后，就快乐地读到了朱先生《桨声灯影里的秦淮河》《背影》《荷塘月色》等散文代表作。而印象最深刻的是《温州的踪迹》中的《绿》，他那时以及后来到仙岩游玩时，往往就想起朱先生的这篇名作来，感觉"梅雨潭闪闪的绿色招引着"他年轻的心灵。十分有幸的是，一九三七年底，他进入由北京大学、清华大学和南开大学三校迁到长沙合组的国立临时大学文学院外文系继续读书时，见到了久仰的朱自清先生。因战争日紧，一九三八年二月临大开始西迁昆明、蒙自。到蒙自不久，他和二十几位爱好诗歌的同学成立了一个"南湖诗社"，请朱自清先生和闻一多先生当了他们的导师。当朱自清先生得知他是温州人，而且毕业于其曾任教的温中时，很高兴，问了不少温州的情况，还兴致勃勃地谈到仙岩梅雨潭。朱先生鼓励他努力写新诗，并叮嘱他先把外语和外国文学学好，将来再回过头来研究中国文学，一定大有可为。因此，他觉得朱先生的诚挚教导对他后来的成长道路和发展方向极有影响，是他一生也难以忘怀的。言教不如身教，后来我才领悟到，他是用他的创作实践来指导我该怎样写诗！

赵先生不只是以这样特殊的方式，给我开了"小灶"，而且，他还为我这个非作协会员开了"后门"，带我去参加省作协诗歌散文组每半月一次的创作交流会。与会的诗人、作家，像李进（省文联主席，笔名夏阳，电影《红色的种子》编剧）、臧云远、艾煊、鲍明路、沙白、忆明珠、官玺、孙友田……当时都已名扬全国。而我仅是一个未出校门的文学爱好者。好在这群作家、诗人都很热情，身为组长的赵先生带着年轻弟子来参加省作协诗歌散文组的例会，从未介意。起初几次，我总是躲在会议室的后排角落，默默地听作家、诗人们朗读自己的新作，畅谈生活感受和创作心得。到后来，赵先生点我的名，鼓动我也当场朗诵自己的习作。有赵先生的激励与提携，我的胆气渐渐壮大起来，创作热情也随之高涨，以至在举行全市性的大型诗歌朗诵会时，也敢登台亮相了。假如没有赵先生如此热忱的指引和关照，作为一个历史专业的大学生，我是决计不会如此顺当地踏上文坛的。因此，当我大学毕业如愿以偿地被挑选到国家文化部门从事专业创作时，我最感念的母校老师，就是敬爱的赵瑞蕻先生。

一九七九年七月十四日，赵先生从南京写信来，告诉我"这里正在筹办一个《诗刊》，省委宣传部已批准了"，"请你多写点诗，多寄点诗来"。遗憾的是，我走上专业创作岗位后并未能从事真正意义上的写作，先是下乡搞"四清"，后是十年浩劫折腾人，耽误了大好的青春年华。直至一九七九年秋，去第四次全国文代会上见赵先生时，大学毕业已十五载的我，在创作上仍无所建树，心里直觉得愧对他当年的一片栽培之恩。但赵先生没有责备我，更没有发一声叹息。他说："打倒了'四人帮'，文艺的春天来了！你要放开胆子去创作。视野可以宽一些，笔墨也应多几副，不只写诗，写剧本，还可以写散文、报告文学……"他知道，我的诗作无可回避地在"文革"中受到了假大空文风的影响，特意送给了我一本沈祖棻、程千帆选注的《古诗今选》（上册）。当时，古籍出版尚未复苏，这本《古诗今选》（上册）是南京大学中文系印制的，数量不多，相当珍贵。到了一九八〇年四月，赵先生又特意给我补寄了刚印出的下册。显然，在这样历史转折的关头赠书给我，他是期望我从头学起，从古诗中汲取营养，一改"文革"诗风，开辟新的创作里程。

此后，每当我收到赵先生寄赠的书刊资料，我都感到，尽管我已走出校门许多年了，但他依然像我在校时那样，时刻注视着我在文学道路上留下的每一个脚印。他所给予我的关爱，胜过了母校任何一个老师。但是，他在我面前，却始终不以师长自居。记得在他八十华诞时给我寄来的一首一百八十行的述怀长诗剪报时，竟然题了"石湾好友惠正"这样六个字，令我感到羞愧甚于感动，不禁热泪横流。我觉得，他能把一个亲手栽培的晚生后辈当作"好友"看待，这正是他作为师长的一种最令人折服的品格。

四次文代会后不久，一九八〇年，我便调入中国作家协会从事编辑工作，十余年间，编刊、做书、办报，忙得很少有喘息的机会，也就荒疏了写作，越来越觉得辜负了赵先生对我的教诲与期望。一九九四年，他和杨先生在报摊上发现了《作家文摘》，一期不落地读了大半年，才得知这张畅销的小报原来是我一手创办的。于是，赵先生写信给我："多年不见，至为想念！……曾从一位老同学那里得知你现在创办《作家文摘》报，很有影响，销路极好，可喜可贺！"表述了他和杨先生的欣慰之情。由此，我与他俩的联系就多了起来。一九九七年十月四日，闻讯他偕杨先生来京，在亲戚家小住，我即约了南大中文系毕业的两位校友一起去看望他和杨先生。一见面，他就和我紧紧拥抱。合影留念时，还嘱咐他儿子赵苏，一定要把我献给他的花束照上。他说他已八十有二，是最后一次来北京了，日程安排得很满，许多事要抓紧做，包括重译《红与黑》。多年来，他搜集到了世界各地多个语种的《红与黑》译本，进行了认真细致的比较研究，自信地说："待我的重译本完成之后，一定能成为国内最好的中译本。"这时，我不禁回想起六十年代，他写《雨巷》和《梅雨潭的新绿》，诗发表后仍不断地加工修改，以至推倒重写，自己不满意决不罢休的情景，见他在艺术追求上永无止境的那冲劲一如当年，我觉得属虎的他依然充满生气，锐不可当，心态一点儿也没老。

在两个多小时的师生欢聚中，一起聊得最多的，是当时正被媒体热炒的他读西南联大外文系时的老师吴宓。从吴宓又谈起他们南湖诗社的导师朱自清、闻一多和沈从文。很有意味的是，朱自清、闻一多和沈从文都是西南联大国文系的老师，学外文的赵先生成为这三位名教授、名作家的高足，用他的话说，是"一种难得的幸运的机缘"。联想到赵先生与我这四十年的师生情谊，不也是这样"一种难得的幸运的机缘"吗？但没有想到的是，这次师生重逢，竟是我与赵先生的永别！一九九九年二月十五日（阴历除夕）晚八点多，赵蘅给我打来电话："我爸爸在今天凌晨走了。爸爸在南京大学任教五十年，在京的学生很多，一下子通知不过来。妈妈说，应该先通知你……"

其实杨苡先生和赵蘅都知道，我当年在南大读的并非中文系，在校五年，我没有听过赵先生一堂课。然而，毕业几十年来，赵先生是母校唯一与我保持密切联系的老师。在我的心目中，他一直是我最尊敬的师长。也可以说，他是我文学上的一位引路人。为此，我通过礼仪电报，订制了一只大花篮，托请赵蘅在大年初五举行的赵先生追悼会上，呈献到他的灵台前，花篮缎带上的唁文是："您永远活在我的记忆里。"

光阴如梭，赵先生逝世快二十年了。十九年来，尤其是在我二〇〇四年退休之后，几乎每年都要回母校教工宿舍去探望杨苡先生。杨先生一如既往把我当作好友看待，和蔼可亲、热情健谈。每次见面畅叙，我都从中深受教益。二〇〇八年，她把再版的赵先生遗著《离乱弦歌忆旧游》亲手赠送给我时，除在扉页上钤有赵先生的名章外，她还特意加贴了一张淡黄色的小纸，上题："石湾老友指正　杨苡　代"。接过赠书，捧在胸口，仿佛赵先生又与我亲切拥抱一样，心暖如初。这是多么难忘的珍贵情义啊！

写于二〇一八年十月二十五日

原载《温州读书报》2019 年 1 月 28 日。

我的老师赵瑞蕻

徐慧征

　　从小学到大学，教过我的老师不下几十个，有的已经记不得，有的终生难忘。虽然我已发苍苍，视茫茫，齿牙零落，只要一提起他们，一个个就会从记忆的仓库里跳将出来，音容笑貌，宛如昨日。赵瑞蕻先生，就是其中的一位。

　　我们年级一百零八名同学，是建国以后南大招收的第一届五年制大学生，系里十分重视，在强化基础教育之外，开设了多门选修课。中文系素以古典文学的雄厚实力著称，有幸听到了胡小石先生亲授的楚辞，一篇《离骚》就讲了整整一学期。陈中凡、钱南扬先生给我们讲了中国戏曲。此后，他们由于年迈体弱，就不再开课，我们幸运地成了这几位老先生的"关门弟子"。外国文学是中文系的弱项，只得由外文系教师来兼授。新开设的现代文学史，是一门新课，当时无人担当。恰好赵先生刚从德国讲学归来，开学在即，他便迎难而上，担纲了现代文学史的讲授任务。

赵先生上讲台，总是衣冠整洁，西装革履，风度翩翩。自然卷曲的头发，纷披在额前两鬓，飘逸潇洒。那时他四十开外，风华正茂，班上女同学窃窃私语："好一个美男子！"这般形象，五十年代在比较传统古板的中文系的课堂里，是十分醒目的。

赵先生讲课，非常投入，非常热忱，说话抑扬顿挫，徐疾有致。他讲到动情处，常常汉中夹英，半是汉语，半是英语，引经据典，也常用英语板书。同学们听不懂，往往相视一笑。他绘声绘色地分析阿Q，通俗易懂地解读《摩罗诗力说》。赵先生是闻一多的学生，他深情地朗读《红烛》，充满激情地讲解《凤凰涅槃》，他不用论述的严密性和逻辑性来折服学生，而用诗人般的热情感染着我们，带我们进入他所描述的情境。现代文学漫漫苍穹里，闪烁着鲁迅、郭沫若、茅盾、巴金、冰心、田汉、老舍等一颗颗数不清的璀璨明星。"文革"中，我离开南大，下放农村劳动六年，我读完了《鲁迅全集》《郭沫若文集》等作品，正是文学的抚慰，伴随我度过了寂寞的岁月。回首当年，由衷感谢赵先生对我的启蒙。

赵先生待人亲切平等，把学生当朋友。他与同学交往，真诚、坦荡、胸无城府。系里同志说："和赵先生相处，不设防。"在那政治运动不断、人人自危的心理环境中，有这等评价，多么珍贵！

想不到八十年代初，我和赵先生的儿子赵苏成了同行。赵苏的摄影技术十分出色，多次的真诚合作，我们成了忘年交。两代人的情谊，使我和赵先生一家更加亲近了。赵苏的诚实、率真，更胜于父亲，在复杂的人际关系中，焉得不常常吃亏。幸而有着母亲的耳提面命，百般呵护，一家人和和美美，风调雨顺。

赵先生伉俪，毕生献给了教育事业和文学创作，耄耋之年，仍笔耕不辍。儿女们也都为艺术奉献青春，对真善美的共同追求，结成了一个令人钦羡的家庭。赵先生八十四岁的那个除夕之夜，没有料到，大洋彼岸孙儿的亲切问候，竟使老人在极度兴奋中匆匆走了。他走了，一点没有痛苦，他生于忧患，死于欢乐！一个垂暮的老人，能在亲人的祝福中，无比欢乐地死去，毫无遗憾地离去，不也是人生的一种幸福么！

原载《多彩的旅程：纪念赵瑞蕻专辑》，第 41–42 页。

洒向人间都是爱

韩　曦

又是一个春暖花开的季节。不知不觉中，瑞蕻师离开我们已经两年有余。可每次我去看望杨苡师母时，却总感到先生并没有离开我们，他就在我们周围。在追随先生学习比较文学的那段日子里，先生传授给我们的不仅是丰富的学术知识，更多的是让我们懂得了如何做一个光明磊落的、正直的人。先生是一位诗人，他有着一颗浪漫的、充满激情的诗人的心，但更多的却是一颗对世界充满了爱的爱心。

自一九八六年进入师门学习比较文学开始，先生就一直像慈爱的父亲一样关爱着我们的学习和生活，想方设法为我们提供一切参加学术活动的机会。那年我们三个研究生刚刚进校不久，先生就接到了绍兴鲁迅纪念馆邀请他和杨苡先生参加"鲁迅逝世五十周年暨学术讨论会"的通知。先生认为这是一次让我们学习鲁迅、研究鲁迅，感受中国文化的极好机会，便毫不犹豫地带我们随他和师母一同前往，惹得同年级其他专业的同学好不羡慕。也就是在那个桂花飘香的季节里，我们第一次随先生一同远行去参加学术活动，第一次深切地感受到了先生的学贯中西。他那渊博的知识、深厚的文化底蕴以及严谨的学术态度，给我们留下了终生难忘的印象。从那以后，只要外出参加学术会议，先生总是把我们带在身边，用心呵护着我们。

记得那是我们读研究生的第二年，也是在这样一个万物复苏的季节里，先生带我们一起去他的故乡温州参加学术活动。出发之前，他嘱咐我们每人准备一个题目，与温州大学的师生进行交流。在温州讲课之余，先生的许多亲戚朋友接连不断地邀请先生去家中吃饭，先生每次总要带上我们一同前往。热情的主人为我们准备了一桌桌丰盛的美味佳肴。我们三个学生因为与主人并不十分熟识而显得有些拘束，先生注意到了这些，总是尽量找些我们能够插得上嘴的话题，还不时地往我们的碗中夹菜，一边夹，一边还悄声地说："多吃点，在南京是吃不到这些海鲜的。"先生这句朴实的话语顿时让我们感动万分，它成了我们永久的记忆。毕业后，我们偶尔相聚在一起的时候，还会回忆起那次温州之行。

瑞蕻师是一个诗人，诗人是热爱生命，热爱生活的，而先生更是用心去爱一切美好的事物。在先生屋前那个不大的庭院中，有他亲手栽种下的丁香树和石榴树，每当春夏来临，院中便香飘阵阵，白的如雪，红的似火，还有两只虎皮鹦鹉和笼中的蝈蝈在不知疲倦地吟唱着生命的赞歌。先生喜爱鲜花，对它情有独钟，因为那是生命的象征，春天的象征。我们学生自然十分了解先生的这一喜好。因此，在先生过生日或一些特别的日子里，总要给先生送上一束鲜花。就在先生去世前的几个月，他曾因为心脏病住在省人民医院。那天，秋雨绵绵，我和丈夫带着孩子来到医院看望先生。途中，我们买了一些水果，当然还忘不了带上一束鲜花。病房里静悄悄的，先生正坐在沙发上看报。他见我们去了，十分高兴。那天他谈了很多，其中的一个话题就是生与死，就是他业已完成了的回忆录——《离乱弦歌忆旧游》。他为自己能在八十多岁的高龄完成这部记录着自己人生足迹的回忆录而感到欣慰，也为那些先自己而去的西南联大的同窗学长哀伤，他认为自己有责任将他所经历的这段历史真实地记录下来。看到先生情绪渐渐激动起来，我们担心坐得太久会影响他的健康，便起身告辞。先生这时叫住我说："这花太漂亮了，你把它给杨先生送去，她会高兴的。"我当时感到有些意外，一时不知该说什么好。事后再回想起来，觉得他是想用自己的行动告诉我，夫妻之间应该互敬互爱。先生真可谓用心良苦。

我深深地感谢先生对我的教诲，先生对我的爱也将永远铭记在心。

选自《多彩的旅程：纪念赵瑞蕻专辑》，第45–46页。

在赵瑞蕻先生的书房里

冯亦同

　　春节前一个晴朗的午后，我去看望赵瑞蕻先生，先生仍像往常一样在那间书房、客厅、工作室"三位一体"的小屋内忙碌着，浪花似的白发映照在一片书的汪洋里，稍有不同的是伏案的地方多了一摞新书，这是南大出版社刚刚出版的先生新著《诗歌与浪漫主义》，前不久他寄赠我一本，并在扉页上题写了鲁迅《摩罗诗力说》中的名言："盖人文之留遗后世者，最有力莫如心声。"

　　读了这部三十五万言的诗学论文集，如同跟随先生走过一条曲折、漫长、多彩的旅程。早在三十年代初他还是个中学生，就在报刊上发表新诗与译作了，还跟几个志同道合者在国文老师指导下办起了一份名叫《中国文学》的大型学术丛刊，入集最早的一篇论文《江西诗派与永嘉四灵》初稿便是在该刊发表的。从那以后，无论是抗日烽火中西南联大的流亡生活，还是解放以后国内外讲学的教授生涯，诗的行囊再也没有离开这位诗人、学者和翻译家的肩头。从东方到西方，从古典到现代，他把李白、杜甫的声音带进异国的讲坛，也从歌德、雪莱、马雅可夫斯基和泰戈尔的故乡带回域外的馈赠。本书的题名篇《诗歌与浪漫主义》定稿于近年，既是新时期以来鲁迅研究领域中的重要成果，也是赵先生从比较文学角度对自己长期以来研究、译介西方浪漫主义诗歌所进行的一次全面总结。文中有不少精彩阐述，如古今中外浪漫主义作品"九个共同性"，已经为学术界普遍接受，成为高校教材中颇具权威性的观点。

老教授顺手取出一叠他在各个时期的照片给我看，其中有一帧二十岁时英气勃勃的留影，先后告诉我这是他一九三五年刚进上海大夏大学中文系读书时照的。那年冬天，他作为进步组织"五月社"的代表，去内山书店拜访鲁迅先生，亲手把他们编印的地下刊物《中国青年行进》送交到敬爱的鲁迅先生手里。将届八秩高龄的瑞蕻先生说起这段往事脸上浮起亲切的微笑。我想六十年前这难忘的一幕，也和他曾受教于朱自清、闻一多、沈从文、冯至、钱钟书等文学大师的经历一起，早已成为他薪火相传的学术生命中最宝贵的记忆了。这本文集中收进了几篇回忆师长前辈的文章，如《怀念英国现代派诗人燕卜荪先生》一文长达万余字，极为生动地记录了当年西南联大的学校生活和这位剑桥学者的音容笑貌，其间也穿插了许多有关西方现代派诗歌渊源、流变的论述，既是一篇情真意切、内容丰富的优秀散文，也是研究诗歌理论和教育史的珍贵资料。

说到这部学术论著的文字风格，赵教授不无欣慰地告诉我。新书出版后得到文化界许多朋友"鼓励"与好评，程千帆先生特别在来信中称赞学术论文写的这样美，是很不容易也很少见的。的确，当我读他评述我国山水诗人谢灵运创作贡献的论文《池塘生春草，园柳变鸣禽》时，诞生在先生故乡温州的那些古典诗句，经过他充满了诗意、倾注着爱心的条分缕析，显现出更加动人的光彩。正像他自己所说，从山水之恋到诗之恋，他的创作、研究、翻译都同诗歌结下了不解之缘。退休之后，除了这部凝聚着数十载心血的诗学论著，他还整理完成了三十五万字的学术论著《论〈红与黑〉及其他》，在海内外产生了广泛影响的被他谦称为"八行新体诗习作一百五十首"的诗集《诗的随想录》也即将出版。眼前这座壁立着满墙书架、案头堆满了书刊文稿的小屋，该是他数十载长途跋涉中的一个驿站吧，明天又该有多少映着他满头银发的新著从这里启程？

原载《温州日报》1994 年 4 月 27 日。

永远的诗情

冯亦同

好像要赶往天国参加诗人的迎春会，他在除夕前一天夜里匆匆走了。

大约半个月前我还接到他的电话，说江苏卫视当晚的文化节目上有一个对他的采访，是谈他刚刚过世的老师钱钟书先生的，要我到时也收看，我因为忙竟错过了播放时间。这几天正准备去给他拜年，没想到初一大早就惊闻噩耗，赶到他家那间兼作书房与客厅的斗室中时，墙上已挂着老诗人的遗像，遗像下围满了花篮。屋角里，他常坐的那张白天也亮着台灯的写字台上，还放着他才写就的文稿，是纪念几天前才作古的萧乾先生的——文章刚刚写好，他就跟着他心中牵挂着的师友们去了。

"永远保持一颗童心，永远拥抱工作不放"，这是他引用他的另一位师长沈从文先生之言题写在赠送给我的一本书上，谦虚地说愿与我"共勉"的话；回想起来，却正是他本人留在我这个晚辈心中的真实写照。自他还是个十六岁的温州少年起，这位创办《爝火》诗刊的中学生就开始了他毕生的文学追求，从东方到西方，从古代到现代，从创作、翻译到学术研究。他师从"五四"那一辈新文学巨匠，与诗歌同行，追求光明与真理，积极参与中外文化交流和新学科创建，取得多方面成就，直到耄耋之年桃李满天下，依然笔耕不息，皓首穷经。无论我何时穿过那棵石榴树的小庭院，走近他的房门，总能瞧见他从写字台边抬起满头雪浪花似的银发，放下手边的工作，笑吟吟地站起身来。每当此刻，我都会在感受温暖的同时油然而生敬意：这就是晚年还有雄心准备重译自己早年就译过并产生了广泛影响的《红与黑》的第一个中译者啊！听杨苡老师说，发病前几个小时，他还高高兴兴跟远在美国的孙儿通了越洋电话。今年是他的本命年，八旬有四的老诗人掰着手指，笑着说："再过三十六个钟头，就要踏上兔年的跑道了。"谁知一阵致命的心悸，就在这时袭击了他，中断了他那向缪斯王国进礼的漫长又多彩的旅程。

我不禁想起与老人的最后会晤，是去年十一月底召开的纪念鲁迅到宁求学一百周年的学术研讨会上，作为江苏省鲁研会的名誉会长，他对拙作《鲁迅与中国现代诗歌》一文给予了热情鼓励，会后还在电话中对我文中提到的新旧诗体"共存共荣"的观点一再肯定，并希望我在文字表述上再加"互相促进"四字，从中亦可看出他治学的认真和期望于后辈的殷殷之情。此前，拙作音乐散文诗剧《朱自清之歌》也得到他不少帮助，因为他在西南联大时期曾受教于朱先生，朱先生也曾在他的中学母校任教，也是他哥哥的老师，因此有相当的交谊，我在该剧中刻画的赵刚一角，便是以他为原型的。近年来，他发表了许多回忆早岁往事的精彩文章，正应出版社之约，赶写一部三十万字的文集《离乱弦歌忆旧游》。他的女儿告诉我，老人临终前还说纪念萧乾的文章也要收进这本书的，想不到也成了他的遗言。

翻开老诗人前几年送我的诗集《诗的随想录》，集中有他写于一九八九年春节的《我的遗嘱》，那是他在海内外获得好评的"八行诗体"中的一首，深情地倾诉了这位赤子真挚、热忱的心声：

我已到达了生命旅程的终点，
向亲友们告别，说声"珍重！"
无须追悼，让火焰拥抱我，
请把骨灰洒在仙岩梅雨潭中。
对我的后代只有一点热望——
做个光明磊落的人！
窗前的石榴树又快要开花了，
烂漫的梦魂会年年歌吟！

我自青年时代就景仰这位江苏学界和文坛德高望重的前辈，他的夫人杨苡亦是我的大学老师，由于工作和师生的双重关系，最近十多年里，我有幸更多地受教于他们。对我来说，那为石榴树所映照的雪浪花似的银发与笑容，将永远是鼓舞我在诗国耕耘和前行的一抹烂漫的春光。

匆草于己卯正月初七，赵先生遗体告别仪式前夕

原载《东方文化周刊》1999 年第 8 期。

想起了赵瑞蕻……

赵允芬

诗人赵瑞蕻在大年三十诗一样地随风而逝了。

难过之余，想起了很多很多。尽管，笔者以个人身份与这位老人实际的接触又太少太少。

想起了去年圣诞节下午叩开的那间充满温馨和生机的房屋；想起了与赵先生、杨先生夫妇友好而愉快的聊天；想起了赵先生临去世前写的最后的文章之一，即是为《淘书》撰写的纪念钱钟书先生的文章，然而不久，他便随钱先生一起去了；想起了他给远在国外的学生写信，寄去了发表的两篇悼念钱钟书老师的文章，希望在巴黎的中文报纸发表，以让法国朋友"见识一下中国二十世纪一代大师的风采"；还想起了他在给学生的信中一再提及的"时不我待的紧迫感、义不容辞的紧迫感"，希望写出他在西南联大时的所见所闻，"为那些独特的岁月，为那种独特的生活，为那批独特的学人留下一些具有历史及研究价值的材料。"

赵先生法国的学生在致本报《淘书》的一封信中回忆说，赵先生曾说，古时老师辞世，应是弟子执礼送别。"而如今你遽然辞世，你的弟子却大多在异国他乡……止不住泪流满面。"

前几日南大专门举行了一个诗歌朗诵会，以独特的形式来追悼这位每每以"我要朗诵一首诗"来表达兴致的诗人。如今想来，这真是纪念这位诗人、翻译家的最好的方式了。

原载《服务导报》1999 年 3 月 21 日。

诗意的人生

许　荣

　　赵先生去了，在春节的前夜，在合家团聚的日子里；去得那样突然，令谁都无法相信。

　　一个诗人走了，一位学者去了，带着对生命的热爱、带着对生活的执着、带着对亲人和学生的关怀、带着对故乡的眷恋……走了。

　　每次走进那长着茂盛石榴树的小院，心情都十分愉快，我知道等着我的将是两位长者和蔼的笑容与亲切的话语。一进入书房兼客厅的屋里，书香就扑面而来。到处是书，窗台下的书桌上也堆着高高的几摞，那里是先生每天伏案的地方；赵先生就这样埋在书堆里翻译了《红与黑》，写作了《梅雨潭的新绿》《诗的随想录》《诗歌与浪漫主义》等等著作。

　　又一次走进小院，仿佛已看见赵先生正坐在书桌前，准备侧过身来迎接我们……然而，没有了杨先生往常清脆亲切的"请进"声，也听不见赵先生惯有的高兴的"哈哈"声，只有面色苍白的杨先生和满屋的鲜花，书桌前的那把座椅，空空的。不！赵先生依然坐在那儿，在鲜花的簇拥下，正笑迎着大家！

初次见到赵先生，是八十年代后期。看惯了大学校园里不修边幅的各类学者们，对满头白发的赵先生的第一印象也是最深刻的印象即是他翩翩的学者风度。随着越多地接受先生的教诲，便越真切地感受到，赵先生不仅仅是一个学者，同时更是诗人，缺少哪一方面，都不成为完整的赵先生。

从西南联大的学生到南京大学的教授，经历过几十年的风风雨雨，赵先生始终不变自己对美的追求与向往。在先生的眼里，生活处处蕴含着诗，作诗如此，教学如此，为人亦如此。我原先一直怀疑这世上还存在先生这样的内心充满了对他人的爱的诗人，认识了先生以后，也就明白了为什么有了南大校园里一直流传着的有关赵先生的许多逸闻：无论何时何地，先生常常沉浸在诗的意境里而无暇顾及其他，离不了的都是一个"诗"。

赵先生赞美生活，热爱生命，这份爱也感染着周围的人，特别是弟子们。弟子们每取得一点成绩与进步，先生都由衷地高兴并给予及时鼓励；偶犯一些过错，先生往往会痛心不已。因而，弟子们无论遇到什么问题，都乐于到先生这里寻找帮助与指教。

在赵先生的眼里，没有坏人，只有可能犯错误的人；善良的人也会犯错误。先生歌颂美的事物，也会为社会上的丑恶现象与不公正而激愤，但从不会出于一己之利而贬损别人。在先生的眼里，人人都是那么善良。在现实社会里，在当今文坛中，赵先生从没有把谁当作敌人。

君子坦荡荡，小人长戚戚。赵先生的遗嘱中对后代只有一点热望："做个光明磊落的人！"

其实，这又何尝只是先生对自己后代的期望？

一九九九年四月十五日

选自《多彩的旅程：纪念赵瑞蕻专辑》，第29–30页。

怀念讲真话的赵瑞蕻老师

俞　律

赵瑞蕻老师去世经年了，但他的音容笑貌长留在人们心里，特别是我们作家协会的同仁们，时时想起他对我们工作的支持和指导。

记得一九八一年，南京文学讲习所成立后，我们经常向他请教有关诗歌教学的要领，他总是毫不保留地提出他的看法，作很具体的指导，并且多次亲自为文讲所的学员们讲课。他讲授的比较文学和诗歌的现实主义与浪漫主义等深受学员们的敬佩，学员们常在小组会上颂扬赵老师的博学和性格的正直天真，有的学员还直接到赵老师家中求教，呈作业请他批改。他虽然非常忙，但总要抽出时间来和学员们细谈。

我担任南京市作家协会秘书长的那几年里，常到赵老师家去请益。我每一次去，总见他坐在临窗的写字台前，埋头创作，他常常充满激情地谈他正在创作的作品的内容，我特别难忘的是他在创作《诗的随想录》时和我的谈话，他曾把这一段诗朗读给我听：

这年头有多少东西应快写下来，

不然，流星一坠，情思就要沉埋！

雪泥鸿爪，该留点儿，别犹豫，

让子孙懂得我们活着的时代！

随想总有片可以随想的土壤，

使已消逝了的凝聚于不朽的文采。

最可贵的是敢于讲真话，犹如一盏明灯，

照亮四周，不再有蒙混的阴霾。

这些诗句真是石破天惊的警语，我特别尊崇他关于敢于讲真话的呼吁。他在他的诗和文章里是永远讲真话的。

他对于新诗形式的固定八句的提倡是富于创造性的，酌古准今，立论精确。由此，我专门写了一篇文章，以《新诗形式的畅想》为题，发表在《文艺报》上。赵老师很高兴，对我说："你是知音。"

和赵老师谈心是一种享受，但他很忙，我们都不愿经常打扰他。所幸他去世前不久我们曾有一次快乐的聚会，那天裴显生老师做东，参加的还有杨苡、刘舒、马鸣玉和我等人。

以后便永远没有机会和赵老师欢聚了！只有读他为真理而呐喊的诗文来排解对他的怀念。

选自《多彩的旅程：纪念赵瑞蕻专辑》，第10—11页。

诗意的赵先生

刘　俊

　　我珍惜我的头发蓬蓬，／那是我长年滋生的树丛；／我已到了生命的冬季，／我的头发却仍能顶得住寒风！／但全给吹白了，哦，可爱的叶子！／叶脉中似有静电在流动；／我沉思，喜欢用双手抚摸柔发，／它们跟自然万物息息相通。

　　这是诗人赵瑞蕻用他自创的"八行体"写成的《我的头发》。见过赵先生的人，相信都会对他那一头微鬈飘逸的头发留下深刻印象。我现在脑海中的赵先生模样，就是他那一头银发总是那么诗意潇洒地蓬蓬着——那已成为他"顶住寒风""跟自然万物息息相通"的生命象征。

　　除了头发，赵先生的诗意还体现在很多方面。我就听到过好几个关于赵先生的"诗意"故事。第一个故事是从系里的前辈那儿听来的：上个世纪五十年代，赵先生曾被教育部派到东德讲学四年，头一年暑假回国，赵先生一下飞机，就亲吻大地，并激动地大喊："亲爱的祖国，我回来了"！

第二个故事是我一位北大朋友告诉我的：有一年南京的北大校友举办校友会，赵先生是西南联大毕业的，也受邀作为嘉宾出席并发言。赵先生发言时并没多说什么，只把自己一篇诗作的配乐诗朗诵播放给大家听。诗是长诗，听完后大家热烈鼓掌，赵先生也很高兴，问大家："喜欢吗？"大家回答："喜欢。"于是赵先生更高兴了，说："那就再听一遍吧"。

第三个故事是我的师妹告诉我的：她上本科的时候，听过赵先生的《现代诗歌》课。第一次上课，赵先生进教室后先不说话，沉默良久，然后绕教室一周，边走边低声自语："什么是诗啊？"问完正好回到讲台，一拍桌子，朗声宣告："我——，就是诗！"

赵先生是诗人，有诗集《梅雨潭的新绿》《诗的随想录》行世。赵先生也是学者，《红与黑》的第一个中译本就出自他手，《诗歌与浪漫主义》则是他诗思的学术结晶。学者、诗人两栖，比起只会做学问的学者，在个性和人生两方面，似乎都更具"诗意"——不信，你看看赵先生。

原载香港《大公报》2020 年 4 月 14 日。

赵老师不用手杖

胡丹娃

八十年代末的一个夏天，赵老师应邀去无锡讲课，我和他、杨老师还有他们的孙子旸旸一道去太潮疗养院小住。那一次，我们差不多把无锡的每个风景点都走到了，连一些不是景点的风景也被我们一一探到。三山岛，鼋头渚，太湖乐园，湖滨，林间，赵老师步态很好地走着，一边走一边给我和旸旸上自然课，他的步态、银发、笑容，连同我感觉中存在的、他理当拿着的一根手杖，全都深深地刻在了我的记忆里。

九十年代初，我去玩泰山，在山上买了两根手杖，一根是给我自己的，一根是送给赵老师的。当我把手杖送给他时，他像每一位熟悉他的人那样笑道："太棒了！"然后拄着手杖就试起步来。我后来总是想象着他拄着那根手杖去做很多事情，步态一如我在太湖之滨见到的一样，优雅而带着一点跋涉的感觉，手杖的笃笃声在我的感觉里轻轻响着，我似乎从来也没有想到过赵老师是不用手杖的。

一次一次，去北京西路二号新村，一次一次见到他在独自散步，有时是在院内，有时是在院外，每次，他都给我一种与杖同行的感觉，每次，我都要想起卢梭的《一个孤独的思想者的漫步》；那样的一种步态，总让你感到某种坚实的物体的存在，让你不忍上前惊扰，使我总要在一旁静静体会他的内心。那种坚实的东西是什么呢，我一直都认为它是手杖——我送他的手杖，或者是他在何处自己挑选的手杖，或者是别的小友送他的手杖，总之，是一根硬硬的手杖。

不久前的一天，我问杨老师："赵老师一直用手杖的吧？"杨老师笑起来："他哪里用手杖呀，根本就不用。"于是我埋怨自己认识了赵老师十多年，竟连他用不用手杖都没搞清楚。然后，我琢磨他留给我的那么深刻的与杖同行的感觉，想到在他的精神里，一定是有一种比那木质的手杖更坚实的东西在支撑着他的精神乃至身体，使他的步态看上去那么特别，以至于总是给我带来一种幻象和错觉。那坚实的东西是什么呢？我想凡是熟悉他的人都知道的。

"一件美丽的事物是永远的快乐。"这是赵老师热爱的英国诗人济慈的名句，我认为他本人就是一个"美丽的事物"。如果他能活到现在，一定会给我们大家带来更多的快乐，而如今他只能如他在《八十放歌》中所唱的那样："告别了诗，亲人，师生，朋友／说声'珍重！'，从此愉快地分手！"让人倍增怀念之情，也让我，他的小友，在已经常有的"人生边上"的散步中，总想起他的步态，想起他的那根无形的手杖。

二〇〇〇年四月八日

选自《多彩的旅程：纪念赵瑞蕻专辑》，第 55–56 页。

赵瑞蕻：阳光下的诗人

邓晓文

今天去看杨苡先生，先生送了两本译林出版社出版的译著，一本是她自己的，一本是新出版的赵瑞蕻先生译的弥尔顿的《欢乐颂》和《沉思颂》。弥尔顿先后两度"为英国人民辩护"，为英国自由与共和事业的代表克伦威尔辩护，由此奠定了宪章运动的精神基石，并对一个世纪后法国和美国的革命产生重大影响，他既是哲学家、诗人，更是豪杰、斗士，他的《欢乐颂》和《沉思颂》正是他这些精神品质的升华与结晶。书印得精美绝伦，是非常让人赏心悦目的礼品书。捧在手里，不禁就会想起赵先生，想起那个春天。

四十一年前，春光明媚，我们在晓庄林场半工半读。林场是个大果园，樱花开了桃花放，赵先生就是在这样的季节来给我们上课的。进校半年多，陆续听学长和老师们讲过一些有关赵先生带有传奇色彩的趣事，怀着抑制不住的兴奋，我们早早地坐在樱桃园旁边的简易教室里静候先生的到来，猜测着他会给我们讲什么：他是外国文学教授，又是《红与黑》中文版的首译者，这第一堂课也许会讲法国文学吧；先生是诗人，在莱比锡大学当过客座教授，会不会给我们讲歌德和海涅……

赵先生进来了，微笑着昂起头，拿起粉笔，转身在黑板上一笔一笔地涂抹起来，我们凝神屏气看先生挥臂狂书。他在写什么呢？少顷，我们才看明白，先生是在作画，画的是松树，一棵一棵又一棵，我们渐渐随他进入松的意境。不知过了多少时间，松树在黑板上傲然挺立，密密层层，繁盛茂密。先生转身亮相，问道：这是什么？树！我们齐声答。什么树？松树！什么松？大家都哑了。先生眼镜后的双眸闪着孩童般的慧光，笑逐颜开，"黄山松，这是黄山上的松，你们谁见过？"我们谁也没有上过黄山。先生刚从黄山下来，带着黄山的诗情画意，激情澎湃地给我们讲黄山、黄山松、黄山日出，由此切入诗。他把诗分为阳光下的诗、月光下的诗。也许是课前有同学把自己写的诗拿给先生看过，向他讨教。我没有读过那些诗，胡乱猜想也许是因为劳作的简单平实，也许是因为生活的枯燥乏味，它们多少有些牢骚，是用来宣泄的。先生评价那诗是月光下的低吟浅唱，哀婉有余，昂奋不足，年轻人最好不要过多地沉溺其中。先生崇尚阳光下的诗，还给我们朗读了几首，是不是他自己写的已想不起来，具体的内容也记不清了，但赵先生充满激情的身影却留在了我们的脑海里，偶尔有老同学相聚，还会提起这难忘的一课。

我们在"文革"的凄风苦雨中离开学校，回想起离校前的日子，有时耳边会响起赵先生的声音："我的心脏和你们一起跳动，我的热血和你们一起沸腾。"想到停课后和先生一起下乡劳动的日日夜夜，一些令人回味的往事又会涌现眼前。一次先生要给女儿发生日贺电，我们几个女生觉得挺好玩的，那个时代，以阶级斗争为纲，所有的亲情几乎都泯灭了，难得有人这么温情脉脉，这么儿女情长!我们七嘴八舌地瞎掺和，让先生加上这一句，添上那段话，先生连连说对对对，一封祝贺生日的电报洋洋洒洒足足写了一大张纸，先生心满意足地去邮局发电报。我们都开怀大笑了，笑了几声，大家都不响了，赵先生的绵绵情意勾起了我们心中压抑已久的思亲之情。上山下乡运动、五七干校、战备疏散，几乎每个家庭都四分五裂，亲人们全都天各一方。我们一个个默默地遥念起远方的亲人。这之后我们就喜欢听赵先生谈他的普通话讲得很好诗也写得很棒的爱人、他那弹琵琶的大女儿、画画的小女儿、拉手风琴的独生子，赵先生提起他们时陶醉的样子，把我们也陶醉了。赵先生对生活就是那么认真，任何时候都激情洋溢，童心不泯。和他在一起，人是不会老的。

　　再见到先生已是十多年以后，先生更加充满激情，更加诗意盎然。他总是鼓励我多学习、勤动笔，并对我参加编辑的刊物及时提出中肯的意见。对文坛、对时局，先生一直有着自己独特的见解和看法，总是直言不讳。他和杨先生有时也会发生争执，为一个词的汉译，为一句话的理解，争得面红耳赤，互不相让。碰巧遇到这种场合，先生会考我们一考，我是最不经考的，一问三不知，怕老人上火，就想息事宁人，打马虎眼，蒙混过关。但先生不，他一定要把每个细节都弄得明明白白，清清楚楚。这常让我感到非常惭愧。对一些得意门生，他是关爱有加，一旦提起，喜形于色，就像当年和我们谈起他的三个孩子。

退休后，赵先生还每天伏案不止，写出了一篇篇美文和新诗。他有宏大的计划，要写的东西很多。每次去他家，他都在工作，一有新作品问世，就要拿来给我们读，让我们和他分享创作的快乐。在他那爽朗的笑声里，我们也和他一起年轻着。现在我们失掉了这种分享，但我仍可从他的著作中得到教益和升华，仍旧感到先生还在激励鞭策着我。

怀念诗人赵瑞蕻

张盛科

　　我于一九九八年元月份怀揣《诗刊》副主编、诗歌评论家丁国成写的一封推荐信到南京大学拜访了诗人赵瑞蕻。他满头的银发，说话清晰、有力，精神矍铄、饱满，给人的印象不像一个老态龙钟的已经是八十三岁的高龄的人了，倒仍然是意气风发的诗人般的气质。我很不好意思地把两本拙作赠送给了我早在学诗时就已拜读他著的诗集《梅雨潭的新绿》所怀有的敬仰心情，请教已经闻名于国内外、著作等身的诗歌老前辈，当我把这些习作递到老师手中时我心里很久很久地不安，我向赵老师介绍我的学习写诗的经历以及今后的打算，在交谈中不时听他对我的鼓励和希望，当时由于心情紧张、激动，不知道说了些什么，但赵老师听得非常认真。不知不觉地耽误了赵老师的不少宝贵的时间，最后他说，目前手边没有新东西，过段时间给您寄几篇。
　　一九八四年底我二十四岁时在石河子市老街一家新华书店购买一套诗人丛书，计有胡昭、刘祖慈、林希、周良沛、张学梦、鲁藜等，其中也有诗人赵瑞蕻老师的《梅雨潭的新绿》。这本诗集我一边到戈壁滩上放自己家饲养的羊，一边抽空读了一遍，当时还读了《戴望舒诗稿》《叶赛宁抒情诗选》《西里西亚之歌》和《狄金森诗选》。过不久，即六月四日，赵老师不仅给我写了一封信，还给我寄来了《离乱弦歌忆旧游》《读黄裳的一封信》《西南联大回忆录之四》和陈子善写的《别致的诗人自画像》。读了后我从中得知诗人赵瑞蕻老师正抓紧点滴时间忙于写文学回忆录。正如他写的："我猛然想到自己已八十岁了，心头浮起一种奇异的感觉，往日某些早已消逝了的影子朦胧地忽然呈现在眼前；这的确是刹那间的一幅幻景。我想着应该赶快写点回忆录之类的东西，讲讲过去生活中的某些情景……诗人赵瑞蕻老师在来信中不仅对我寄予了厚望，还说让我读一下祝庆英译的《简·爱》这本书。后来我抽空读完了《简·爱》《夏洛蒂·勃朗特传》和《夏洛蒂·勃朗特书信集》，写了一篇读后感。我总感到自己读了后异常感动，但我的文学功底非常差，既把握不好这本书的主题内涵，也写不好自己的有所感的切身体会。可是我还是写了一篇不成文的读后感，交给了我敬重的诗人赵瑞蕻老师。

一九九九年一月十七日晚，我买了五斤苹果五斤香蕉，去看望了赵瑞蕻老师，他的神色红扑扑的，精神上也比去年拜访好多了。他看到我非常高兴，话也比上次多了一些，特别提到祝庆英卧床瘫痪多年坚持把这本书译出，作者的身世非常感人。夏洛蒂·勃朗特真是了不起的一位女性，在三十岁左右写出了一部具有世界性的划时代意义的书，它深刻揭示了当时妇女争自由，争个性，争解放。当时作为一个年轻的作者以敏锐的眼光看到这一点真不简单，一个作者不在于写多少书，关键是能不能抓住当时人们普遍关心的问题。总之，讲了很多，我考虑到他年事已高，不便再打扰了，临走他又送我了几篇，《听钱先生讲课——深切悼念钱钟书老师》《岁暮挽歌——追念钱钟书先生》。我又复印了一份《读黄裳的一封信》，在南京火车站候车时阅读了一遍，心中对赵瑞蕻老师在高龄时依旧感情丰富，文笔斐然更加佩服和感念。春节前夕打电话问候，没想到我听到的是一则惊人的噩耗，我不敢相信，才个把月的时间竟永别了，难道这次见面就是最后一次吗？我不相信。

诗人赵瑞蕻老师，你走了，虽然我不是你亲自教过的学生，但我感受到自己就是你真正意义上的学生，你是我最信赖和怀念的恩师。你一九一五年十一月二十八日出生于浙江温州，从小喜爱文学，十六岁开始写诗，先后在温中校刊《明天》等上发表诗歌，出版过诗集《梅雨潭的新绿》《诗的随想录》，评论集《诗歌与浪漫主义》《马雅可夫斯基研究》《中国现代文学的主潮》，《鲁迅〈摩罗诗力说〉注释·今译·解说》等，我觉得赵老师之所以取得这么大的成就，对青年一代的诗人们影响那么大，是与他从小就勤奋学习，发表诗作，具有深厚的中外文学的修养分不开的。虽然我聆听赵老师的教诲只有两次，我仿佛仍然看到他闪着诗人特有的眼神向我娓娓道来，就在我眼前一样，谁说诗人赵瑞蕻老师走了呢？我不相信。

正如他写道："一个人寿命有长有短，能力有大有小，如果能多做点有益于世道人心的事，或者像十九世纪英国著名诗人、文学批评家马修·阿诺德所鼓吹的那样，能为人间多输送些甜蜜与光明，那多有意义啊！"他的许多文学回忆录文章都是含着泪虔诚地祭奠那些不幸和非命的已故者们，歌颂他们高洁心灵的光辉。使我们重新看到了燕卜荪、闻一多、沈从文、吴宓、查良铮、吴晗、李广田等许多闪亮的形象。可以说诗人赵瑞蕻老师就是"多做点有益于世道人心的事"，给我们后人留下了宝贵的精神财富。最后就以一首诗人创作的诗作为结尾吧！（其实也就是诗人赵瑞蕻老师关于所有的文艺创作的见解）：

> 这里没有庄周梦蝴蝶似的昏迷，
> 我坚持追求的是真实和明丽。
> 最可贵的是永远抱着一颗童心，
> 最憎恨黑暗的是最光明的歌吟。
> 我唾弃一切故弄玄虚，梦呓似的诗篇！
> 我诅咒一切毒害人心，诲淫诲盗的书刊！
> 因此，我崇敬所有宣扬真善美的作品！
> 我赞赏所有使人类进步、幸福的乐音！

《永远的驿站》，延边大学出版社 1999 年 12 月版，第 96-99 页。

赵瑞蕻老师

王希杰

一

赵瑞蕻老师是英国威廉·燕卜荪的学生，在西南联合大学。如此，我就可以自我吹嘘为燕卜荪的再传弟子了。他是英国新批评的大师。

赵老师最推崇鲁迅，是《摩罗诗力说》专家，鲁迅诗歌的研究家。

赵老师最喜欢的文人是朱自清。赵老师是一位杰出的诗人。

解放初期，赵老师曾到欧洲讲学，去时是讲师。

二

赵老师教我们外国文学。我们同下一个年级的一同上课，在草棚大教室里。他上课，总是带许多外文原版书籍，还常常带西洋油画，美丽的意大利少女。他不满意于教室里常常没有黑板擦子，就常常把家里的留声机的擦子拿来擦黑板。

赵老师出身于外文系，是《红与黑》的最早的翻译者。赵老师经常在黑板上写许多外文。他每讲一个作家，就把与他同时的作家的生卒，写满了一黑板。

赵老师讲解外国文学名作，总是用原语言来朗读，有时用欧洲多种语言朗读。他喜欢雪莱的《西风颂》，用多种欧洲语言，忘情地朗诵着。听他的外国文学真的是一种享受。

二〇〇七年十月，在喀什，一个讲授外国文学的教师，居然不懂外语，我惊诧莫名。

三

赵老师是一个浪漫主义者。

赵老师，抓着自己的头发，在讲台上，来回走动，非常激动地说："什么是浪漫主义？浪漫主义是什么？这——就是——浪漫主义！看——浪漫主义！"

《欧那尼》演出的时候，支持者穿着怪模怪样的衣服，胸前挂着胡萝卜，大声叫喊，浪漫主义者也。

如此，今天的许多足球粉丝，全都是浪漫主义者也。

四

有一次，我们一家去玄武湖，巧遇赵老师。那个时候，赵老师的头发白了。我让大儿子喊"爷爷"，他偏要喊"奶奶"，弄得我很难堪。

今天，我想找出赵老师送我的他的诗歌集。

裴显生多次说，他上午去看赵老师，见赵老师还在写作，他劝告了一番。晚上，赵老师夫人的电话：赵先生走了。裴显生说，这样走真幸福。

赵老师的夫人，我们的师母杨苡也是翻译家，《呼啸的山庄》的翻译者，儿童文学家。

《晒不死的马齿苋：明博客三人行》，王希杰、陈新、庄关通著，三叶书屋2013年12月自印本，第64-65页。

赵先生的笑

胡若定

按照传统的农历纪年，赵瑞蕻先生与我诞生于同一天，他比我年长整二十岁，是我的前辈。在与先生长达四十年的共事中，却一点也没感到与长辈学者相处的拘谨，他那总是挂在嘴角的亲切的微笑，会使你如沐春风，感到面对的是可以信赖的兄长，是一位推心置腹的朋友。

先生是一位激情的浪漫主义诗人。他热爱生活，追求理想，缅怀亲友，礼赞青春。在他看来，生活是美好的，真情是可贵的，青春是无价的。一切美好的珍贵的东西，都令先生感到由衷的喜悦，难以抑制的喜悦之情迸发出一行行一首首动人的诗。阅读这些诗篇，你会不时聆听到先生那爽朗欢悦的笑声。

先生是一位热心教育关爱青年的学者。半个世纪的讲坛生涯，形成了先生诗人气质的独特的教学个性：联想丰富，用语生动，热情奔放，谈笑风生。一九九四年秋，我请先生为中文系新生作报告，先生欣然应允。课堂上，年届八十的白发教授，面对不满二十的莘莘学子，依然是那样满脸亲切的微笑，依然是那样娓娓动听地讲述，谈到得意处，先生不由笑出声来，台下也不时爆发出阵阵掌声与欢笑。

先生的笑，源十他乐观的天性。即使在知识分子备受摧残的年月，他也没有停止自己的笑声。"文革"时期，中文系师生下放溧阳劳动，老教授们被安置在一间陈旧大屋的潮湿地面上睡地铺，还经常遭到躺在铺板上的"小将"们的辱骂。与其他教授们以沉默作无声的抗议不同，先生往往发出"呵呵"的笑声，笑声中包含着轻蔑和困惑，分明在向人们告白：多么荒唐的世界，多么幼稚的年轻人！

一九九九年春节，我回长沙陪母亲过年。返宁后妻子告诉我：赵先生去世了！先生走得那样猝然，甚至来不及向亲人告别。但我相信，先生的笑是永恒的，即使离开他所留恋的人世也不会消失，因为先生早在《八十放歌》中就乐观地预告；"一旦大自然劝你好好休息／我就安静地闭上了眸子！……告别了诗，亲人，师生，朋友／说声'珍重'，从此愉快地分手！"

选自《多彩的旅程：纪念赵瑞蕻专辑》，第 54 页。

岁月不曾流失的纯真和诗情

袁筱一

第一次见到赵先生，是许钧先生邀请他做关于《红与黑》汉译的对谈，叫了我去给他们录音。乍暖还寒的初春，是一个没有阳光的日子。先生的院子里有一棵寂寂的老石榴树，自行车停下来，一树的鸟儿惊枝别飞。我就在还没有长出新绿的枝桠交叠间看见了先生。先生有很好的笑容，很好的温和而明慧的眼睛。

那是一次有趣的对谈。先生嵌坐在他的藤椅里，左侧的书桌上就放着他所收集来的各种语言和版本的《红与黑》。其中也包括他自己在五十年前出的那本薄薄的分册，纸页已呈时光久远的枯黄。

他说，五十年前。

五十年前，在嘉陵江畔，他低吟着——"炉火峥嵘岂自暖，香灯寂寞亦多情"样的诗句。就是在这样的峥嵘和寂寞里，有了《红与黑》的第一个中译本。算起来也是中国历史上伟大的变革而阵痛的时代。那个时候他二十八岁。他说，是真的喜欢。在先生一九八二年的《译书漫忆——关于〈红与黑〉的翻译及其它》一文里，他引用过自己当时在《译者序》里的一段话："这本书对于我，与其说是一个老朋友，还不如说是陪着我，我的心灵，航过一段岁月蹉跎，又多风雨的海路的旅伴。——我说是海路，而不说陆路，因为每当我展读这本书时，我眼前老是浮现一片苍茫的大水，一个浩瀚的海，几抹帆影，几声鸥鸣，在无边的蓝色深处闪烁着银色的波光。——唉，这十年在我是水的恋，海的记忆：是红黑色的梦幻。"

先生说五十年前的时候，眼睛还是禁不住地微微眯起，有我们这一代人已然不能够理解的喜欢。

于是，我就坐在沙发的一端看他和许先生对谈。看他围绕许先生的问题绕个不大不小的圈子，然后再慢慢绕回来。那是不搞理论的人的思维方式，而许先生就静静地等着，在赵先生的史实和例证里，用一贯自信的声音总结说，就是这样的：

翻译以"信"为本。
翻译要用明白晓畅的现代汉语。
翻译要恪己，要务力向著作者的风格靠拢。

哪怕是在讲述自己的信条和准则，先生也不用听似高深的理论术语。可是他喜欢用"实在"或者"太"这样的字眼，因为他要表达自己的每一份感受，并且在表述的时候尽自己的力量不让这份感受受到丝毫的减损。激情和朴素奇怪得没有相互干扰。他总是说，"太好了"，"实在是没有想到"，说的时候间或还发出"啊"一声的感叹，在喉头颤着。

回去以后我在笔记本上不无惊异地写道：原来纯真需要八十年的沧桑作铺垫。

八十年。

世纪之初，赵先生出生在浙江温州。在中国的历史上，世纪之初是个了不起的年代，是历经耻辱之后终于有了不在沉默中爆发就在沉默中死亡的勇气的年代。严复所译的《天演论》造就了这一代的知识分子，他们在科学里等待和盼望，充满向往之心。旧文艺和旧中国一样百孔千疮，然后居然是翻译，笨拙而盲目地一点点在补。于是在这个年代里，他也是注定要成为翻译家的。

新文化运动的一九一九年，赵先生四岁。或许是家境尚可，没有过早地忧世忧生，他还可以陶醉在自己臆想的美好里，"赞美诗神"，"跟一位老先生学习山水花鸟画"，并且"从读小学起，就较幸运，受到良好教育"。

三十年代，他进入中学学习。那是现在的孩子只可能在电视上看到些许的生活。民族危亡和文艺里的热情可以奇怪地纠结在一起。那个时候不少学生做的最多的事，就是办一份自己的刊物，写新文艺腔很重的小说或者模仿鲁迅的笔调写骂人和讽刺的杂文。赵先生最早的习作除了几首小诗外，大概就是他为六个同学一道发起组织"野火读书会"起草的《野火宣言》和《工作纲领》。读书会发展成题作《明天》的正式刊物，可是在激情之外，他的诗作和译作却有很浪漫很温柔的名字，叫做《秋天里的秋天》，叫做《失去了的星星》，细想起来，也有早熟的忧伤的意味。

　　一九三五年，他到上海大夏大学中文系求学，当时的系主任是法国文学专家和翻译家李青崖先生。那年秋天他和同学一起把出了两期的《中国青年行进》送给鲁迅先生，请他指教。和大多的热血青年一般，带一点仰视才见的崇敬见到了这位文坛巨匠。现在的青年已经不知道崇敬是什么，过去那个时代里的伟岸相隔遥遥，而在蒙蒙的雾天里，灯塔式的人物早已化作墓石。可是在多少年后的今天，他的身上依旧带有鲁迅式的敢爱敢恨的脾气，有一次开会，他满怀激情地讲艾滋病，讲战争，讲动乱，讲这个世界的种种疾苦。这，就是榜样的作用。

　　依然是三十年代，日本人打到了中国。中国在文化的动荡后，紧接着就面临了更为实际也更为血腥的战争动乱。"一二·九"运动后，他转入青岛山东大学外语系，除了英文，也读法文，一直到抗日战争爆发，书没法正常地读下去了，他开始救亡。颠沛流离，辗转南北再奔赴长沙入国立长沙临时大学外国语言文学系的二年级。一代青年所能品味到的辛苦，疼痛，以及矢志不渝的感觉，就在这几年的时间里一一尝遍。或许人是要在极端的情境之下才能够清醒的，清醒自己要什么，并且不再轻易改变它，放弃它。

动荡有动荡的幸运，尤其是对动荡之后也不曾放弃梦想的人而言。那个设立在南岳山中的临时大学（后西迁昆明并更名为西南联大）文学院里（后来迁至云南蒙自南湖湖畔），积聚了和钱钟书笔下完全不同的知识分子，一代文艺学术精英。吴宓、叶公超、柳无忌、罗皑岚、吴达元、朱自清、闻一多、冯友兰、陈寅恪、钱穆、刘崇鋐、金岳霖、罗常培、郑天挺，以及英国著名诗人燕卜荪（William Empson）等等等等。月下游山，湖畔题诗，在战火硝烟里，依然有一块世外桃源，依然有浪漫和温情，竟自不像是偷来的一段好时光，而是天性使然了。

还有杨苡，以及随杨苡而来的完全不同于自然风光的浪漫和温情。于是他的四十年代以婚姻为序幕，在"八一三"这个特别的纪念日里，将国耻与家幸一道糅入红尘辗转。也就是在这一年，二十五岁的赵瑞蕻执起了教鞭，从此再也没有更换过职业。从南开中学到中央大学的柏溪分校，乃至后来的南京大学，他说，"我从没有动摇过，从没有抱怨过。"

在中央大学的柏溪分校，也就是他日后一直念念难忘的嘉陵江畔，他"开始了写作和翻译的第一个丰收期"。其中有斯丹达尔的《红与黑》，有梅里美的《嘉尔曼》，有兰波的《醉舟》等。他还写诗，写壮美而不病态的诗，雪莱或是济慈式的浪漫主义的诗。他的一些诗和散文都发表在当时大后方最具影响力的《时与潮文艺》上。

五十年代初期,他到了德国。成为莱比锡大学的客座教授。在这个现代语言学的发祥地之一讲授中国现代文学史,讲授鲁迅。二十五年后的一九八一年,他旧地重游,再次到柏林的洪堡大学讲鲁迅,讲沈从文,讲巴金。他坚信鲁迅先生的一句话,"盖人文之留遗后世者,最有力莫如心声。"他坚信可以通过自己的努力使人类"彼此不隔膜,相关心",正如鲁迅先生所指出他走的是一条最"平正"的道路,那就是文艺。所以和那个时代里成长起来的许多人一样,他的理想和追求消融了翻译和创作的矛盾。所以他能在日后,以一个翻译家和诗人的双重身份,再度涉猎比较文学的领域。

还是在五十年代,他迷上了马雅可夫斯基。那个时候全国一片欣欣向荣。人们在长期的战乱和等待中迎来了可以自己做主的希望,长长地舒了一口气。在天天向上的热情里是可以读马雅可夫斯基的革命的朝气的。于是有了《马雅可夫斯基研究》,有了从英文转译的《符拉基米尔·伊里奇·列宁》。

然后从五十年代到八十年代,在他的自传里,有一段时间的空白。大概是个不能言说的时代,可是三十年的生命呢,生命内容的本身不会是段空白。有了一连串大大小小的题目,因为做文学的人,成熟了之后必然会转向评论和研究,我们称之为学术。赵先生也写学术文章。《中国现代文学的主潮》(德文本),《鲁迅旧诗〈自题小像〉等解说的争鸣》《一颗燃烧的心和生命的开花——读巴金〈随想录〉和卢梭〈忏悔录〉》《中外比较文学的前景》《池塘生春草,园柳变鸣禽——关于谢灵运及其创作一些新的探索》《我热爱山水诗》《从齐白石的画说到浪漫主义》《斯丹达尔及其〈红与黑〉》《西方的"红学"》《梅里美短篇小说集译后漫记》《试说华兹华斯名作花鸟诗各一首》《济慈〈夜莺颂〉和〈秋颂〉欣赏》《弥尔顿〈欢乐颂〉与〈沉思颂〉译后漫记》《艾米莉·勃朗特和她的〈呼啸山庄〉》,等等等等。他也还写诗,写我在中学时候读过的《梅雨潭的新绿》。

而与之并行的,是多年积累起来的一连串的"头衔",写在他自传略的最后一节:南京大学中文系中西比较文学教授,中国作家协会会员,江苏作协顾问,南京作家协会理事,中国翻译工作者协会副会长,江苏译协会长,中国比较文学学会顾问,《中国比较文学》编委会顾问,中国外国文学学会理事,法国文学研究会顾问,鲁迅研究学会名誉理事,闻一多研究学会理事,江苏比较文学学会名誉会长,南京大学比较文学研究会名誉会长,国际比较文学学会会员。

那也是跨越到八十年代来了,突然发现有那么多的事情要做,可是年龄也已陡然转成了资历。然而连悲天悯人的时间都来不及有,他开始到各地讲学,到印度去讲南宋词人姜夔,讲他的《疏影》和《暗香》。他和不少过去西南联大的老学长一起倡议成立中国比较文学学会;他用三年的时间完成二十万字的专著,《鲁迅〈摩罗诗力说〉注释·今译·解说》;他还编撰了《诗歌与浪漫主义》,《〈红与黑〉研究及其它》。

九十年代, 他在重译《红与黑》。用自己的话来说, 是 "一边研究, 一边学习, 边翻译"。

九十年代, 他说, 我想跨过这个世纪, 我想看看明天会更加美好的社会。

岁月的本身仿佛就是个奇迹。有时候真不敢想穿越一个世纪的时光需要怎样的辛苦和耐力。八十年未曾磨去的梦想和诗情, 化作他的一百八十行长诗:《八十放歌》——

我这年龄最善于谈哲理,
正如年轻时沉醉于写诗;
大地上有各种鸟儿, 各种啼声,
思想怎能压得住不让飞腾?
这里没有庄周梦蝴蝶似的昏迷,
我所追求的是真实和明丽。
……
从一九一五, 一九二五, 一九三五……直至今朝,
这部血肉机器还会开到二〇〇〇年破晓?
但愿我能活到一九九七年七月一日凌晨,
亲见五星红旗飘扬在香港上空!
但愿从南京坐火车, 直达温州老家,
沿着瓯江, 看两岸风光如画!

但愿我能完成重译《红与黑》，

中经五十年，再把老歌唱一回！

是无法同我大学里读的"把你的影子加点盐 / 腌起来 / 等老的时候 / 下酒"相提并论的一首诗。为了写这篇文章，有一天突然撞进赵先生的家门，赵先生恰巧出门，杨苡先生接待了我。在明白我的来意后，她很慧黠地一笑，说，当然是可以写的，他是个好人。他的准则是个人奋斗。

在他八十岁生日前不久的一个星期六，阳光灿烂，江苏译协年会在南京大学召开。那一天他讲很长很长时间的话，讲翻译，讲自己五十多年来的体会，讲当今译坛的种种怪现象。有实实在在的例证，也有言词俱厉的声讨。

在他八十岁生日不久的一个星期六，下了一点点雨。江苏比较文学会年会在南京师范大学一栋木顶木柱木板地的楼里召开。那一天到了很多人，老先生，中青年的精英分子，还有研究生。

赵瑞蕻先生就坐在主席台上；裹在他的黑大衣里。神情有一丝倦，可是很端正地系着他的领带。那一天他没有多讲比较文学，他讲反法西斯，讲波黑战争，讲艾滋病，讲爱国主义，讲到最后，他用 Thomas Carlyle 形容 Boswell 的话，陡然间高了一个八度上去。他说，无论做什么，尤其是做文学，做翻译，我们大家都要有一颗——

Open loving heart !

满座——皆惊。

一九九五年十二月

原载《中国翻译》1996 年第 2 期。

离乱出诗人

姜　滇

　　虽然还不是榴花照眼的五月，但春风吹度，赵先生南大寓所小院内的石榴树，一定吐出新绿了吧。

　　一九九四年岁暮，也就是赵先生八十岁那年，他站在窗前，正对着落尽树叶的枝桠，忽然有了一种浓厚的怀旧情结，于是写下了长诗《八十放歌》，这成了他后来开始撰写文学回忆录《离乱弦歌忆旧游》的序曲。我想，在写作这本六十年文学历程的书稿的日子里，赵先生一定常常望着窗外的石榴树而凝神结思吧。他想到了什么呢？我想，不管如何地苍茫、纷纭和沉重，总还是萦绕着快乐罢。他说过："回忆仿佛是一支珍贵而温馨的芦笛，它时常给我吹奏着往日那些欢娱和惆怅；时常发出怀念和遐思的声音，在岁月笛孔里潜流过一滴滴那消逝了的生活情景的泡沫。"（《南岳山中，蒙自湖畔》）岁月从三十年代一划而过，一下子就流到了二十世纪末尾。经历了战争，流浪，政治运动和文化浩劫之后，当年西南联大的老师和同学，有的死了，有的虽然跟跟跄跄地走了过来，也已经伤痕累累。然而，赵先生心中始终燃烧着不灭的诗火。浪漫和希望也就一直伴随着他。这团诗火，便是"中华文化情结"，它支撑着诗人在八十三岁的高龄完成了这部三十七万字的著作。

在战火纷飞的一九三八年，在边远的云南蒙自，在西南联大的校园里，由流亡学生组成的南湖诗社应运而生了。从此在中国文学史上留下了陈士林、向长清、林蒲、穆旦、高亚伟、李敬亭、周定一、陈三苏、周贞一、赵瑞蕻、刘重德、刘兆吉的名字。闻一多和朱自清先生是他们的指导。正是在这里，穆旦写下了《我看》《园》的美丽诗句，赵瑞蕻有了《梦回落霞潭》，周定一写了《南湖短歌》等等。在一次文学晚会上，赵先生认识了杨苡，爱情和诗相伴了一生，两人危安与共，相濡以沫，一直走到了世纪之末。后来诗社随学校由蒙自迁到了昆明。在文学回忆录中，有一篇《当敌机空袭的时候》，是写昆明轰炸的，其颠沛流离之状，跃然纸上。事实上，赵先生那一辈的文化人，一生都在动荡之中。"那橙红色的梦魂"，何曾安宁？然而诗心不灭。芦笛在离乱中吹奏着，发出不朽的颤音。

"回忆是温馨，也是惆怅的；有时也很愤慨。"赵先生的一生充满了激情和浪漫。即使在艰难困顿之中，在迷惑而坎坷的路上，他仍然在放声歌唱。六十年代初，在江苏省作家协会的一次诗歌朗诵会上，我第一次见到赵先生，那时他四十多岁，站在台上读他那首著名的《梅雨潭的新绿》，他嗓音嘹亮，瘦削的脸庞因为亢奋而涨得通红。那时候，我们刚从三年自然灾害中挺过来，饥饿的惊悸还没有完全消除。诗歌朗诵会结束了，赵先生满脸是笑地和大家告别。我在他脸上找不到痛苦。粉碎"四人帮"以后，他重新活跃于诗坛，并且致力于比较文学研究。在新时期，赵先生的创作活力更加旺盛，他把苦难甩在了身后，歌声是清新的、明快的，优美而激越。我那时创作伤痕文学而步入小说界。有一次在作家协会的代表大会上相见，他说，不要把诗遗忘，好的小说里面也是有诗的。我一直记着赵先生的话，而且，在写作中，总想着在小说中糅进诗的品格。有一次我去南大寓所看望先生，也就是在有石榴树的小院前，赵先生取出一本《香港文学》，那上面有他刚发表的诗作《八行体新诗十八首》。他说，不要对新诗失去信心。捧读这些诗篇，我分明感到了他那颗滚烫的诗心。赵先生是用实践在进行诗的革新。他自己称做"八行新诗习作"。他在新诗向格律诗的转化中，探求一种运用自如的形式，使之与内容的结合更臻和谐。那天，杨苡老师特意留饭，我们一起喝了山楂酒。这竟成了永久的回忆。

人生少不了离乱。我是在离乱中的昆明出生的，而且在离西南联大不远的教会医院。四十多年后，和赵先生杨先生一起谈起，好像有一种缘分似的。但这时候我们没有愤怒，惟有诗情。

二○○一年三月二十二日

选自《多彩的旅程：纪念赵瑞蕻专辑》，第66-67页。

巧遇诗人赵瑞蕻

古　剑

　　说真的，我对赵瑞蕻先生相当陌生，年轻时爱读诗，买过不少诗集，好像也没读过他的诗。到了匆匆于中文大学巧遇时，才知他是南京大学的教授。

　　巴金先生来港接受荣誉博士学位时，我和《良友》同仁马国亮、陈培生两先生去中文大学宾馆拜访他。晤谈结束，巴老签名送我们他在香港三联出版的新著。告别巴老，我们一起到宾馆后旷地散步，闲聊。此时中文大学教授黄维樑与一人也在附近漫步。黄与我很熟，他看到我把我叫过去，把他身边的人介绍给我们，这就是赵瑞蕻，是南京大学教授，应邀来中大讲学。他人高高瘦瘦，头发灰白而微卷，很精神，看得出他年轻时一定俊朗潇洒。我们拍了照留念。

　　后来收到他赠送的这本诗集，是"诗人丛书"之一。他是温州人，朱自清曾在温州十中教过他哥哥，写过一篇著名散文《绿》，是朱先生游温州名胜梅雨潭的感受。因此他打小就知道朱自清之名，还看过朱先生批改他哥哥的作文，后来在长沙临时大学（西南联大前身），见到朱自清，谈起梅雨潭，还相约抗战胜利后再同游梅雨潭。赵瑞蕻的诗从温州起步，他取书名《梅雨潭的新绿》，我想他有暗示自己对诗歌的期许和纪念朱自清先生之意。我的旧藏中有他的一封信，录存于下：

古剑先生：

　　去秋在我离开香港前夕，收到你所摄赠的照片三张，非常高兴，极为感谢！理应早日回信道谢，只是我回南京后忙于为研究生补课，看读书报告等，同时身体也不大好，所以就耽误写信了。殊感抱歉，敬请多多原谅为幸。

　　那天我们在中文大学宾馆巴金先生住处巧遇，除你外还有马国亮、陈培生、叶桂良诸位先生在一起欢聚合影，真是难得。我今年九月初还要到香港一次，是应中文大学的请去参加中西比较文学讨论会的，希望那时我们仍在吐露港畔重逢，那真是太好了。去年十二月二十八日《人民日报》第八版上有拙作诗一首《金色的晚秋》，赠巴金先生的。如见及请诸位多指正。

　　现随函奉赠拙著书两册。作为纪念，并请予教正。余再谈。

　　匆此，即颂

编祺并致

一九八五年新岁的敬礼！

赵瑞蕻

一九八五年二月二十八日于南京大学中文系

马、陈、叶等先生代为问候不另，谢谢。

另外，我还需要三张（那张我个人在室外照的，半身，双手合拢，站着的那张）照片，如果可能的话，请代加印寄下，非常感谢！又及。

他的诗歌仍属浪漫主义范畴，没什么突出的地方，或许其具认识作用，也像那时的诗歌一样，有时代风云的倒影。在纪念闻一多的诗中，我才知道暗杀闻先生的凶手于一九五一年伏法。他虽为诗人，好像就出过一本诗集，就是《梅雨潭的新绿》；而他最有影响的可能是《鲁迅〈摩罗诗力说〉注释·今译·解说》。

记得施蛰存先生在"文革"时辅导天津自学德语翻译的青年之信中，提到赵瑞蕻搞德语翻译。但他名气似不如夫人杨苡女士被人提得多。

他是翻译家，四十年代翻译过《红与黑》。我读的是华师大教授罗君玉译的《红与黑》，在六七十年代，此译本最走俏。他毕业于西南联大外语系，新中国成立后一直在南京大学任教。五十年代初在德国当访问教授四年。

我初识他后的一九九九年，他突因心肌梗阻过世，享年八十四。

二〇一二年六月三十日

选自《信是有情：当代名家书缘存真》，浙江大学出版社 2017 年 5 月版，第57–59 页。

怀念赵瑞蕻先生

包忠文

赵瑞蕻先生离开我们有两年多了!但我总感到他还活在我们中间。他的音容风貌,他的率真、清纯的神情和言谈,给我的印象仍然那么鲜明、深刻。

赵先生一生都是一位浪漫主义者,理想主义者。他最憎恨黑暗,也最热爱光明。他以为:"古今中外那些进步的优秀的诗人作家们总是以洋溢着真挚热情,充满着对人生的关怀和憧憬的笔墨,来抒写他们的胸襟,来诅咒社会的黑暗和苦难;揭露和批判那一切阻碍人类进步,摧残文化和文明的罪恶力量。"赵先生曾用一句诗——"最憎恨黑暗的是最光明的歌"来概括古今中外杰出、优秀作家们创作的最基本的精神,亦即它们的思想精华。于是他高度肯定司汤达、拜伦、雪莱、歌德、普希金和鲁迅等"摩罗"诗人。

可是,就在一九五八年那个信奉"越是精华越要批判"的原则,把全人类过去创造的中外文学遗产统统作为封资修来清除的年代，赵先生受到了严酷的批判。批判者完全背离马克思主义的历史和美学相融合的文艺批评原则，说赵先生年轻时翻译的《红与黑》疯狂地宣扬资产阶级卑劣的个人主义和情欲、贪欲等恶行；说他写的诗歌在纯情的背后只是资产阶级的名利主义；说他灵魂里只有资产阶级的人情论、人性论，而和"马克思主义阶级论"南辕北辙。尽管当时赵先生带着悲愤的心情为自己作了辩正，可是在那种"欲加之罪何患无辞"的强权逻辑支配下的岁月，又有何用！相反，只会给他带来更多的人格屈辱和莫名的恶水！赵先生沉默了！说实在的，当时我很赞赏他的沉默，因为沉默是金，只有沉默才是无声的抗争，才能保证人格的尊严！

六十年代初，赵先生在一次教研室会上平静地说："那次批判，曾经使我从一个热烈的浪漫主义者，一度变成一个冷漠的现实主义，甚至一个颓废主义者。可是几经曲折和思索之后，现在我仍然是一个浪漫主义者，当然比过去更加直面惨淡的人生了！"赵先生这段话，我是一直记住的。从这里，可以感悟到，赵先生是在经过一次深入骨髓的"炼狱"之后，更坚毅地站立起来的！恐怕也正是这种新的自觉和觉醒，使他闯过"文革"给他带来的一次又一次更加凶险的劫难。

记得"文革"时我们在一起劳改，大家的心情都十分沉重。但他总是以坦然、微笑的态度，深情地抚慰我，让我从容地面对一个又一个、无穷无尽的意想不到的"批斗"和"苦难"。唉！

215

人生多艰难!赵先生正是一个敢于和我"同患难"的师者啊!奈师者已逝，惟有怀念而已!

"文革"动乱结束，我国进入一个改革、开放的新时代。这二十年来，赵先生还是以诗人兼学者的双重身份，以高度的社会责任感和历史使命感，以惊人的毅力投入到学术研究、诗歌创作和中外文化交流的活动中去。他接连不断地为新的时代奉献了《鲁迅"摩罗诗力说"注释·今译·解说》《诗歌与浪漫主义》《梅雨潭的新绿》《诗的随想录》《离乱弦歌忆旧游》等几本沉甸甸的著作，并在学界和文坛引起了很大的反响。其实，赵先生还有多种著作正在构思，正在起笔，可惜天不假以年，来不及问世，这是学界、文坛无法弥补的损失，自然也是时代的悲剧。

综观先生以上学术论著，我觉得先生作为我国杰出的比较文学学者，给我们留下了丰富的珍贵的遗产。但我又以为赵先生在比较文学研究中所追求的目标、思路和方法是更需要我们继承和发扬的。他研究中外作家、思潮、流派总是沿着鲁迅"取今复古、别立新宗"、"择取中国遗产，融合新机；采用外国良规，加以发挥"的理论足迹，站在时代发展的思想高度，俯视，而绝不是仰视中外文艺的经验，从中吸取精粹，并作为自己新的综合和新的创造。学习、借鉴过去，目的在创造新的文化。他研究外国作家，是为了了解外国，确立中外对照的全面的观点；他研究中国古代作家，是为了了解古代中国，树立古今参照的历史观点。有了全面观点，有了历史观点，我们才有可能在古今中外的比较对照中，推陈出新，在文学艺术上走出一条创新之路。因此，赵先生的学术研究，既和盲目照搬外国的"横移"的研究思路相对立，又和一味死守传统的"拟古"思路绝缘，他走的是一条古今中外化的民族化、现代化的正道。

二〇〇一年三月二十六日

选自《多彩的旅程：纪念赵瑞蕻专辑》，第47–48 页。

忆念赵瑞蕻先生

陈长林

　　藏书家上官缨先生，以"惜书"名其斋。一日将斋中所藏《开卷》杂志悉数相赠，令我眼界大开。《开卷》不施粉黛，素面朝天，文短味永，风流难掩。一见之下，顿生欢喜。待读到晓剑《〈多彩的旅程〉编后絮语》一文，得知《赵瑞蕻先生纪念文集》曾收部分未刊书信，不由暗叹信息不灵。盖我手头即珍存赵先生手札一通，倘若刊布出来，说不定会为研究者提供一点资料。赵先生大札全文如下。

陈长林同志：

　　前天接到了你的信，十分高兴。这几天我正在省里参加文学创作会议（作协召开的），前天抽空回到系里，收到了你的信。昨天上课（外国文学专题讲座），今天必须抓紧回你的信，否则我去开会，一定会耽误写信了，我知道你急于想要我回答你所提出的几个问题。

你说的四项（关于这首诗的时代背景、当时作者的心情、这首诗表达了什么主题，有哪些艺术特色）不知是指戴望舒写的《雨巷》，还是针对我自己那一首？不管怎样，我还是根据我所能理解的，以及我自己写那首《雨悲》的情况，在这里简单地说一下，只能供你参考。

　　戴望舒是三十年代"现代诗派"的代表诗人。早年留学法国，所以受法国（扩大点，就是西欧）十九世纪末、二十世纪初文学的影响较大，比如象征派(symbolist 或 symbolisme)、印象派(impressionist)等。回国后就写了具有所说现代情调的一些诗，对当时诗坛发生了影响。当然他是一个资产阶级知识分子和诗人。在那时阶级斗争与民族矛盾非常尖锐化（白热化），现代派诗的消极作用是显而易见的。不过，他们也有不满现实的一面，诗中流露出悲哀、苦闷忧郁的情绪（当代西方的诗也有很多是这样的），《雨巷》也应属于这类的诗。这类诗艺术性强，富于音乐美、节奏感，读起来很好听。我想到唐代李义山（李商隐）不少诗也是如此的。在这里我只能说个大概，其余的（对他们一派的批判）请你看一下一九六一年江苏人民出版社的《左联时期无产阶级革命文学》一书，其中有我写的一篇长文《左联时期的诗歌》（"现代颓废诗派批判"），这里不多噜苏了，拙文请你指正。

　　我自己过去也非常喜欢戴望舒的《雨巷》，印象很深。解放初期，我到苏州住过几个月；后来一九六二(?)年江苏文代

（会）在苏州举行，我也去了。苏州引起了我灵感，特别是解放后苏州的大变化，令人兴奋。我想起了戴望舒的《雨巷》。也想起了田汉的《苏州夜话》，于是在强烈的感受中（新旧对比，今昔对照）。写了我自己的《雨巷》。后来发表在《人民文学》一九六三年第七、八期上。本来有个《前记》说明写作经过，指出是"反戴望舒的《雨巷》"的，后来没用上。我那首诗就用了戴望舒《雨巷》中一行，"彷徨，彷徨在那悠长、悠长的雨巷"。现在我已修改了。这首诗可能会选入正在编选中的"二十年诗选"里，也请你多批评中。

我因去岁九月初得了脑血栓形成症，右手臂现在仍感麻痹，写字不大方便，字写不好，不多写了，并请原谅潦草。如果还有什么我们可以一起讨论的，请来信吧。很欢迎。

祝你

身体好，学习好！

赵瑞蕻

一九七九年四月四日

赵先生手札，字仅八百，内蕴颇丰。对现代诗派评析，持论公允。指出《雨巷》有与义山相通之处，别具只眼，耐人寻味。道及自家《雨巷》可为后人理解提供助力。虚怀若谷，谦谦君子之风，充溢字里行间，令人感叹不已。

可惜赵先生信末所嘱继续"讨论"事，未能从命。先生写字吃力，加之课业繁重，实在不敢打扰。如今与赵先生人天永隔，欲讨教又向何处问？当年一腔热望，今日书剑无成；一饭千金，此生休想。惟余一缕情思，权作一瓣心香。

《岁月回响》，流沙河等著、董宁文编，青岛出版社 2007 年 1 月版，第 48-50 页。

一位既烂漫又严谨的诗人
——为赵瑞蕻速写

李景端

　　博学、慈祥的赵瑞蕻教授，既是诗人，散文家，又是翻译家、评论家，在他身上体现有许多东西文化交汇的现代学者的品格。例如，他重视中国文化传统但并不复古；他吸收外来文化，但绝不崇外；他致力创新，但从不跟风。这些从他的作品及他的为人，都可以得到证明。虽然我与他同住南京，但隔行如隔山，平日接触并不多。不过有两点，我对他却是印象极深的。

　　一是他的浪漫思路。也许他是诗人，思绪经常处于兴奋、幻想的状态，因此，想象力确实很丰富。早在一九七九年我刚创办《译林》杂志时，有次向他讨教办刊主意。原以为他这种科班出身的正统教授，观点难免偏向保守，哪知道他的一番见解，在当时显然颇富浪漫色彩。他笑着说，有了多种多样物质营养，身体才会健康，办杂志，就要向读者提供丰富多彩的精神营养。美国的《读者文摘》受欢迎，就因为它的内容相当广泛，你敢不敢也办一本这样的杂志？在二十多年前他这样问我，在当时我只能认为他太"浪漫",不切实际。谁知,后来国内文摘类报刊大量涌现,表明他的这种"浪漫"还真有点超前性呢!

二是他的严谨态度。赵老虽然想象力丰富,但是,他治学、办事态度却是十分严谨的。他是我国《红与黑》一书首位译者,尽管后来出现了十多种中译本,但他都认为不尽如人意。于是我就约他重新再把该书译一遍,展示他对这部名著的自己的诠释。我原认为,已有许多译本问世,重译起来大概不费事。谁知每次向他索稿,他都回答还在逐句逐字推敲修改,在没有改得满意之前,宁可不出版。面对这种严谨的治学精神,我虽有点着急,但更引起我的崇敬。就这样,他在去世时仍未完成这部译著的重译,这于他、于我、乃至于读者,无疑是一桩憾事,但从中他却给人们留下了一种令人值得怀念的精神,这就是:做学问,办事情,就得要一丝不苟。

在赵瑞蕻教授离开我们两年多之际,仅以这两笔速写,勾画我心中的一幅图像,作为我对赵老的怀念。

选自《如沐清风:与名家面对面》,百花文艺出版社 2006 年 8 月版,第 25–26 页。

印象中的片断

高　风

　　一本书:《离乱弦歌忆旧游》。

　　一屋子人，座谈。

　　大家"抚摸"着这本厚厚的书，回想和赵瑞蕻先生相处的日子。有人说，赵老师这个人"纯"。这个总结性的字，大家都同意，又各自丰富，于是更怀念。

　　又过了一段时候，来个电话，要我写篇短文，关于赵先生的。老伴正忙家务，我三言两语告诉了她。老伴称赞赵先生，说：他这人纯。我一惊，她怎么知道座谈会上人们的提炼？她好像没见过赵先生，大概是过去从我的片言只语酿出的。她说看过赵先生的稿子，每个字的一笔一划都很认真，誊清后还一再修改，有时还为个别无关大体的字句打电话更正，丝毫没有"家"的架子。这些就透露了一个人的气质。

　　赵先生的钢笔字也给我留下深刻的印象。

　　他不是书法家，字形也不那么美，粗看甚至觉得有点乱，但他的字，涩滞中含着一股不可抑止的冲击，凝重的转折中透出奔放，不油不媚，还隐隐显露一些童趣。由字我想到他的手。赵先生清秀、潇洒，一般说来，文人的双手应是修长，但他的手却显得壮实，一至天寒，还贴上好几块防裂胶布。我曾想，这似乎和他的形象不太调和，好像整日干体力活。进而才体会到，这正是他的特色。听过赵先生朗诵诗的人都会感受到，他朗诵并不十分流畅，口齿时有磕巴，却正好组成一种自然的节奏，裹来美的意境和深邃的思索，像锤子一样撞着听者的心胸。他的诗似乎只有这样读才能充分表现出意蕴的长度、语言的强度、感染的浓重。

每次诗人聚会，我总能感觉到赵先生的发言直率中有些遮掩，与别人不同。在那个大抓阶级斗争的年代直率者易招祸，这是许多事实证明了的。而赵先生总会冒出一些不为某些人爱听的真话，需要少一些甚而不说，这往往由杨苡先生赴会前提示，但赵先生一兴奋起来则忘掉了界线，这时，杨先生便会悄悄告诉我：又豁边了。是啊，他的直率，他的没有世故，他的不设防，是他的本性，怎会为一两句提示范围呢！至今想来，这么一位热爱祖国的大好人，不能直抒胸臆，实在令人叹息！

赵先生走了，他的为人，他的诗，给我留下鲜明印象。那一头白发，如同代表大自然不染尘嚣并昭示明丽之秋的芦苇；一声声发自心底的诗篇，至今蜿蜒起伏跌宕着金属的韵律。我似乎看见他仍坐在原居处的书桌前，写他句子长长的诗。窗外小径两侧花木扶疏，窗内诗情涌动，正从他贴了胶布的手中流出，有时会冲决稿纸的横格斜斜地奔泻而下……

选自《多彩的旅程：纪念赵瑞蕻专辑》，第 68–69 页。

无法投递的回信
——悼念赵瑞蕻教授

瞿光辉

　　好久没有给您写信了，现近岁末，我想应该抓紧给您写点什么，否则每年都让您年迈的师长给我问好，多难为情！由于懒，一天拖一天，最后还是您的信到了。我既惭愧又快乐。我可以读您长长的信，还可以读附来的您最近发表的或别人的文章。一袋信封中充满着多少关爱与热情。

　　想不到是过了一个星期，我还来不及回信就得到您遽然去世的消息！悲伤与悔恨一齐涌上心头：我现在该向哪儿投递回信？我认为以您的热情与信心一定可以活得更长久的。在您的信中说："我三月份想再次回故乡。这次当然要从南京坐火车直达温州，实现我多少年来的甜梦！你也许还记得九四年年底我写的《八十放歌》里曾提到一点'坐火车，沿着瓯江，看两岸风景如画……'"（那时温州尚未通火车，铁路还在建造之中，通火车是温州人向往了一百年的梦想——作者按）想不到您最终还是没有坐上故乡的火车，我没有帮助您实现这个做了几十年的梦，深感愧疚。

二十多年来您是那样关心我，在思想上学业上。您不断地给我寄资料寄书刊。多年前我对译诗比较感兴趣，您正在香港大学讲学，便将沉甸甸的一大本《汉译〈哈姆莱特〉研究》买来供我参考；您知道我喜欢印度诗歌，便将自己在新德里参加"首届国际翻译文学讨论会"上印度诗人 Seth 先生赠您的 *New Voices of India Poetry* 复印给我，并写了题记，希望我业余将其翻译成中文发表，以"不辜负印度年轻诗人友好之情，对加强中印文化交流的热望了"。

您是诗人、翻译家，但您首先是位教师。您总是教导我"把书教好，受学生欢迎"。作为南京大学资深教授，您教起书来就一丝不苟，认真负责。一九八九年，我陪您到温州教育学院作《人文之遗留后世者最有力莫如心声》的报告，您不计较报告地点是简陋的军营，那个下午您作了长达三个小时的报告，并且讲得那么生动，那么投入。

当你讲到浮士德围海造田成功，不禁喊出，"你真美呀！请停留一下！"——您向后倒在椅子上——浮士德违反了和魔鬼所订的契约，倒地死了。站在旁边的我却吓出了冷汗，因为您已近耄耋之年了呀。您的报告不是高头讲章，不是照本宣科，而是融会了自己多年的科研成果与艺术实践，因而赢得大家的好评。会后许多学员请您题词留念，记得其中有一句便是歌德弥留时的呼唤："更多的光。"

您一生的追求就是为了"更多的光"，您歌唱道："最憎恨黑暗的是最光明的歌！"您年轻时译出了《红与黑》，年老时解说着《摩罗诗力说》，您还出版论著《诗歌与浪漫主义》和《诗的随想录》。您每出一书必送我一本，使我及时地沐浴到"更多的光"。

您每次给我寄书寄文章总是反复叮嘱："请多提意见！""请批评、指正。"您是真诚的。记得有一次我去看您，您拿出自己为一位研究生的毕业论文写的鉴定请我提意见。我虽只提出对一个字的意见，您也是那样高兴。又有一次我对您解释鲁迅的《自题小像》提出异议，您马上回信表示感谢。您虚怀若谷，更无论资排辈的庸俗作风。多年前您在凤凰大酒店宴请师长，同辈，他们都是年过九十或年逾古稀的耆宿，下一辈的只有我一个，有人不解，您介绍说："瞿光辉是我研究外国文学的同行！"更令我感激的是您的回忆录《离乱弦歌忆旧游——从西南联大到金色的晚秋》一书附录了您的师长王季思、冯至等人评论您的文章，其中也特地选了我的一篇。您总是热爱青年、扶掖后学。我正还需要您帮助的时候，您却永远地走了。呜呼，今生何处能寻这般师友，与我同享欢乐，分担忧愁？

选自《美丽的旧书》，南京师范大学出版社 2008 年 1 月版，第 131–132 页。

我与赵瑞蕻：一字师，忘年交

姜嘉镳

　　年少时，我家住在温州市区府前桥边西首的施水寮六号，往西隔一座楼房便是赵家大院。听大人们说，大院里住着在南京大学教书的学问家赵瑞蕻和大律师白文俊。院子的大门常年洞开，里边有个大天井收拾得整洁有序。每当我和小伙伴们打闹，跑近大院门口时，就骤然收起脚步闷声低头穿越而过，一种敬畏之情油然而生。

　　时隔十来年，我就读温州师院中文系，忽然传来赵瑞蕻教授来校讲学的消息，喜出望外。我立即夹着笔记本抢先占据阶梯教室的前排，坐等瞻仰邻居的风采。赵先生出场了，他脸颊狭长，皮肤黝黑，天庭开阔，高高的鼻梁上架一副黑框眼镜，尖下颌，言谈娓娓道来，文质彬彬。他报告的题目是关于中西文化交流，具体内容已经忘记，只知道他一九五三至一九五七年间被选派为民主德国莱比锡卡尔马克思大学东方语言系客座教授。言谈之间他那双厚厚的手掌不断磨搓，给我留下深刻的印象。他说气温低，这样可以缓解冻手的感觉。

　　此后，我特别关注赵先生的动态。他是翻译家兼诗人，一九四〇年毕业于西南联大外文系，曾参与成立南湖诗社，一九四二年被聘为中央大学外文系助教，一九五二年调入南京大学中文系任教。他从一九三三年开始发表作品，一九四六年翻译出版了法国作家司汤达的代表作《红与黑》和《卡斯特洛修道院女院长》，苏联诗人马雅可夫斯基的长诗《列宁》，一九五二年翻译出版了苏联中篇小说《土库曼的春天》。此外，他还是我国从事比较文学研究的早期学者和中国比较文学学会发起人之一。早在一九四八年，他曾四次赴香港中文大学比较文学研究中心进行学术交流，一九九〇年获全国比较文学图书荣誉奖，江苏社会科学奖。上世纪九十年代，他将自己的学术论文结集出版《诗歌和浪漫主义》。除翻译之外，他还发表了许多抒情诗，先后出版诗集《梅雨潭的新绿》和《多彩的旅程》。

　　特别令人敬佩的是他年轻时就有很强的写作能力。据说他的中学语文老师陈逸人先生很欣赏他的作文，经常以"免批"的评语推荐给报社发表。他非常留恋自己的老师和中学生活，他在论著《诗歌和浪漫主义》的"编后絮语"中回忆道："一九三四年春我在温州中学高中部二年级（我那时十八岁）读书时，学校领导为了使同学们在课外多读点书，根据各自的兴趣，展开学术活动，便成立了两个组织，一个是自然科学研究会，一个是中国文学研究会……中国文学研究会是由我们的国文老师陈逸人先生直接指导的……他学问很好，对中国古代文化、训诂学、古典文学、社会学、民俗学都有研究，造诣甚深。他特别重视学生的语言文学基础、写作能力，而且鼓励我们多读古书，他甚至要我们在课余读完《史记》七十个列传，说"一辈子会有用的"。他还回忆到陈先生带领他们十几位同学创办大型八开刊物《中国文学》。当时一个中学能出版这样一种大型学术专刊是极不容易的事，引起了浙江省教育界的重视。

"文革"过后，我终于重见赵先生的踪影。一九七六年和一九八四年，他两次回归故里讲学。我与他零距离接触是在一九八九年金秋。

一日，温籍前辈作家马骅先生（笔名莫洛）给我寄来一张便笺说，应永嘉大若岩风景管理处同志之邀要请他组织作家赴景区观光并要我同行。十月的一天，我欣然赴约，同行的有马骅、唐湜、金江、洛雨、张宪文，以及洪禹平、王丽夫妇，特别是看到仰慕已久的赵瑞蕻先生分外高兴。据马先生说，赵先生是回家探亲，特地把他请来的。

赵先生年逾古稀，银色头发纹丝不乱，精神矍铄，爬山途中，步履轻松，我紧随其后却气喘吁吁。我夸他身体健壮，他说自己坚持锻炼，还常洗冷水澡。从大若岩步行数公里，登上九漈瀑的第一瀑亭子，大家在这里稍事休息。这是一座新修的亭子，管理处的同志介绍，瀑布分成九折，登顶要上千步，并请我们为这座新亭子作一副新对联。我仰观周边群山怀抱，一条瀑布依山而下，就想起《西厢记·长亭》的结尾句"四围山色中，一鞭残照里"，斗胆在前辈作家前口占一联"四围山色藏飞瀑，千步云阶觅石门"。

坐在我身旁的赵先生，略加思索，在我的耳边轻轻地以商量的口气说，"藏飞瀑可否改作听飞瀑？'听'字较为确切，'听'字更显瀑布的动感"。经他一提示，让我顿开茅塞，事后我将经指点的对联寄到北京请书法大师启功先生书写，而今早已勒石于九漈瀑的亭柱之上。赵先生成了我名副其实的"一字师"。

一路上，我俩天南海北畅所欲言，亲密有加。游到楠溪江滩林时，摄影留念。他面露笑容，左臂搭着我的右肩，用手指紧紧扣住，仿佛生怕我丢失似的，足以表露他的一片深情。

赵先生生于一九一五年，长我二十四岁，足足一辈，堪称实实在在的"忘年交"啊！

回温后，我思索着以什么来表达我对先生的敬意呢？我选择了一本记叙故乡风土人情为主的散文集《小城遗风》寄给他，请他指教。一九九四年一月十五日，他给我寄来他的论文集《诗歌和浪漫主义》和一封信。论文集的扉页题有"盖人文之留遗后世者，最有力莫如心声。——鲁迅《摩罗诗力说》，嘉镰存正留念。"细察其笔迹，苍劲有力，拜读其亲笔来信足足有千数言。他说我的散文勾起他对故乡风物的回忆，如数家珍，乡情浓烈，宛如抒情散文，令人爱不释手。起初，我将其视作墨宝，夹在所赠的著作中，后来恐其丢失，又把它深藏在某牛皮纸档案袋里，可惜几经搬家，至今找它不着，后悔不已。

我经常翻阅先生的著作，回味与他同游大若岩，成我"一字师"的情景……一九九九年二月十五日，忽然传来噩耗，赵先生突发心肌梗塞不幸去世，令人痛惜不已！

还是马骅先生牵头，由九叶诗人之一唐湜，儿童文学作家金江以及著名妇科大夫、赵先生高中时的老同学吴性慧，下江心渡船，把他的骨灰撒向瓯江口，我尾随其后，一同送别他。

赵先生在《我的遗嘱》里留言"永别了，灿烂的阳光和星光。永别了，家乡秀美的风景！无需追悼，任火焰拥抱我，请把骨灰撒入梅雨潭，瓯江滨！"我怀着沉重和崇敬的心情捧起先生的骨灰，轻轻地撒向波光粼粼的江面，让波涛推着它慢慢游向远方……安息吧！赵先生，您的灵魂永远紧贴在暖暖的故乡秀美的景色里。

原载《温州人》2020 年 12 月刊。

不忘自己是温州人
——忆赵瑞蕻先生

吴崇厚

　　噩耗传来: 南京大学教授赵瑞蕻先生逝世。周围的人几乎全不相信, 一个精力充沛、最近还在发表文章的学者, 怎么会突然离去呢? 然而事实终究是事实, 先生已经永远离开他心爱的书斋, 匆匆地走了。

　　温州籍教授赵瑞蕻先生, 是我国著名的作家、诗人和翻译家。他的专著《鲁迅〈摩罗诗力说〉注释 · 今译 · 解说》, 在文学界影响深远。十年前, 他任中国翻译家协会副会长, 退休后仍任中国比较文学学会顾问、中国外国文学学会名誉理事、江苏省作家协会顾问等十几个职务。他终年伏案写作, 具有温州人坚韧不拔、刻苦耐劳、不知疲倦的特征。

　　二十多年前, 当我拜读世界文学名著《红与黑》时, 才知这本书的第一个中文译者赵瑞蕻是我的浙江老乡。一九八六年, 当我调到南京工作后, 又知他就住在离我家不远的地方。一九九〇年,《温州日报》一位编辑邀我写几篇南京的温州籍学者访问记。第一篇，我写的是我国心理学泰斗、南京师范大学教授、江苏省政协副主席、九旬高龄的高觉敷先生。第二篇，我计划写赵瑞蕻先生，但被他婉言谢绝了，他一再说："不要宣传我！不要宣传我！我这个人，没什么可宣传的，你还是写别人吧，温州籍的大学者多着呢！"我转达了《温州日报》的好意，他说："谢谢！谢谢！我不会忘记自己是一个温州人。我祝愿家乡一天天繁荣昌盛！"我只得遵照他的意愿，没有写他。我写的第二篇，改写他的同事、南京大学教授、著名古典文学专家管雄先生。

赵教授对诗歌情有独钟。他的《诗歌与浪漫主义》一书，使广大诗歌爱好者受益匪浅。去年秋天，我发表了《诗歌最是有情物》一文，他读后说："是啊，诗歌是最有情的，我已经把整个生命都献给诗歌了。"

去年年底，钱钟书先生病逝。赵教授的心情久久不能平静。六十年前，不足三十岁的钱钟书从国外回来，到昆明的西南联大任教，实际上只比学生赵瑞蕻大五岁。赵瑞蕻就是在吴宓、闻一多、朱自清、沈从文、钱钟书诸名师的指点下，步入文学殿堂的。他写了悼念文章，特别回忆一九八三年在北京见面，畅谈学术近况的情景。见面后，他写了一首小诗寄给钱钟书："坐在您跟前，听您滔滔地谈天／双睛闪烁，智慧的灵泉／我想起您在西南联大书库里采蜜／讲授'文艺复兴'，令人迷恋／把中外文学大山的隧道打通／豁然开朗，惊诧于您的魅力和远见

／多卷本《管锥编》，一部《谈艺录》／将永远照耀在人类文化的华宛!"然而，这篇回忆、悼念文章发表以后只有十八天，他就离世了。

今年年初，又传来了他的老友萧乾病逝的消息。这对他又是一个沉重的打击。他立即提笔写悼念文章。但谁能料到，不到一个月，他自己也竟远走了呢? 尊敬的赵先生，我们永远怀念您，温州人为有您这位杰出的诗人和学者而感到骄傲。您的名字，不仅写在中国文学的史册上，也将留在温州人民的心中!

原载《温州日报》1999 年 3 月 5 日。

"永远保持一颗童心"
——回忆赵瑞蕻先生

曹凌云

记得一个秋日的午后，年逾古稀的温州籍作家赵瑞蕻先生来我就读的温州市第十五中学讲座，因为慕名来听讲座的师生太多，学校把原计划在阶梯教室的地点改到大操场。讲座后，赵先生与几个写作尖子座谈，当时我读高三，喜好文学，与他进行了对话。记得当时的他，身材挺拔，声音洪亮，思路敏捷，显得那么庄重、宽厚和慈祥。

近年来，温州市文联为庆祝中国共产党成立一百周年，计划出版《温州作家记忆》一书，由我负责组稿与编辑，通过对一百年来的温州文学事业和温州籍作家进行回顾和梳理。虽然已去世二十多年，但赵瑞蕻先生的形象时时浮现在我的眼前。我还记得他那次讲座是在一九八九年十月十三日，他在大操场上，迎着阵阵秋风说："人的一生，中学阶段起着决定性作用，所以，同学们心中要藏着一颗童心，去追问生命的意义。为了这个'追问'，老师认真教导，同学勤奋学习，从课堂到图书馆，到一切课外活动，去了解社会、深入生活、不断实践……"
他还说，祖国需要多少人才、多少知识分子、多少有着崇高奋
斗目标的后代子孙，就可以看出文化教育、特别是中学生教育
的任务有多艰巨了。

讲座后，赵先生与几个写作尖子座谈，在行政楼的一间小
会议室里，我们近距离地与赵先生对坐，他说："我今年七十四
岁了，但自信还有一颗年轻的心。遵照我的老师沈从文先生所
教导的：'要永远保持一颗童心'，所以我一直在追求知识，追
求真理——永远在学习，永远在前进，永远会有一个'我们知
道些什么？'摆在前面。"

赵瑞蕻先生的老师是沈从文？这个名字我在书上多次读
过，听老师经常讲起，我还读过他的小说《边城》，带着湘西泥
土的芬芳，那么单纯，那么传神。我忍不住插嘴问了一句："沈
从文是个大文豪，是您大学时的老师吗？"不料，这句问话引
起了赵先生的另一个话题，他说："是的，我是一九三七年十月
从温州去往长沙的，考进了北京、清华、南开三所大学联合组
成的长沙临时大学（简称临大），但是日寇南侵，长沙并不平
静，兵荒马乱。一九三八年元旦后，临大奉命西迁昆明并组建
国立西南联合大学（简称联大）。一九三九年秋季，我是联大
外文系三年级学生，选读了沈从文教授的'中国现代文学'课
程。沈先生他上课穿着长衫，拿着几本书，几根粉笔，说话轻
轻的、慢慢的，分析课文有独到的见解。"说起往事，赵先生的

思绪飞越到半个世纪前的昆明。

赵先生回南京后，我们还通过信，他为我主编的校刊《龙腾》寄来题词。而我，此后细读了赵先生的许多作品，对他的人生经历也给予特别关注。

赵瑞蕻出生在温州老城区的一个商人家庭，从小受到良好的新式教育。一九三二年夏天，十七岁的赵瑞蕻考入浙江省立第十中学（温州中学前身）高中部，这里的许多老师开明爱国，具有强烈的反帝反封建精神。那段时间，他激情满怀地写下了《雷雨》和《爝火献辞》，是他现存最早的两首诗歌，还与校内外几位同学创办了宣扬革命的杂志《前路》，但出版了两期就引起了国民党县党部的不满，被迫停刊，他的父母趁着夜色把未发行的四百本杂志烧毁在镬灶间。那年秋天，赵瑞蕻被学校推选为学生自治会学术股长，主编综合性校刊《明天》，他翻译了英国作家狄更斯的短篇小说《星的梦》，这是他最早的翻译作品。

赵瑞蕻高中毕业是在一九三五年，两年后他在西南联合大学求学时，有幸得到许多教授的教诲和关心。除了沈从文先生之外，他还遇到记忆力惊人的吴宓先生，一位负有盛名的诗人和国学大师，他讲欧洲文学史，讲柏拉图，生动有趣，吸引着赵瑞蕻；遇到言行稳当利落的朱自清先生，在浙江省立第十中学教过书，得知赵瑞蕻是温州人时，询问了许多关于温州的情况，后来多次谈到籀园和温州仙岩梅雨潭；遇到性格慷慨激昂的闻一多先生，大谈田间、艾青的作品，赞扬高尔基、马雅可夫斯基所走的文学之路，让赵瑞蕻听得如痴如醉；遇到总喜欢穿一袭蓝布大褂的冯友兰先生，个子较高，一把短胡子，慢悠悠地讲课，有一种处世哲学，更有一种人生境界。赵瑞蕻的老师还有博学多才的钱锺书先生、精力充沛的钱穆先生、朴实沉静的冯至先生、善于以史观今的陈寅恪先生、英国诗人燕卜荪先生。这些教授的治学精神和做人品德深深影响着赵瑞蕻，也培养了他永远保持一颗童心，不断追问、不断探索。

一九四〇年盛夏，赵瑞蕻从西南联大毕业，在昆明南菁中学高中部教英语，开始了长达半个世纪的教学生涯。一九四二年冬，他告别昆明，前往位于重庆的中央大学柏溪分校任教，在外语系教英文。柏溪这个清寂的村庄给赵瑞蕻带来不少创作灵感，除教学外，他写出了不少现代诗，如《阿虹的诗》《金色的橙子》等，他用散文化的笔调翻译了法国作家司汤达的《红与黑》，这是第一个中译本，一九四四年作为世界古典文学丛书之一，由作家书屋出版，赢得了中国读者的喜爱，在我国新文学翻译史中有着重要地位。他还翻译了法国作家梅里美的小说《卡门》（一名《嘉尔曼》）、法国诗人兰波的名篇《醉舟》和英美作家的一些作品。

一九四五年九月，抗战胜利，重庆举城欢庆。第二年，赵瑞蕻随中央大学迁至南京，从此定居南京。赵瑞蕻在柏溪的四年里，生活异常清苦，常用红薯充饥，房屋墙壁用灰泥涂抹，冬季采用烤炭取暖，但他的心情始终愉悦，童心不泯，与当地的村民和柏溪分校的师生建立了深厚的友谊。赵瑞蕻到南京后，依然兢兢业业地教学和写作，又翻译了司汤达的短篇小说集《爱的毁灭》，由正风出版社出版。但时局依然动荡，人心惶惶，一九四六年七月十五日，爱国主义诗人闻一多被国民党暗杀。赵瑞蕻听到消息后，含泪写下诗歌《遥祭》。

新中国成立后，中央大学改名南京大学，赵瑞蕻任教于中文系，摆在他面前的任务更加艰巨，目标更加远大。他以炽热的爱国之心，抒写了《土地上的光》，为抗美援朝抒写了《三个美国兵》，来赞颂新的时代，歌唱新的生活。他翻译、出版了苏联诗人马雅可夫斯基的经典长诗《列宁》，翻译、出版了《马雅可夫斯基研究》。在一九五三年这个明媚的春天，赵瑞蕻开始致力于新兴的比较文学研究，在南京大学中文系创建了比较文学与世界文学专业，培养出一批批比较文学领域的硕士。

上世纪八九十年代，进入花甲之年的赵瑞蕻依然孜孜不怠，在全力推动比较文学学科发展的同时，深入"鲁迅与外国文学关系""巴金与外国文学关系"等课题的研究，发表了数十篇有影响的论文。一九八二年，他的专著《鲁迅〈摩罗诗力说〉注释·今译·解说》在天津人民出版社出版，注释有五百多条，将原著深奥的文言文译成现代汉语，还提出了"一九〇七年是中国比较文学真正起步的一年""鲁迅是我国最早最杰出的比较文学家"等观点，该书获得全国比较文学图书奖"荣誉奖"。赵瑞蕻还以丰富的情感和奔流的意象，创作了大量的诗歌、散文，诗集《梅雨潭的新绿》《诗的随想录——八行新诗习作一百五十首》和散文集《离乱弦歌忆旧游》等相继出版。在他八十岁高龄那年，童心依然，天真依然，还创作了长诗《八十放歌》。

赵瑞蕻（一九一五——一九九九）毕生保持一颗童心，钟情于诗歌创作，致力于翻译事业，在比较文学领域有着精深的造诣。我始终认为，在论及文学翻译和诗歌创作时，他是不能被遗漏的。

———————————

原载《文艺报》2021 年 9 月 13 日。

少小离家老大回：赵瑞蕻教授骨灰洒入瓯江记

张信国

　　与赵瑞蕻教授一别就是五年。七月十八日下午，当赵教授再次返回故乡的时候，与我们相会的竟是鲜花簇拥中的遗像和骨灰盒。我们无法相信眼前的一切竟是真的，因为在我们脑海浮现的尽是赵老先生热情的微笑和清癯的脸庞！这五年来，我们始终看到赵老先生不停地出书、著书，不停地与我们书信交谈。去年年底，他还说，今年开春他要再回温州，这回他要坐火车看家乡巨变！想不到去年暮冬，农历十二月三十日，赵老就永远地离开了我们。临终前，他嘱咐把骨灰洒在他深深眷恋和热爱的故乡温州。

　　赵瑞蕻教授一九一五年出生于温州市区，十六岁时就发表诗歌。记得一九九一年早春，当我第一次到南京大学拜访赵老的时候，曾经在他的书房里看到了少年时创作的一首诗歌《爝火献辞》，是他在温州中学读书时为学生自治会刊物《爝火》创刊号写的发刊诗。

或许是为了鼓励家乡后学，那天晚上，赵老先生谈兴十足。他说，启蒙他走上文学创作的是当时国文老师王季思和古代大诗人谢灵运，激发他创作灵感的是故乡温州的名山佳水、胜迹处处。他对谢灵运描写温州山水的诗歌如数家珍，"池塘生春草，园柳变鸣禽""云日相辉映，空水共澄鲜"……由谢灵运，他又谈到屈原、李白、李贺、关汉卿、永嘉四灵等等。每提到一位诗人，他都能背出他们的诗歌，发表自己的独特见解。

　　那天在南大，我又激动又惭愧。激动的是，第一次拜访赵教授，居然很有收获；惭愧的是自己对中国古代文学学习得那么肤浅。想不到眼前这位外语系毕业，精通英语、德语、法语以及意大利和西班牙语的西方文学研究专家对祖国灿烂的古代文学具有如此高深的造诣。他还勉励我学好外语和外国文学，然后再回过头来研究中国文学，做中西文学的比较研究，这样才能在文学研究上达到一个较高的境界。

　　一九八四年温州大学成立之后，赵老多次来温州大学、温州师院讲学。他热爱家乡的文化、教育事业，每当有新书新作出版，他都要给温州市图书馆和温大图书馆寄上一份。生前，他还分别向两家图书馆捐赠了两百多册中文学术文献。他还热情地给温州一些诗人和学者寄赠所需要的书刊和资料。因此，七月十八日下午，温州文艺界、文化界和教育界会有那么多的领导、代表来到瓯江轮船上与他作最后的道别。

　　十八日下午三点十分，赵老的儿子、南京电视台编导赵苏，女儿、中央电视台编导赵蘅，还有从美国、法国赶来赴丧的孙子、外孙以及温州的亲戚，赵老生前友好吴性慧、缪天荣教授，怀着无比沉痛和哀伤的心情，将赵老先生的骨灰慢慢地洒入瓯江。我想，此时此刻，赵老先生一定能够听见环绕孤屿和江心寺的波涛声，华盖、翠微、积谷、松台山上的鸟啼声……赵瑞蕻教授，您将永远活在故乡温州的名山佳水之中。

原载《温州日报》1999 年 7 月 25 日。

多彩的旅程
——追思赵瑞蕻

董宁文

　　二〇〇一年八月三十一日晚，"《多彩的旅程》：纪念赵瑞
蕻先生——凤凰台之秋品书会"在凤凰台饭店举行，原本只安
排三十余人参加的座谈会却来了八十多人，使原来显得较为宽
敞的五楼"英语沙龙"陡然变得拥挤起来。品书会上，赵瑞蕻
生前的文朋诗友及部分学生深情地回忆了赵先生留在各自心灵
深处的美好记忆。

　　董健（南京大学文学院院长、博士生导师）：
　　《多彩的旅程》是对赵先生的最好纪念。赵先生曾说过：我
是一个五彩的水晶球。从这本书中，我们可以看到赵先生"多
彩的"人生旅程。

　　蔡玉洗（凤凰台饭店总经理、文学博士）：
　　赵先生在几十年的风风雨雨中，表现出了少有的对生活与

艺术的激情。我们现在不仅要在文章中学习他的品质，更主要的是学习他在无论怎样艰难的人生旅程中都始终充满激情。赵先生的一生就是充满了激情的一生。

裘显生（南京大学教授、博士生导师）：

赵先生不论是少年、青年时代，还是德国讲学期间的经历都是多彩的，这本书将他的人生全部浓缩其中了。赵先生逝世前的那天上午我去看他，他还在写文章，我叫他不要写了，要注意休息，他说我还有好多东西要写。

许钧（南京大学教授、博士生导师）：

名义上我不是赵先生的学生，但实际却是赵先生的学生。我所从事的翻译理论研究，得益于赵先生对我的指导是相当多的，以至于我的很多学生都因为赵先生对翻译的精辟见解而热爱上了翻译理论这门学科。赵先生那种对翻译艺术求真求变的激情，可以说给翻译理论研究做出了新的诠释。

国内《红与黑》最早的中译本，当时译者署名是赵瑞霭（赵瑞蕻系学名）。赵先生是一个透明的人。三年前，我带一个学生去见赵先生，只听了他一个半小时的谈话，她就抓住了赵先生最大的两个特点：纯真和诗情。回去后，她写出了一篇充满感情的洋洋数千字的《岁月不曾流失的纯真和诗情》，赵先生很喜欢这篇文章，并将它收入在自己的两部文集之中。

赵先生曾经说过人是可以不死的。赵先生去世后，我梦见与他在一起谈论《红与黑》。他的音容笑貌使我相信他仍然"活"在我们中间。所以我相信"人是可以不死的"。

包忠文（南京大学教授、博士生导师）：

我曾经问过赵先生什么叫"浪漫主义"。他说，儿童的天真就叫"浪漫主义"。

我觉得赵先生对学术研究很有激情，很有使命感，无论是对鲁迅研究、比较文学研究都遵循两个原则，一个是激情，一个是崇高。

胡若定（南京大学教授）：

赵先生的笑留给我的印象最深。先生的笑，源于他永远乐观的天性。

记得有一次，我请赵先生为中文系的新生作报告，先生欣然应允。课堂上，年届八十的白发教授，面对不满二十岁的莘莘学子，依然是那样的谈笑风生，台下也不时爆发出阵阵掌声和欢笑。那一天的报告使我记忆犹新，无疑是很成功的，八五高龄的赵先生几十年一贯的谈笑风格怎能不令人钦佩！

邓海南（著名作家）：

赵先生怀着那一份宁静的心境去了。很想写一写赵先生，每每眼前浮现先生那目光，那里隐含着安静的心态。有时也不免感叹先生去了，现在社会上像他这样的人越来越少了，我说的是对美的追求作为人生第一要义的人越来越少了。但我相信人类爱美的种子是不会绝的。

冯亦同（南京市作家协会秘书长）：

赵先生还在我们中间，每次这样的聚会赵先生都会与大家共享其乐的。

每个诗人也许各自都有建树，但主要还不只是诗，最主要的是可爱的人，成为人们可敬可爱的人，赵先生就是这样的人中的一个。我觉得南京大学蒋树声校长为本书的题词很有意思："南京大学的大师比大楼更重要，赵先生永远活在我们心中。"赵先生是一位学贯中西、博古通今的名教授，八十岁的美少年，赵先生的美是一种老年人的美，非常可爱。

他属于二十世纪，却与我们一道走进了二十一世纪，在我们今天在座的人之中，跟"五四"靠得最近的只有一个名字：赵瑞蕻。

俞律（著名作家）：

赵先生有一个诗人的天真烂漫，有一个学者严谨的治学态度，尤其是他晚年提倡的"八行诗"，更是富有创造性，他酌古准今，立论精确。我曾以《新诗形式的畅想》为题写过一文发表在《文艺报》上，他看后很高兴，对我说："你是知音。"赵先生生前曾送给我他全部的著作，每次翻到那书上的题词，总好像觉得他还活着。

赵本夫（江苏省作家协会副主席）：

二十世纪八十年代中期，我第一次见到赵先生，感受就很奇特，后来差不多每次聚会，他都是这样开始的："我要朗诵一首诗！"结束时，赵先生又会站起来："我要朗诵一首诗！"这反映了这个老头儿特有的纯真，这些是作秀作不出来的，是只有经历了很多事情的老人才能有的一种自然流露，这也不仅仅是他的天性，最主要的还是由他的修养决定的。他的终极关怀不在世俗的融入、个人不平的遭际，而在他的学问里，他的诗里……

像赵先生这样学问好，诗漂亮，只能说明他对人生感触非常深。活得不自在，满是烦恼的人是不可能做到的。他的去世也很浪漫，无疾而终，不辞而别。

吴新雷（南京大学教授、博士生导师）：

赵先生天性乐观，热情奔放，在待人接物方面，处处表现出诗人的赤子之心，天真坦率，和蔼可亲。他有时和我一起弹琴唱歌，有时又一起讨论唐诗宋词，谈笑之间，完全打破了传统的师生界限。他最喜欢我唱南宋词人姜白石的《暗香》《疏影》，对昆曲《游园惊梦》，他也是百听不厌。

杨正润（南京大学教授）：

我没见过比赵先生更善良的人，他总是以热情待人的心关照这个世界，他也因此不适应这个世界。赵先生永远活在我们的心中。

唐建清（南京大学教授）：

医生曾告诫赵先生不能太激动，否则心脏病会加重，但先生却有一颗敏感的心，喜欢激动，往往不能自制。先生始终有一颗敏感的心——这是他生命的一种方式，同时也是他生命终结的方式。赵先生是在快乐的心情中去世的，他的一生就是一个"多彩的旅程"。

我每次去看赵先生，他常在书房那盏亮着台灯的书桌前看书写作。

我俩谈得最多的话题是书，他生前与杨苡老师的口角多半也是为了书。前几天，我听杨老师说了一个梦，竟然也还是为书在吵架。我想，这本书印出后，杨苡老师一定会将它放在赵先生生前最喜欢的那张照片下面说：这本书是属于你的。

张志强（南京大学教授）：

看到这本书，让我产生了两点感想。一是让我想起了这么一句诗：有的人死了，他还活着。今天这么多的人自发地来参加今天的品书会，就完全可以证明赵先生还活在我们的心中；另一点是遗憾，遗憾的是这本书本该是由我们南大出版社来出的。这样一本关于南大人的书，是我们南大精神遗产的一部分。

杨苡（著名作家、翻译家，赵先生的夫人）：

我今天坐的这个位子应该是赵瑞蕻坐的，我的对面是许多的小友，也同时是他的小友，我喜欢与你们坐在一起。

我们的晚年生活可谓是阳光灿烂的，是这么多我们共同的小友如邹小娟、邓海南、刘俊、余斌等都是，正是他们，给我们这么多年的生活带来了很灿烂的阳光。王德安现在已经五十多岁了，那时我们认识他时还很小，大约也就二十多岁吧。邓海南那时是一个一说话就脸红的小友，如今也有了白发了。

赵瑞蕻很喜欢美，对俊男靓女都感兴趣。（众笑）有一次，他正在看电视，突然冒出一句：小梅怎么不见了？大家起初都莫名其妙，最后搞明白了，这才知道是中央电视台的孙小梅好久没在电视露面了。（众大笑）有时他给邹小娟，胡丹娃这几个小友打电话，一开口就说："小娟，你怎么不打电话来，我想你了！"（笑）

他很天真，没有一点坏心思，赵瑞蕻对我不设防，我对他也不设防。我现在想起赵瑞蕻并没有多少感伤，回想我们的吵架，多半是为了书，我的书应该这样摆放，他却要那样摆。你们不要以为他没有脾气，有一次也是为了书吵架，他一下就将书架给推倒了，这书架是那种竹子做的。

有一次，楼上的邻居在家放音乐，有人出来骂，说声音太响。他很生气，激动地跑出家门叉着腰大声说：你听，多么好听的音乐！并让邻居再将声音放大一些，说这音乐多么美妙！(众人哄堂而笑) 我确实觉得赵很天真，很可爱。

这次凤凰台愿意印出这么一本书，确是了不起的，我很感谢。这么多的文章能变成铅字，跟大家的友情帮助有极大的关系，再次表示感谢！

原载《开卷》2001 年 11 期，选自《人缘与书缘》，董宁文著，东南大学出版社 2003 年 8 月版，第 165-173 页。

下编

百岁杨苡回忆“初恋”与婚姻

口述／杨苡　整理／余斌

我在联大高原社认识了赵瑞蕻

联大气氛特别宽松，学生很自由，去不去上课根本没人管。有个同学，交了听课证就没影了，后来我们才知道，他到缅甸跑单帮去了。和我哥我姐比，我读书不太用功。母亲说我就知道玩，不算冤枉我。喜欢的课，喜欢的老师，我就爱听；不喜欢的，即使坐在教室里，我也不大听得进去，不是在下面写诗，就是写信。

与上课相比，我更喜欢课外的活动。联大的学生社团很多，也很活跃，墙上常能看见各社团的启事。高原社是联大学生成立的文学社团，以写诗的为多。我看过他们出的壁报，上面林逋、穆旦的诗我都喜欢，就想加入。我找到启事上说的那个教室，推门进去，见几个人坐着在说话。我表示想参加，他们很热情地说，欢迎欢迎，我就算加入了。赵瑞蕻、穆旦，都是那次认识的。他们高我两个年级，都是外文系的。

那天，赵瑞蕻迟迟不来，在座的人都在怨他，说他一向不守时，做事不靠谱，称他"young poet（青年诗人）"，带点嘲讽的意思。后来我才知道，原先是赵瑞蕻这么称自己，大家开他玩笑，就这么叫起来了。

高原社的活动并不多，我印象深的是出墙报。也没什么安排，谁有空谁就去帮忙。我手工好，还喜欢画画，就常去参与，慢慢和穆旦他们熟了起来。我喜欢穆旦的诗，常拿自己写的诗请他提意见，他挺认真，一条一条写下来，夹在我写诗的本子里。那时他刚刚失恋，是最痛苦的时候，总是很忧郁的样子。我和穆旦接触不多，他不像赵瑞蕻那样跟人自来熟。

起初我和赵瑞蕻也不熟，熟起来是从堂姐杨笥平订婚开始的。杨笥平是三叔的二女儿，她和后来的堂姐夫颜锡嘏都是联大外文系的。那天他们请了外文系好多人，也请了赵瑞蕻。赵瑞蕻主动接近我，和我说了不少话。那之后我和他来往就多了。

我一开始对他的印象并不好。当然，我们都喜欢诗，不过他的诗我并不认为有多高明。我和赵瑞蕻会各自把写的诗给对方看。他看了会给我改，可改的地方我不以为然。他读书很用功，但英文发音很可笑。我是教会学校出身，自然而然会注意到这些。我爱看电影，爱音乐，喜欢话剧、京戏，这些他都不感兴趣，我就觉得这人挺无趣的。还有，我觉得他很喜欢炫耀，挺虚荣的。比如我有天雨后看见彩虹，觉得漂亮极了，就写了一首诗。赵瑞蕻名字里的"蕻"有时也作"虹",他就自说自话,硬说那是写他,到处跟人说。

他追我的方式也特别,我走到哪儿他跟到哪儿,吃饭他也跟着,反正都是我付钱。

赵瑞蕻一直在追我。他高我两个年级,照说一起上课的时候不多,但我上什么课他就去上什么课。教室之外,他又会追到宿舍。女生宿舍不让男生进,要找谁,都是通过舍监把人叫出来。赵瑞蕻老来,女生都知道,他一来,她们就会开玩笑,说:那个 young poet 又来找你了。

现在我当然知道赵瑞蕻在追我,当时真是搞不清这是不是谈恋爱。赵瑞蕻没心没肺的,什么都跟我说。我母亲说他"没眼力见",就是不识眉眼高低,人情世故一点不懂。我们有个学姐叫陈福英,高我两班,有段时间和我住一个宿舍,对我特别好。陈福英是联大的校花,长得漂亮。杨周翰刚留校,在追她。两人常一起散步、吃饭,赵瑞蕻老跟在后面,弄得两人没法单独相处。杨周翰很生气,忍无可忍了,就写了个条给赵瑞蕻,前面也没称呼,很不客气地说:Do you know how to be a man?(你知道怎么做人吗?)我觉得挺尴尬的,赵瑞蕻则很生气,说:岂有此理!岂有此理!!——就算真的在追我,这也能跟我说?

赵瑞蕻很愿意给我补课。我上课总是心不在焉的,一堂课下来,常不知老师讲了些什么,有人愿意给我再讲一遍,我当然不反对。二年级时，莫泮芹给我们讲英国散文，他自己选文章，用黄黄的土纸印出来。他选的文章里没有写景，也没有抒情，尽是 essay（论文）一类的, 比如培根的 Of studies（《论读书》），我听不进去，有一次赵瑞蕻就给我讲这个，一句一句讲。

我们多半是夹着书，一起看书。我不愿去图书馆，去过一次就不去了。我不习惯男生女生坐一起。男生找我聊天可以，但是要坐在一起念书我就不习惯，我觉得那就是谈恋爱。我也不知是哪儿来的概念，过去在天津，和大李先生一起散步，有次走了很长的路，经过一家咖啡馆，他说去喝杯咖啡吧，我拒绝了。要是进去，一男一女坐在那儿，我就窘了。

那次，赵瑞蕻叫我一块儿去农校后门。农校后面有个莲花池，莲花池再往后有片坟地，算比较偏僻的地方了。赵瑞蕻和我坐在一座坟堆前面的草地上，靠着坟讲课文。正讲着，有个穿长衫、戴礼帽、拿着折扇的人走了过去。大白天的有人经过很正常，我们也没在意。这时忽然从坟后面跳出一个云南兵来，对着我们就骂"狗男女"，说坏了他家的风水，还说要白刀子进红刀子出什么的。样子很凶，我却听不明白："狗男女"什么意思？"坏了风水"是怎么回事？啥叫"白刀子进，红刀子出"？那兵是带着枪的，像是要把我们抓起来，我很害怕，赵瑞蕻也吓得要死。这时刚才走过去的那个穿长衫的人又出现了，问怎么回事。云南兵就对他说了一大通，他们都说云南话，说得快，我们也听不懂。穿长衫的就对我们说，你们外家人不懂，败人家风水的事是不能做的，伤风败俗啊。后来我才明白是说男女之事坏风水。其实我们手都没拉，但见了这样的人我都不会说话了，根本不知该怎么分辩。穿长衫的就和云南兵商量，要我们破财消灾。

我们靠着的坟是当兵的他们家的吗？搞不清楚，反正穿长衫的做好做歹的，说了个数，让拿钱。我没带钱，他们跟赵瑞蕻要，赵哪有钱？我有个中国银行的折子，说我们到银行去取，他们不让两人都去，结果赵瑞蕻去取，我留在那儿当人质。这太荒唐了，说实在的，我是个什么都不懂的小姐，赵瑞蕻居然跑开了。

而且他还没直奔银行拿钱，而是跑去找同乡叶桯，让他帮着拿主意。叶桯是北大毕业留校的，老大哥式的人物。他说赵瑞蕻，你怎么让静如当人质，你要负责! 大骂了他一通，让他赶紧去。

银行离坟地并不远，几分钟就能走到，可是老也没赵瑞蕻的影子。开始我不知害怕，后来有点怕了。赵瑞蕻来了就问我，他们把你怎么样了？我说没怎么样，于是赶紧给了钱，我们就回宿舍了。怕叶桯不放心，晚上我们去告诉他一声，这时才想明白，穿长衫的和云南兵是一伙的，一个唱红脸一个唱白脸，想想真有点后怕。叶桯还在生赵瑞蕻的气，说：他把你一个人丢那儿，跑来找我，居然还坐在那儿不急不忙地说。我当然也气，可以说，这事我一直是不原谅他的。

赵瑞蕻问我"他们把你怎么样了"时,是真的紧张了。"把你怎么样"是有特别的意思的,特指有没有强暴你。这是常识,但我当时一点不懂。中西的教育里完全没有这方面的内容,相反,都是回避的。这些过了一年多以后,我才明白。

母亲来昆明,见到正在追我的赵瑞蕻

一九四〇年春天,我母亲和我姐,还有七叔一家、姑姑一家到了昆明。他们是跟着中国银行的大队人马来的。中国银行早就开始有计划地从敌占区撤出,一年前,我属于头一批走的,那时租界还没落在日本人手里,这时日本人进了租界,更是非走不可了。担心日本人觉察,家里没怎么动,房间基本保持原样,连帐子都没撤。

我母亲是悄悄走的,没跟亲戚打招呼。辞行也是件麻烦事,因姨太太身份的尴尬,母亲和有些亲戚已不大来往,但按礼数,该一一辞行。母亲也没想到一走就是好几年,回来时,有些亲戚已经不在了,像大姑妈、四姑妈,都活活饿死了。

母亲他们走的还是我走的那条线,只是他们最后的目的地是重庆。昆明是个中转的地方,中国银行的人在那儿等着,安排他们一拨一拨地飞去重庆。母亲和我姐在昆明待了一个月,住在金碧别墅。

到了昆明,母亲自然要看看我在学校怎么样。有天我姐陪着母亲到宿舍来看，这时我们女生已从农校小楼搬到了一个大宿舍，像船上的统舱，就几十张上下铺，连把椅子也没有。母亲进来没地方坐，只能坐在我床上。她没想到条件那么差，坐在那儿掉泪，跟我姐说，这比下人住得还不如啊，早知这样，她再不肯让我一个人来上学。

在昆明那段时间，母亲还请我的同学吃了顿饭。她让我自己找好朋友来见见。我离开天津后她就一直不放心，老让纮武汇报我的情况，现在算是亲自考察了。女生我找了张定华、金丽珠，她们都是天津的、我的好朋友，又好和母亲说话；男生我找了穆旦、叶桱、赵瑞蕻，在男生里他们跟我比较熟。不想我跟叶桱一提，他就半真半假地说：这是阔太太相女婿吧？结果他和穆旦都没来，男生就来了一个赵瑞蕻。

之前母亲已经从纮武那里知道，赵瑞蕻在追我，这时就对上号了，自然会特别留意。她问赵瑞蕻家里是做什么的，赵说做生意的。母亲一下没明白，听我解释了（赵的父亲开一间杂货铺）之后说，噢，就是做小买卖的。言下有点看不起。赵瑞蕻的父亲原先是茶叶店的学徒，后来自己开了店，当然不算大买卖。其实就算生意做得大，以杨家人的眼光，也不大瞧得上。说起来银行也是做生意，但银行的人有优越感，总觉得自己和"生意人"是两回事儿。

杨纮武给母亲汇报的都是负面的，说赵瑞蕻口吃，甚至说他瘸腿。（口吃是有点，赵走路也有点一脚高一脚低的，但说瘸腿就太夸张了。）这次见到人，也不知是不是先入为主，反正母亲对赵瑞蕻印象不大好，嫌他不会说话，还有门不当户不对。后来她一直对这个女婿不满意。

赵瑞蕻和穆旦绝交

赵瑞蕻和穆旦原本关系很好，他们在长沙临时联合大学时就认识了。在长沙、在蒙自，他们一起写诗，办诗社；在联大睡上下铺，好得跟兄弟似的，西装都会换着穿——当时的学生，顶多就两套西装，一套白的，一套深灰的，需要时，他们就你穿我的，我穿你的。联大的校服，是一种黄布的，不是所有学生都有。赵瑞蕻因为是转学来的，就没有。他觉得做联大的学生很光荣，就借了穆旦的穿，穆旦就穿他的旧西装。

我复印保存的一些纸片里还有穆旦抄在一本书扉页上的一首诗，叫《怀恋》，底下有一行注："阿虹非要让我在这本送给你的好书上写下这篇脸红的东西，我遵命，于是玷污了这本书。"

我已经记不得事情的来龙去脉了，应该是我哥送我的一本英文诗集，赵瑞蕻让穆旦把自己的诗抄在上面。后面写的日期是一九四〇年一月，可见那时候他们关系还很亲密。

绝交是因赵瑞蕻听到穆旦跟别人说他的不是。穆旦知道我和大李先生的关系，知道我一直在等大李先生。他认为，在这种情况下，赵瑞蕻追求我是不对的。他说他就不会追，要是他追的话，一定能追到，但他不追，因为不应该。那天晚上赵瑞蕻回宿舍很迟，宿舍里一群人在议论他，穆旦说了上面那番话，让赵瑞蕻听到了。赵大怒，和穆旦吵起来，又是要当场把衣服换回来，又是要和穆旦决斗。赵瑞蕻那种性格，是不可能决斗的，他们也没打架，只是到宿舍后面的小山上大吵了一通，就绝交了。

同学之间，闹矛盾、吵架之类是常有的。有段时间，张寰和和我也因为一点误会弄得不愉快。张寰和是张兆和的弟弟，因为我跟沈从文夫妇熟，就跟他也熟了。他也在联大读书，我们都叫他"小五哥"（张兆和行三，他行五），常在一起玩。有次一帮人在一起议论曹禺的《日出》里的人物，自说自话在那儿分派角色，说陈福英可以演陈白露，谁演小翠，谁演顾八爷……乔治张满口英语，外文系随便找个人就能演。说到胡四，大家都不知谁扮好，我忽然说，小五哥可以演！胡四在《日出》里是个小白脸，不男不女的，有脂粉气，跟顾八奶奶在一起混，吃软饭。我想到小五哥，只是因为他长得清秀，嘴唇鲜红，有点像女孩子，没别的意思。黎锦扬当时在场，起哄说，我去告诉他。没想到这话传到张寰和耳朵里，变成了"杨静如说你长得像胡四"。他挺生气，后来碰到我也不愿搭理我。当然过一阵就好了，后来我们关系还是很好。赵瑞蕻与穆旦很长时间当真是绝交的，直到几年后在重庆相遇，才算是和解了。

有天晚上，我从金碧别墅吃完饭回宿舍，经过生活书店，就进去翻翻书，没想到遇到了穆旦，他也在那儿看书。赵瑞蕻和穆旦绝交以后，两人碰上也不打招呼了，弄得我也觉得别扭。尤其是穆旦还说过，如果他追我，一定追得上。虽然只是打比方，但我知道有过这话，还是觉得不自在。书店很小，碰上了也躲不了，我们互相打了招呼，他问我走哪条路回宿舍。回宿舍有两条路，一条是从翠湖边上走，一条是从青云街过去。他说他要从翠湖边上走，本来我也可以和他一起走，可我窘得慌，就说，我走青云街。于是我们各走各的路，要是一起走，也许就把事情说开了。

之后穆旦曾托张定华带了一封信给我。信里写了什么，我不知道。不是张定华没带到，是我没有打开看。我连信封都没拆就交还给张定华，她还奇怪，看都不看啊？我说，不看了。当时的心理我也说不清，模模糊糊的，可能是猜他会劝我和赵瑞蕻谈恋爱要慎重。问题是，那时我已经和赵瑞蕻好了，木已成舟，再说什么也没意思了。

怀孕

暑假里我开始呕吐，吃不下饭，我意识到是害毛毛了。"害毛毛"是天津的说法，就是指妊娠反应。我到医院去检查，果然是。赵瑞蕻的第一反应是把孩子打掉。我当时也没有其他考虑。一切太突然了，不舍什么的都说不上，我只想着，有了孩子我怎么上学？好像一辈子都要改变了。

我清楚母亲知道这事会是什么反应，但也只能硬着头皮写信告诉她。我姐后来告诉我，母亲看了信，觉得天都要塌了，急火攻心，支气管破裂，吐了好多血，和我姐一起大哭。她和我姐都特别要强，我出这样的事，让她在杨家抬不起头，也让外人说闲话。在给我的回信里，她说她死的心都有了。又一想，她不能死，她死了我们兄妹怎么办？她有好多牵挂，要照顾我们。信写得挺抒情的。她觉得我出了这样的事，太丢人，应该去死，但是，"你是我的孩子，我怎么舍得你没了呢？"起先她要我把孩子打掉，后来变了主意，让我生下来。我生下赵苊，我们到重庆以后，主要是母亲帮我带的孩子。

这时候帮了我大忙的是邵士姗。她在中西和我同班，大我一岁多，像姐姐一样。她是家里给订的亲，丈夫是清华毕业的，这时已在昆明市政府里做事，是市政建设方面的一个科长。我和邵士姗一直有通信联系，到昆明后来往更是多了起来。她帮我联系了一个私人诊所，诊所里有个挂牌的医生，是正规学校里出来的——要是江湖郎中，肯定不管三七二十一就给我做掉了，要赚钱嘛——她拒绝给我做手术，骂了我一顿，说：你们这些学生，好不容易上了大学，不好好念书，做出这种事！做出来了就要负责任。她凶得很，总之就是不让我打掉孩子。

孩子就这么留下来了。我妊娠反应厉害，不能住在宿舍里了，就住到了邵士姗家里。对联大的同学来说，我突然失踪了，他们不知道我去了哪儿，我也躲着他们。还好当时在放暑假，见不着也不算太奇怪。我只是偶尔因为要取东西之类的，才会去宿舍一趟。

"你让我接受赵瑞蕻，我就接受吧"

巧的是，有一次在宿舍附近的路上，我遇见了巴金。当时陈蕴珍和他在一起，陈蕴珍一看到我就喊:这就是巴先生!那时我跟巴金通信已经有四年，像是很熟了，但一直没见过面——纸上是熟的，见面就成了生人。我不知说什么，巴金也是见到生人就窘。我们不握手，也没互相说"你好"，只拘谨地点了个头，而后就没话了。

陈蕴珍大嚷:你跑哪儿去了?!我不知道怎么解释。我记得我说的第一句话是，"我要结婚了"，没头没尾的，他们俩都觉得很突然。我怎么也没想到，我第一次见到巴先生，居然是这样的。

他们觉得突然是自然的:陈蕴珍知道赵瑞蕻一直在追我，但怎么一点征兆没有，突然就宣布要结婚了呢?何况他们也会想到大李先生。巴金应该能猜到，我和大李先生的关系有点特别。事实上，我一直在跟大李先生通信，赵瑞蕻怎么追我，我都对他说过。有封信里我问他为什么还不来昆明，还说赵瑞蕻"纠缠不休"（信里就是用的"纠缠"这个词），问他我该怎么办。他回信中的话，我一直到现在都记得很清楚:"我一向关心你的幸福，希望你早日得到它。既然 young poet 这样追求，你为什么不接受他的爱呢？"

大李先生从来没对我表白过他爱我。我不管对别人还是对自己，都没承认过那是爱情。我就是崇拜他，一边说在等他，一边否认这里面有男女之情。同时，我从小就是个挺自卑的人，听人说冯秀娥和他常在一起，就疑惑大李先生是不是爱上她了。有时也会猜，他不来昆明会不会是因为这个？不过都是胡思乱想，一会儿这么想，一会儿那么想，没有结论。

那时候我太年轻，只顾自己自卑了，没想过大李先生也可能有他的自卑。他又是个会替别人着想、可以为别人牺牲自己的人。他会不会觉得他年纪大，身体又不好，还穷，对我来说不合适？或者，他以为我是什么也不懂的娇小姐，不能跟他一起过清贫的生活？二十世纪八十年代，有次我去看望巴金，难得的就我和他两个人说话，我问他大李先生有没有爱上过什么人，巴金说，也许有一个，是个富家小姐，大李先生多半因为自己的情况，没有接受对方（那个小姐后来结婚时给他发了请柬，他也去参加了，这些事情上面，他是很绅士的），可见他在爱情上是退缩的。

这些我那时是想不到的。我只是想，好吧，你让我接受赵瑞蕻，我就接受吧。

大李先生后来跟人说，我结婚是跟他"赌气"，虽是半开玩笑，也许却是说中了。

结婚

怀孕了，当然就要考虑结婚的事，也算是"善后"吧。这桩婚事，家里是不乐意的，母亲不用说了，我哥、我姐也都反对。事实上，母亲到重庆后不久就写信让我过去，这里面有她觉得昆明条件太艰苦的因素，但更重要的是她见了赵瑞蕻，印象不好，所以急着催我，希望我到重庆华西坝继续念书。抗战中，一些教会学校内迁，金陵大学、金陵女子大学、燕京大学都迁到了华西坝。在我母亲心目中，还是教会学校好，条件好，也规矩。

那时结婚是没有结婚证的，只有婚书，婚书上有介绍人、证婚人盖的印，这就比较正式了。还有就是登报，我和赵瑞蕻就是在报上登了个启事，很简单，说"赵瑞蕻杨静如，兹订于一九四〇年八月十三日在西山饭店结婚。国难当头，一切从简，特此敬告亲友"。那天特别好记，"八·一三"，日本进攻上海、上海抗战的日子。我们在饭店住了一星期，没举行婚礼。

我母亲本是要办的，证婚人准备请中国银行在昆明的行长。她虽然不高兴，但觉得结婚没个婚礼怎么行？赵瑞蕻也希望有个婚礼，在没确定不办之前，他甚至已经写信跟家里说，中国银行的什么人会主持婚礼，谁当证婚人，谁谁谁会来。但我坚持不要婚礼。当时结婚启事上通常都有"我俩情投意合"这样的套话，我也不让写。

真的是"一切从简"，除了登报，就是在西山订了个旅馆，我们就算结婚了。有意思的是，我的同学三三两两、你今天我明天地到西山来贺，杨周翰、黎锦扬、金丽珠、张定华他们都来过。他们是好奇，因大家当时都还没有谈婚论嫁。没婚礼也就没婚宴，我们就留他们吃客饭，当时请客倒请得不少，跟流水席似的。

巴金那时还没去重庆，也到西山来看我。巴先生是一个人来的，陈蕴珍大概是有事，没一起来。那天赵瑞蕻正好不在，巴金一向是没什么话的，我也拘谨，要是陈蕴珍在还好些。这时我俩都没话，就这么在房间里干坐着。隔了一段时间，巴金和陈蕴珍倒是请我和赵瑞蕻吃过一顿饭，席上还有巴金的四川老乡。吃饭时他们没宣布什么，事后我才悟过来，那顿饭是表示巴金和陈蕴珍订婚了。

西山饭店下面就是滇池，风景很好，但我的心情坏极了。同学、朋友来看我的时候，热热闹闹的，我不觉得什么。他们一走，静下来了，我就很难过——学业没了，还有了孩子，母亲也不高兴……有一次我甚至想，不如跳下去算完，什么也不用烦了。推开窗子跳下去很容易，但我又想到死了漂上来会很难看。这上面我大概是受我母亲影响，她不止一次说到曾经想寻死（父亲去世后她有过好几个坎），结果都罢了，除了想到死了孩子怎么办之外，还想到死的样子太难看：投水吧，人最后涨成那样；上吊吧，舌头拖那么长……割腕我是不敢的，我特别怕疼。

当然，我就是一念，也没真想死。只是我有时忍不住会这么想，好像这么想想能好受点似的。（一九四五年十一月二十二日，李尧林在上海病逝，终身未婚。）

原载《名人传记》2021 年第 12 期、2022 年第 1 期。

又一片树叶落下

杨　苡

赵瑞蕻走了。各种方式的吊唁和慰问像沉重的铁锤不时地锤打着我的心，更带来了友情的温暖，这沉甸甸的友情将带领我从严冬走向春天。十二平方的小书房兼客厅中的一角，书桌上依旧零乱地堆着书籍、字典、信件、复印件和铺开的稿纸。书桌旁那张坐了几十年的破旧木椅似乎还在等待着头天晚上还在伏案工作，这之后早已回房安睡，却迟迟还没回到书桌旁的老爷子。

有一排字典斜靠着那剥落的墙面，上面竖着一张复印件，篇名是《读巴金先生的一封信》。这是头一天刚收到的《文汇报》剪报。最近我拿出文井兄的十几封旧信，这些信使我感慨万分，这样也触动了赵瑞蕻。他也开始整理朋友们给他的旧信，毕竟我们已经很老很老了，余日无多，我笑对他说："没什么可怕的，该考虑身后之事了！"

萧乾兄在不久以前还神采飞扬地庆祝他的九十华诞，然而骤然谢世了，顿时使我陷入一些陈年旧事的梦中，我说：又一片树叶落下了，下一个人该是谁？

赵瑞蕻拿出一封旧信，大概是萧乾兄前几年写的，称赞说："写得真好！"他准备先写一篇谈萧乾兄的翻译，然后再在纸上谈论这封信。这是两个老人极为真诚坦率的谈心。我从来不想把朋友们的谈心公开，但是眼下应该说是对知识分子比较宽松的年代，我对赵说：完全可以就这个内容写一点感想，都这把年纪了，就得说真话！

信仍然摆在桌上，稿纸铺开，几小时后急性大面积心肌梗塞把赵匆匆带走，时间是己卯年年三十春节拂晓二点十五分！

继续和萧乾兄神聊吧，在另一个世界。萧乾兄又将笑眯眯地对我们说："我做不到巴金的句句讲真话，但是我可以不说假话！"赵又在激动地叫："我还顾忌什么？我已风烛残年！"

又一片树叶落下……

一九九九年三月二日急就

原载《文汇报》1999 年 3 月 23 日。

274

心中的爸爸

赵 苡

　　我记得，这十几年，我从北京回家探亲，不论是酷暑还是严冬，大部分时间我都会看到爸爸在伏案写作，多少诗篇和文章都从笔下像泉水一样流过。这张跟随爸爸已多年，油漆已经剥落许多的书桌，他在上面铺了一块漂亮的桌布，红的是花，绿的是叶。爸爸喜爱红色，因为红色意味着生命，意味着希望，这也很像他的性格，既热情又很浪漫。

　　爸爸深深热爱着自己的国家和人民，哪怕是点滴的进步，他也会欣喜若狂。回忆在十多年前，他也曾因忧国忧民，第一次发作心肌梗塞住进了医院。

　　也是在改革开放后，国外商品源源不断地进入中国市场，那时极为热门的是日本家电，有次在饭桌上弟弟和他谈起这件事，说着说着爸爸沉默了，过了一会儿，突然听见他呜呜地哭了起来。后来他断断续续地谈起，三十年代他曾和二伯父一起上街抵制日货，还有他和温州故乡的同学和朋友组织了永嘉青年战时服务团，进行抗日救亡运动，有次他还在县政府大礼堂作了近三小时的报告，宣传抗日，这正展示了一位爱国热血青年的精神。

香港回归了，爸爸真是兴奋极了，他和妈妈相携着到曙光电影院看了电影《鸦片战争》，爸爸又为此流下了眼泪。

我是爸爸的长女，大家都讲我长得最像爸爸，遗憾的是由于种种原因，我从未有机会去过爸爸深深眷恋着的故乡。当南京去温州直达列车开通后，爸爸激动不已，逢人便讲。他早早地和我说好，在一九九九年，二十世纪最后一年一定带我去温州看看他的故乡，他也期望着在世时，亲眼看见澳门回归。但是没料到，他终因积劳成疾，在两年前的大年三十，永远离开了我们，澳门回归，故乡之行，最终也成为了一个永远无法实现的梦。

改革开放以前，由于种种运动和十年浩劫浪费了他许多宝贵时间，进入九十年代，他已是风烛残年，意识到剩下的时间不多了，他感到还有许多未了之事，可是谁也不会想到，他竟走得如此匆忙，还没来得及和亲人们说一声再见，就去了另一个世界。

南京大学是爸爸辛勤耕耘几十年的地方，校方要为他举行一个隆重的追悼会，可妈妈坚持要按照爸爸的遗愿办事，不要花圈，不要挽联，也不要举行遗体告别仪式，但中文系领导认为没有爸爸本人写的亲笔书面遗嘱，是不能算数的。于是，最后也只能按照常规惯例在九九年二月十五日，省文化教育界三百多人冒雨在鲜花和贝多芬安魂曲的音乐声中，向爸爸作最后的告别。整整一个月以后，在妈妈的建议下，并得到了系里的认可和支持，一百多人在南大中文系报告厅内举行了追思会，大家用鲜花和诗歌向爸爸抒发了怀念之情。就在这天下午，开完追思会后我回到家时，爸爸的彩色大照片挂在白墙中央，四周点缀了朵朵鲜花，爸爸依然是那张和蔼可亲的笑脸，镜片后面炯炯发亮的眼神凝视着我，我默默地走向爸爸的书桌，突然书桌上紧挨墙壁的几垛书往一边倒塌，顿时把我吓了一跳，更让我吃惊的是，从一本书里掉出几张纸，我看见了那是爸爸一九九〇年就写好的遗嘱和为遗嘱写的后记，同时我还发现有二张没有注明日期的他为自己写的讣告。

后来我们为爸爸作了一个精致的纪念卡，红红的卡底，上面有微笑着的爸爸和他的遗嘱。

又是一个春光明媚的早晨，我推开屋门，金色的阳光照在这间不大的书房里，书桌仍然存在，而它的主人却已远行，窗外爸爸生前喜爱的丁香花开得正浓正香，我抬起头，蓝天白云里飘着几只彩色的风筝，我想这云端深处该是人们认为的那铺满鲜花的天堂，爸爸和他的朋友及他的师长都在那里相逢，他不会感到寂寞，感到孤独。而我们活着的人们，他的亲人，朋友以及他呕心沥血培养出的一批又一批的学生都在深深地怀念着他。我也告慰在天之灵的爸爸，他最热爱的国家一定会更加美好，更加强大！

　　爸爸，我爱你！

二〇〇一年三月二十六日

选自《多彩的旅程：纪念赵瑞蕻专辑》，第 85-86 页。

父亲心中的色彩

赵 蘅

一天下午，我坐在弟弟的电脑。他往光驱里塞进一只小小的光盘，屏幕上顿时出现一缕缕飘逸的银发，接着，一个我极熟悉的宽阔而光洁的额头呈现了。"啊，亲爱的爸爸！"我和弟弟惊呼起来，这才记起盘面上标着赵瑞蕻的名字，原来是我们去年设计父亲的纪念卡留下的肖像素材。

姐弟俩长久地呆望着电脑屏幕，鹤发童颜的父亲这么真实，这么亲切，又是这么美，好像父亲还健在，和我们大家在一起。

父亲爱美，已是家里公开的秘密。他的自我感觉总是良好，别人到老都不大爱照相了，我的父亲正好相反。他一生中照了太多的相片，留下的照相簿足有一柜子，数量多得惊人。在南京大学中文系的追思会上，父亲各个年龄段的新老相片贴满了一面墙。那天正值春江三月，明媚的阳光洒满了教室，到会的人们议论着父亲的漂亮，一个下午都陶醉在父亲的形象和诗作的意境中。

在五颜六色中，父亲偏爱红色。他的毛衣是红的，围巾是红的，衬衣是红的，连名片也是红的。去年为他送别时，我特意将他最喜欢又常戴的红色隐纹领带摆在枕边；整理父亲遗物时，我小小心心地捧起他一九四六年的译著《红与黑》，揭开写有"海内孤本"几个大字的白色书套，那浓重的红色书封跃入我的眼帘，我不由得又想起这样一些事。

　　八十年代，一次陪父亲去鼓楼买袜子，他在商店柜台前转来转去，我问他想买哪种，他说只想买双红袜子。我帮他打听，女售货员问："谁穿？"父亲忙回答："我穿啊！"没料想却遭到一句奚落："老头子还穿红的？"

　　一九九七年，我从巴黎给他买回了一顶红色的呢面贝雷帽，父亲立刻把它扣在白发上给全家人看，兴奋得眼睛冒光，美滋滋的，还带点孩童般的天真。和父亲相处的最后一个秋天里，他叫我陪他上街买台布，书桌上原先的一块已破烂不堪。他想添条新的，铺在胳膊肘下。他左挑右挑，最后选中一块薄塑料布，三元人民币，白底儿印着大朵的红色花朵。

　　自然、好美的父亲特别在乎自己的仪表，每逢出门上课，或者出席会议要发言讲话，他都会在头天晚上挑选好衣服，照一照镜子，看是否得体、好看。去香港中文大学讲学那年，动身前他亲自收拾衣箱，仔细将喜爱的毛衣、衬衫、西装、领带等一一码好，隆重得像准备参加什么庆典。直到临终前，凶险的病魔已迅速吞噬了他的肌体，在儿子和儿媳赶到前，他还挣扎着爬起来，把自己穿戴得整整齐齐。一九九九年二月十四日寒夜里的那一刻，他急着去医院，分明是强烈地渴望活下去。他热爱生活，热爱生命，永远要求自己把最美好的形象和最美好的作品给予这个世界。

父亲走了。追悼会之后，我和弟弟设计纪念卡，妈妈特别关照要做红底色。校色时，我有意定为玫瑰红，它比父亲以往喜爱的红色更艳丽，象征在另一个世界里的父亲会活得更浪漫，更如意。

他称之为"可爱的书桌"上的稿纸和书本还摊开着，等着它们的主人回来继续伏案工作，像以往的每一天那样。他所钟爱的藏书、藏书票、红色灯罩、美丽的杜鹃花和石榴树、活泼可爱的鹦鹉，以及所有的美的景致，都等着重新回到八十四岁父亲的视线里。

二〇〇〇年二月十五日，父亲逝世一周年时

选自《多彩的旅程：纪念赵瑞蕻专辑》，第83–84页。

追忆与爸爸通的最后一次电话

赵 蘅

（一九九九年二月十四日下午三点）

"哦，小妹，好吧？我不大舒服，好像有一个地方疼，其他蛮好。"

（小妹：爸爸你身体挺好，不要紧张，不舒服去医院看看，不会有事的。）

"妈妈这会儿买面包去了。你接到信了？哦，你很感动？你抓紧把这本书写好，今年出版。稿子我今天本来想给你寄来，妈妈说她还没看呢，等她看完再寄，没关系吧？你看了我写的给巴金的诗吗？哦，看过了。文章慢慢看，不着急。巴金建议的现代文学馆明年就完工。还有'文革'博物馆，也应该建立。"

（小妹：爸爸，这件事不容易，早晚会搞，我都不见得能看到。）

"你看了邵燕祥的文章了吗？写得多好，大家都应当多写，舅舅坐了四年牢，应当写写。"

（小妹：舅舅和你不同，舅母的病使他没有精力兴趣做这些，这种事不能强求，每个人想法不同。）

"我给鹆鹆写了一封信，三天前发出的，妈妈不让交给钱佽如，他很客气。"

（小妹：是我说不用的，自己花六元五角寄出去，巴黎离坎佩尔很远，鹆鹆去法国一直没和钱佽如见过面，咱们少麻烦别人。）

"我说要寄给你再补充。我去邮局花了六块五。我叫他冷静考虑专业，学什么电影，应当到美院当教授多好。"

（小妹：爸爸，电影怎么不好，你太偏见了，惟有文学高，大家都搞文学，吃什么穿什么？）

"是啊，也许我太学院派。他一人在外面过年多孤单，还好可以读读我的信。我对他说最主要是健康安全，不要出事。"

"我的名片用完了，你看我的签名放在哪里好，因为英文那面空一些，如果不好就算了。我下个月去温州可以用上，不着急，你来时带就可以了。"

（小妹：爸爸，没问题你放心好了！）

（开门声）

"妈妈来了，静如，小妹电话！"

（爸爸与妈妈交接电话筒声。爸爸离开声。）

十一小时后爸爸与世长辞。

一九九九年二月二十七日记

附：赵薾《天堂鸟》

人说鹤望兰是天堂鸟
父亲爱花却说它太贵，
一支四十，十支四百，
绛红色是冠碧绿是尾。

年关无情带走了父亲，
留下白发相片墙上缀，
天堂鸟纷纷落进书房，
把你慈祥的笑容护卫。

鸟儿啊莫踟蹰别停飞，
父亲已走远请你快追，
假如天堂里也开花店，
不知能否给他些优惠。

一九九九年三月三日写在对父亲赵瑞蕻的哀痛中

选自《多彩的旅程：纪念赵瑞蕻专辑》，第 96-97 页。

送父亲回故乡

赵 蘅

七月十八日，我亲爱的父亲的骨灰由他的爱孙从南京送回了温州。这是他生前许久以来的一个宿愿，在他为自己草拟好的讣告中郑重地向亲友们叮嘱："请将我的骨灰撒入瓯江中！"一首写于十年前，后又多次修改的八行诗《我的遗嘱》里，父亲已经预示自己到达了生命旅程的终点，他并不气馁，却安排了这样一种生命结局的意境——"无须追悼，让火焰拥抱我"。

和所有的温州人一样，父亲也十分重乡情。一九一五年十一月二十八日，他出生在施水寮的一栋老式二层木楼的楼下，排行老六，也是赵家最小的孩子。九岁时，朱自清先生来温州中学教书，父亲在二哥的作文簿上见到过先生亲笔写的评语，深受感染，那"雁山云影，瓯海潮淙。看钟灵毓秀，桃李葱茏"的校歌唤起了父亲对家乡对文学的热爱，名篇《绿》印入他年幼的心灵。六十年后他出版诗集，便是以其中一首诗题为名，叫《梅雨潭的新绿》。

现温州八中的校园曾是温州中学初中部的旧址。当时，王季思先生教授国文，父亲年纪最小，用功聪慧，被当时戏称为班上的龙尾。这对师生结下了深厚友情，父亲一本诗集的序也出自土先生之手。重踏进父亲的母校，这是哺育了几代英才、具有光荣传统的圣地，陈列室里还保存着当年《野火读书会》的同仁合影照。如今父亲和大多同学少年均已作古，唯一的女生吴性慧健在，她后来成为一位卓有成就的妇科专家，至今仍在发挥余热。吴大夫小我父亲一岁，十八日这天夫妇俩不惜高龄暑热，特地赶来亲自为父亲撒骨灰，令所有在场的人为之动容。

一九三五年父亲高中毕业转异地深造，这是他第一次离开故乡。《野火》便由马骅先生和其他低班同学继续其志。一九三七年抗战爆发，父亲由青岛回温州，十月十九日，他参加了纪念鲁迅先生逝世一周年大会，二十二岁的父亲风华正茂，跳上露天讲台上朗诵诗，展示了温州爱国热血青年的精神。同年底，父亲辗转数地，投奔抗日烽火中诞生的西南联合大学，从此走上了致学救国之路。这一走，便是长达数十年的离乡。父亲一生去过很多地方，南来北往，异国他乡，但是无论走到哪里，父亲总是思乡情切。虽然他的子孙们在成年前都未曾来过温州，可是在我们的印象中，温州一点儿也不陌生。这要感谢父亲，在他的描述中，温州是青山绿水的好地方，海产尤为丰富。温州人勤劳聪明，敢作敢为，比如能把吃早饭叫"吃天光"，常引得孩子们忍俊不禁。我们的父亲就是这样永远以自己是温州人感到无比自豪。父亲经历过旧时代，见过美丽少女被买卖、饥荒和军阀混战，所以温州的每一个进步，每一件喜讯都会使他兴奋不已。他用诗篇描绘故乡的一草一木，抒发这挥不去的恋情，在他自编待出版的诗集《多彩的旅程》封面上，还选用了以瓯江为背景，一只江鸥在诗人头顶上飞翔的画面。

改革开放以来，步入晚年的父亲常常牵挂故乡，他对故乡的养育之恩充满感激之情。他三次到温州大学讲学，其中一次由我陪同，当上海开来的轮船驶入温州湾时，他在甲板上欣喜若狂，天真得像个孩子。在温州大学讲坛上，父亲热情洋溢的演讲，深深吸引了年轻的学子们。几年来他还陆续向温州大学图书馆捐书一千余册。一九九七年秋天，父亲又一次，也是最后一次回故乡，他亲眼目睹温州在巨变，感慨万千。南京至温州直达列车开通后，父亲激动得逢人便讲，他早早拟好行程计划，要在今年三月携长女乘六五五次车来温州一游。这一趟沿途尽是秀丽绿洲，父亲将会获得怎样的享受和满足啊！

然而就在他满怀期望，刚给三姑妈写完长信的几天后，他终因积劳成疾，在大年三十的凌晨心脏病突发，抢救无效，永远地离开了我们！

"永别了，日月星辰，永别了，家乡美景！"

这是父亲在遗诗中对故乡的最后呼唤。

十八日下午三时，阳光灿烂，江心屿畔风平浪静。船绑上悬挂着蓝色底黄字的横幅："赵瑞蕻先生骨灰撒瓯江"。少许，船驶入江心，父亲的骨灰飘飘洒洒投入瓯江怀抱，和着鲜花，伴着水声，或顺流而下或没入江底。顷刻间，我的心一如撕裂成瓣也随父亲飘去了。

父亲终于魂归故里了，愿瓯江上"烂漫的梦魂会年年歌吟"！

原载《温州日报》1999 年 8 月 1 日。

爸爸，我们永远怀念您

赵　苏　向利华

一九九九年二月十四日，正是春节的前一天。凌晨一时，接到妈妈的电话，我和利华匆匆赶到家中。只见父亲书桌上的台灯依然亮着，上面平摊着一份未写完的手稿，旁边放着一支摘了帽的老式钢笔。

利华赶紧走到床前给父亲搭脉，并悄悄地对我说："快去叫救护车！"

在医院病床前，父亲突然变得很清醒，他对身边的护士说："我认识你。"

一阵忙乱地抢救后，值班医生把我叫到办公室，严肃并抱歉地说："你别太难过，赵先生是大面积心肌梗塞，我们已尽力了……"

犹如晴天霹雳，我强作镇静地来到床边，抚摸着父亲的白发，平静地说："爸爸，没事，你睡一会儿吧！"这是我对父亲说的最后一句话。接着我转身出去，赶紧开车回去接母亲，希望他们能见上最后一面。

二十分钟后，当我扶着母亲踏进病房时，只见利华仍握着父亲的手，父亲睡得很安详，很甜，像在美好的回忆中……

父亲是幸福的，在他生前身后得到这么多的尊敬和爱戴，倘若父亲在天有灵，一定会感到欣慰的。

我们为有这样的毕生投入教育事业的父亲而骄傲，我们要以父亲为榜样，遵循父亲的遗愿——做一个光明磊落的人！

爸爸，您永远和我们在一起！

二〇〇一年六月

———————

选自《多彩的旅程：纪念赵瑞蕻专辑》，第 98 页。

回忆父亲二三事

赵　苏

　　朝阳下的我，看着海河渤海湾里翻滚着的金色浪花，一片片紫红色的玫瑰花瓣，伴随着母亲的白色骨灰在晨风中飞扬，之后又慢慢飘落入碧蓝的海面，消失在茫茫的大海之中。

　　我闭上了湿润的双眼，远处的汽笛声把我带回到二十年前，父亲的骨灰随着白色的菊花瓣，洒向温州瓯江东海口的情景。

　　父亲出生在温州，早年去了西南联大求学，在那里与母亲相识、结婚，可以说那里就是我们这个家庭的起源地。

　　在我的记忆中，抹不掉的印象是他对家乡的深情怀念。小时候每当全家围坐在饭桌前时，父亲总是喜欢回忆一些他年轻时在温州生活的趣事。记得他说过，在他年轻时曾有过两次落水的经历。第一次是读中学的时候，学校的教室是建在一个池塘上面，一天不知道什么原因，教室的地板突然坍塌了，很多同学都掉进了池塘里。虽然，父亲的语调很平和，还是引起了大家诙谐的一笑，毕竟下面只是一个浅浅的水塘。第二次落水是父亲骑自行车从山坡下来没有刹住车，结果连车带人冲进了荷花池。

一九三五年，父亲第一次离开了家乡，外出求学。一九三七年，抗日战争爆发，他短暂地回到故乡，加入到温州人民的抗日活动中去，成立了"野火读书会"。此后，他就再也没有回去过，直到晚年。但是，他一直在默默地为家乡的文化进步事业奉献。他曾经多次把自己的藏书捐给了温州大学和温州市图书馆。晚年后的父亲多次回到温州讲学。上世纪八十年代，我有幸随父亲去了一次温州，他为温州大学和温州师范学院讲课。那是父亲二十五年后第一次回到家乡，也是我第一次来到我的祖籍之地。

父亲几次希望母亲能够随他去看一看他的故乡温州，但是因为种种原因始终没能成行，这也成为了父亲终生的遗憾。在父亲的诗集《梅雨潭的新绿》中表达了他对故乡深深的怀念：

悄悄地向各位道声珍重！
永别了，灿烂的阳光和星光，
永别了，家乡，秀丽的风景！
无须追悼，任火焰拥抱我，
请把骨灰撒在梅雨潭，瓯海滨！

父亲一向做事特别认真仔细。一九七八年后，西方的盒式录音机传到了中国，而他的第一台录音机就是母亲的学生从香港给他捎来的。对于从事文科的父亲使用录音机的确是一道难题。一开始录制父亲的诗词朗诵，都是由我帮助他的。他热衷于亲自朗诵自己的文章诗篇，然后我再帮助他配上音乐。当第一盘配乐朗诵盒带完成后，父亲的笑声就如孩子一样富有童年的气息。他带着结巴的腔调说，"太…太…太好玩儿了！"

一天深夜，我被父亲的笑声惊醒。我悄悄来到书房，门是掩着的。书房里的父亲正在为他的新作录音，那么认真，那么执着，磁带颠来倒去，不厌其烦。我不愿意打扰父亲，又悄悄地离开，让他独自尽情地陶醉在他的诗歌与音乐之中。

上个世纪九十年代后，黑白复印机开始进入中国家庭。那时候，父亲又迷上了藏书票。各种图案、印章、签字的藏书票制作成为了父亲的又一个爱好，剪剪贴贴，乐在其中。摆弄复印机也是要有技术的，如何遮挡、如何翻面、如何放大都是挺有学问的。可是，不多久父亲对复印技术就得心应手了。

今年一月二十七日母亲去世后，我们这些做子女的遵循父母遗愿，开始了对于他们捐赠给国家的房产、书籍、字画、家具，以及屋内的所有物品进行了整理。在父亲的书籍中，几乎每一本都留下了他那精致手工藏书票的印记。

父亲对于母亲的爱是始终如一的，并且总是默默地帮助着母亲。一九六六年父亲为了保护母亲不至于受到牵连，悄悄地把母亲的部分信件、唱片，三十年代后的美国、中国的电影明星照片剪碎后扔进了玄武湖里。几次夜间行动都是我与父亲打配合，而没有告诉母亲。为了此事母亲抱怨了父亲一辈子。母亲说："你们父子俩经常做事瞒着我。"可是，母亲并不清楚父亲是在保护她，因为那时母亲已经被造反派定性为文艺黑线人物，后来送到了句容农场劳动改造。

记得那是一九六九年冬的一天，我还在农村插队。午后我向生产队借了一条小舢板去县城长途汽车站接父亲。我挑着两个箱子的担子，父亲拎着一个箱子，来到河边把三个大箱子装上了舢板。我们乘夜色在芦苇荡里划了三个多小时的船，终于把三大箱重要的书籍、手稿、信件都安全地运到了我在农村的草屋里。这个过程惊险又刺激！一路上，父亲对我讲了许多"野火读书会"的故事，当时我说："爸爸，咱们今又当了一次地下工作者。"

可以说，如今上海图书馆、巴金纪念馆收藏的母亲与沈从文、巴金的亲笔信，《雪泥集》所有的原件，以及父亲的《红与黑》、母亲的《呼啸山庄》首版译本的完整保存，都来自那次父亲的精心策划与机智勇敢的行动。我可以自豪地说，父亲为了国家保留了一批珍贵的文物资料。

今天，我又一次站在甲板上，看着浩瀚无际的海洋，让我又想起与父亲的最后一个夜晚。那是一九九九年二月十四日的晚上，春节的前一天，凌晨一时，接到母亲的电话，我和妻子利华匆匆忙忙赶到父母家中。只见父亲书桌上的台灯依然亮着，桌面上放着一份未完成的手稿，旁边还放一支摘了帽的钢笔。利华来到父亲的床前给父亲搭脉，然后她悄悄地对我说："快！快打电话叫救护车！"

在医院病床上，父亲突然从半昏迷的状态中缓过来，变得非常清醒。他对身边的护士笑着说："我认识你。"医生把我叫到了办公室，严肃并抱歉地说："赵先生是大面积心肌梗塞，我们已经尽力了……"

医生的话犹如晴天霹雳，但我强作镇静地来到父亲床边。我含着眼泪抚摸着父亲一头柔软的白发，平静地说："爸爸，没事了，您先睡会儿吧！"没想到这竟是我对父亲说的最后一句话。

二十分钟后，当我扶着母亲踏进病房时，父亲已停止了呼吸，只见利华仍然握着父亲那苍白的手，父亲睡得很安详，很甜，仍然像在美好回忆的睡梦中……

父亲是幸福的，在他的生前身后得到了那么多人的尊敬和爱戴。若有在天之灵，他一定会感到欣慰的。

父亲的一生是诗的一生，是浪漫的一生，更是正直的一生，光明磊落的一生！最后我想用父亲的诗歌《我的遗嘱》中的几段诗句来作为我这篇文章的结尾，以表达我对父亲深切的思念之情。

从自然和生活中寻求真诚！

对我的后代只有一点希望——

做一个光明磊落的人！
但愿在我的诗和散文里，
萌动着一颗淳朴的心！
窗前的石榴树又快开花了，
橙红色的梦魂会年年歌吟。

二〇二三年五月六日凌晨，于南京

寄往天国的书讯

赵 蘅

亲爱的爸爸：

书出版了。原谅我过了您的祭日才告诉您。

爸，当一行给您的献词印在冷红色的纸上方时，我正守在北京太阳宫路甲一号中煤新大印刷厂的机床旁。随着机轮转动，一张一张的纸吐出，浩浩荡荡的，二十五分钟后，八千张冷红色的纸沉甸甸地平放到冰凉的水泥地上了。

这是二〇〇一年十二月的第一天，也是周末，一个晴而寒的日子。师傅们认为作者就该到现场来盯，要不然他们怎么知道印什么色？晒版车间的暖气很差，这印刷车间里只有点热乎劲儿，我吸着鼻子，一待就是七个钟头。领班师傅安慰我说这书准好卖。

我半信半疑望着这张刚相识的年轻面孔，他一笑会露出两颗稍鼓的门牙，蓝布长款工服里是帅气的瘦高个儿。在这简陋的厂房里，每天都有各色各样的新书封皮、彩页被印制出来，他们只管产量、指标，而我沉沉的心事，小徐师傅哪里能懂？

第二天，负责印刷文字的另一家厂子的机器也开动了。十天后，书印出来了，责编小林打来了电话。

爸爸，在这一刻，我多么渴望您是看到这本书的第一人啊！要没有您的支撑，再三的叮咛，我不知道自己能否坚持写完。

您一定还记得，爸爸，我在巴黎期间，就萌发了写欧洲经历的欲望，您几次在来信中也鼓励我一定要记日记，要多看多写。那时候您就开始帮我起书名，还把柳鸣九先生写的卢浮宫参观记寄来给我作参考。这本书正式动笔于一九九八年秋，石湾的殷切约稿促使我集中了被琐事消磨的精力，终于踏实坐了下来。在那个明媚的九月里，我回了趟南京，我和您，还有妈，一起度过了一段非常安宁幸福的日子。那时您的三十五万字的文学回忆录《离乱弦歌忆旧游》基本完成，我们怕您太累都劝您该搁笔了，还是我陪您亲自到鼓楼邮局寄出了书稿。我还陪您出席"戈宝权翻译奖"大会，陪您去拍老年照，帮您选纸叶串儿和书桌台布的颜色。一天，您还兴致勃勃地叫我跟您到鼓楼广场去看新建的定时喷泉。您让我脱鞋在石子儿保健道上走走，虽然我觉得好硌脚。

那是我见到的晚年的爸爸最快乐的样子了！您虽已八十三高龄，仍对未来充满热望。澳门回归、国庆五十年、五四运动九十年，特别是新千年的曙光，您简直有按捺不住的渴望。而这些您决不是为了看热闹，您是要做事，要写完三本书，要以多多作贡献来与伟大的时代相配，这也是您一贯的主张。

显然，您也在期待着我！为了我这本在当时仅仅只有提纲目录的书，您早就开始给我创造各种条件，列出当年您在德国认识的名单：中国教授学生，德国学生和女工。您还告诉我，我在莱比锡弹过的那架钢琴牌子的德文拼法。您甚至请来南大一位德文教授，为我翻译玛丽父亲的纪念册里的一些章节。我们总在一起谈啊，我的目录，您都细看过，说蛮好，就这么一篇篇写下去吧。

爸，您好像早就留意要培养自己的小女儿了，在我还是小学生时你就给我写信讲大道理，比如文字改革什么，而并不考虑小孩是否能理解。一九五六年，我们一家人住在莱比锡城马奈大街十六号寓所，多少个夜晚，妈带小弟先去睡了，窗外是德意志的冬雪，我和您分别靠在床上的大枕头上读书看报，那样的情景永远留在我的脑海里。第二年我们回国途经莫斯科，也是您带我一同走进金碧辉煌大剧院观看歌剧《伊万·苏萨宁》，那样隆重场面，至今仍感到激情。我十三岁喜欢上写诗，早上醒来常会发现被您圈圈点点修改过的诗稿就放在床边。当我的处女诗作在《江苏文艺》刊登出来后，爸爸，是您激动地在封面上写下："春天就开花吧，秋天，就结果！"从此我不仅是您的女儿，也是学生，又像是您的文友。每逢您的文章著作问世，您总要寄给我看，还客气地让我提意见。您作为父亲，竟这样的谦和慈爱，常让我感到受之有愧。

爸，您的这番苦心在我生鸹儿之后才逐渐懂得。这也是我所以要憋住劲儿、要将您和妈给我带来的童年光彩、以及后来为重归故里所历经的曲折写出来的原因，我首选的题目也是您这一生的一个情结——欧洲！

那个难忘的秋天里我如福星高照，辞别您和妈妈一回京，就像充足马力似的，一连写出了十篇:《那年，我才十二岁》《重见玛丽》……

一九九九年二月七日，南京北京西路二号新村一幢米黄色的三层旧楼一单元里，您和妈吃过了晚饭，她也许去厨房收拾或是正靠着长沙发上看报，而您像每天一样照例在挨着南窗的书桌前坐下了。这个季节的南京我知道仍然相当阴冷，院子里的石榴树一定舒展着无花无果的枝干，只是我无从知晓这一夜天上是否悬有月牙儿。想象中，您已经铺开了信纸，那张带绿横线的大信纸，墨水瓶盖儿打开了。您的白发又辉映在那盏橙罩绿柱的台灯光晕下，带一截朱红色灰笔杆的沾水笔被您的天生粗糙的手指拿起了。就在昨天，您刚读完了从北京寄来的头一批书稿，抑制不住的兴奋，要快点给我写回信。

谁能料到，这是您这辈子给小妹写的最后一封信啊！

二月十四日下午三点是我打的长途，一是要告诉您我已收到了信，二是想提前向双亲拜年。您先接的电话，我觉察出您的声音微弱得更显得苍老，您说不大舒服，其实您的胸口疼痛已有几天了。但您仍最惦念我的书，您说:"妈妈这会儿买面包去了。你接到信了？哦，你很感动？你抓紧把这本书写完，今年出版。"稿子我今天本来想给你寄来，妈妈说她还没看呢，等她看完再寄，没关系吧？"您又问。

十一个小时后，大年三十的晨曦尚未升起，大面积的心肌梗塞无情夺走了您！爸爸，在您撒手人间的最后一刻，您喊着家人的名字，还牵挂什么？

一幅图景在我眼前顿时出现：也是冰冷的水泥地，您躺在鲜花簇拥的床上，二百多人冒雨赶到南京南郊为您送行，那一刻您听见贝多芬的《英雄》旋律在告别大厅里低低地回荡吗？

您知道您的宝贝女儿一次次在凌晨哭醒吗？

我对自己说，振作起来！接着写下去。您人虽去天国，仍在等着我的书。又一个金色秋天来临时，我又坐回桌前。有您督促的声音天天萦绕在耳边，我键盘下的欧洲故事在不断延伸。那是离我们很远的一个大陆，它被大西洋、地中海环绕着，它历史悠长、人文荟萃，有着数不清的珍贵遗产，它却不幸遭遇了两次世界大战的涂炭。这就是欧洲！我怀念它，不仅因为那儿有我儿时的足迹、父辈的脚印，倾注过我稚嫩的却很真切的情感，更重要的是我未来的人生选择是从这块土地上启蒙的。写作过程就像是捧出一只深埋在海底多年的宝瓶，我小心翼翼地、一点点地开启。

我知道爸爸您仍在身边支持我，我整理您的剪报堆，发现您积攒了那么丰富详实的二战史料，对我太有用了。一次我重翻看您生前来信夹子，一张纸条突然抖落出来，那上面满是我的笔迹，潦潦草草的横七竖八地记录了一堆，细看全是关于当年中国外派教师的情况。我的脑子顿时"嗡"了一声，才记起这不就是我做的您的电话记录吗？真的，爸，我有多少问题需要靠您来核实啊，那么多的老照片需要弄清时间地点，一张您和德国学生的合影，您曾答应帮我填上他们的名字的，现在我只能凭猜测，这是葛柳南吗？那，也许是伊尔玛？

爸爸，现在我要告诉您最后定下的书名是《拾回的欧洲画页》。我一改再改，总觉得不够达意，末了还是妈在电话里提醒了一个"拾"字儿使我豁然。您不是说过喜欢我的那张在巴黎街头俯身给雕塑艺人投币的照片吗？寻找散落在欧洲的画页真有点像这种感觉。宪益舅舅说书名翻成英文不能太长，用 Sketches 可以表示写生、速写和随笔什么，连起来就是 European Sketches。他还两次帮我校对这本书里的外文，拼写错的或用法不当的，一厚摞稿子重重压在他瘦瘦的腿上，可他偏要一连气儿搞完，我怎么劝他都说没关系。妈和阿姨告诉我舅舅就愿意帮助年轻人，他高兴年轻人多出成绩。

可是我不再年轻了啊！爸爸，在你们长辈眼里我永远是孩子，可我知道自己现在做的所有事都是迟到的！年初二晚上我和妈一起看凤凰台的《马友友传奇》，他五岁学习大提琴，十六岁登台，很年轻时就已经和世界顶级音乐家合作，能用一口流利的英文谈音乐的奇妙。而我在他这个岁数时却在遥远的碓子山下种苹果，连画张速写都会横遭批判。但我从不后悔过去经历过的苦难，对我来说那是一笔珍贵财富！爸爸，您曾一再告诉我，个人是社会的人、时代的人，您让我懂得了，每个人都该去担负责任。所以我要多写，写光明，也写黑暗。

取样书的那天恰是"九·一一"三个月，美国和世界各地举行了悼念活动。我把书放在您的纪念卡前，这封面选用了我十一岁画的莱比锡马奈大街的速写，乳白色底、您拍的我那张站在莱茵河边画画的黑白照片镶在玛丽写的小纸片上，由小友吴文越设计。那一刻，妈帮我点亮了蜡烛，她什么也没说，她明白小妹的心愿。您分明在烛光下微笑地望着我，对不对？

今年春节，我们邀请了十二位五十年代留学德国的学生来家聚会，他们的头发都已花白。赵苏发给每人一本我的书，现任德奥分会会长的陈汉丽阿姨，提议大家按四十余年前在莱比锡拍照的摆法重拍一遍。可惜没有您。

爸，新千年那天清晨，我赶到大街上替您拍下了第一道曙光。您的纪念文集已在去年出版，书名正是您的同名诗稿:《多彩的旅程》。这是情谊凝成的文字，大家忙了一年。妈妈写的编后记棒极了，短短的几百字把您刻画得入木三分。她现在过得很充实安宁，每天读书写文章，用功得像个女学生。她冬天在北京，清明后回南京，那时家里的石榴花该开了。

我还要告诉您，旸旸结婚了，在美国过着自食其力的生活。小春、鸫儿都各在奔前程，一定会有出息！

而这本《拾回的欧洲画页》从年初开始，已经在全国大小书店里销售了。《作家文摘》的"书林漫步"选登了《引子》。朋友们写信或打电话纷纷向我谈读后感，袁鹰老师、丹娃、范弘、王崧写了书评，《读书时间》还做了电视专题片。所有这一切都使我深为感动。

　　爸爸！我幻想有一天，您能推门走进一家书店，在"中国散文"架前停下脚步，然后笑眯眯地拿起一本对人说："这是我小女儿写的，我等了她三年。她可是个好女儿，我为她骄傲！"

　　谢谢爸爸！

想念您的小妹

于二○○二年清明，二○一六年十二月修订

选自《和我作长夜谈的人》，南京师范大学出版社 2017 年 2 月，第 57-64 页。

写在《红与黑》第一个中译本纪念版出版之际

赵　蘅

> 我第一次晓得斯丹达尔和这部小说的名字，是在我的故乡——温州，一个妩媚而柔情的山水之乡。——赵瑞蕻

一九四三年春，在四川嘉陵江东畔，一个叫柏溪的幽静而寂寞的小山村里，我的父亲赵瑞蕻开始了和法国小说家斯丹达尔(Stendhal)的名作《红与黑》漫长的对话。

说漫长，这一点不过分。其源头应该从父亲上中学时说起。

在《红与黑》译者序里，他回忆道："我第一次晓得斯丹达尔和《红与黑》这本名著是在我的故乡温州，一个美丽的山水之乡。那时候，我有一个相知的老师，他很喜欢这部小说，时常跟我谈论它"。在"瓯江上的晚照，烟霞中的归舟"的景致中，老师说："唉，一个年纪轻轻的人，叫做于连，很漂亮，可是心里挺厉害谁知道呢?哎，'红'"指的是什么?'黑'的呢?……"

这个只教了一年书就离开的夏翼天先生，抗战期间和父亲

只见过一两面，父亲说就在他的译作《红与黑》问世的前一年，他去了英国，后来音讯全无。

父亲第一次见到《红与黑》原版书，是在青岛。在一张国立山东大学图书馆的卡片上，他发现了令他神往的书名："惆怅揉着喜悦，眼尖尖的望着它从一位笑容可掬的女馆员的手中落入我的手中。于是我开始落入一个新的奇异的世界！"多少个早晨，父亲独自倚坐着，随于连沉思：Ici les hommes ne sauraient me faire de mal（在这儿，世人不会为害于我了）。

一九三七年，他和同学们辗转到了香港。在一家安南人开的书铺里，"靠窗口，满是尘埃和蜘蛛网的书架上，在薄暮的幽暗里，仿佛明耀的星球似的——闪出了 LE ROUGE ET LE NOIR——米黄色的外衣，精装烫金，白道林纸印的上下二巨册，三十二开本"，欲购无力，只得作罢。

那是一个中华民族遭受外敌侵犯国破家亡的年代。父亲和大批爱国青年学生毅然告别了故里亲人，冒着战争的硝烟，辗转数千里进入云贵高原求学。这就是后来被世界公认为治学奇迹，精英荟萃的西南联合大学。父亲在高中二年级就开始翻译东西了，狄更斯的《星的梦》和蒙德的《失去了的星星》是他十七岁的处女译作。这是受了五四运动以来的文学大家的影响。他们都是中外文学融会贯通。最初父亲使用英文，到了联大，他在吴达元先生的教授下学习了三年法文。吴先生以教学严厉闻名。曾有一女生被叫起念课文时都吓得发抖了，还是同桌的父亲悄悄给她打气。但是严师出了高徒,给父亲打下坚实底子,即使到了八十高龄时,还能给在巴黎的女儿写法文信。

一九四〇年夏,父亲从联大外文系毕业。他先留在昆明英专等校教书,第二年冬天赴重庆和我母亲及初生的姐姐团聚。一天,在父亲任教的南开中学,他偶遇联大老师柳无忌先生,得知中大分校急需教员,柳先生当即把他推荐给外文系主任范存忠先生。范先生不拘一格选贤纳才,不满二十七岁的父亲从此走上了大学讲坛。

分校设在柏溪。五十六年后,父亲写下《梦回柏溪》。我惊诧他如此好记性,能将半个多世纪前的青春往事娓娓道来。文章细腻而充满深情,在他的描述下,我仿佛也来到了嘉陵江上的渡口,眼前有一只只篷船和流汗的纤夫。那时江水还是碧蓝的,穿着棉袍的父亲,夹着书籍和简陋的铺盖卷兴冲冲赶去报到。他乘船沿江北上,约二十里路程,靠岸后,再踏上一条弯弯曲曲的石板路进山,那路的尽头便是校址了。父亲住在地势最高的教师第五宿舍,可以“远眺江上风帆,和隔岸山色”。附近是“幽径,竹林,三月里油菜花香四溢”。国难中竟有这样宁静的治学环境,虽艰苦也觉欣慰。父亲一待就是四年。今天若不是有幸读到父亲生前写的回忆,我哪里能懂得,贯穿他一生的抗战情结竟如此激昂,他们这代人的学问精深丰厚又来自何方?

柏溪成了父亲实现第一个文学梦想的摇篮。教学之余他辛勤酿制的一枚枚硕果,有散文,有诗歌,也有翻译。我这个在柏溪孕育的孩子，尚在母亲的腹中，《红与黑》第一个中译本问世了。这是一本繁体字、列为法国文学名著译丛第六种，署名"斯丹达尔著，赵瑞蕻译，作家书屋刊行，1944 年"。从此，永载世界文学史的一句献词"献给幸福的少数人"第一次在中国传播。

长达三十二页的译后序的结尾上父亲写道：

"在我总算偿还了一桩心事，做完一场辽遥的红黑色的幻梦！又仿佛一个纤夫，把这只满载我十年悲欢的"醉舟"（Bateau ivre），沿着记忆的江岸，拉回那碧澄澄的海了。——嗳，好累！——J'ai gagné une bataille，——J'ai donc gagné une bataille。"

一九四九年，父亲在这本用土纸印制的一百六十五页（第一分册）、定价一百元的黑色硬皮封面后的空白页，贴上了一张黄色字条，手写下一段话。第一行应该是标题："红与黑汉语出版本"，下文："1942 年秋我到中央大学外文系任教时，在嘉陵江边寂静的柏溪住下，便立意把这部名著介绍给这个读者，动手翻译。后因人事倥偬，延至 1943 年冬方完成此书上卷初稿。翌年十月，由作家书屋印行第一合册，即此书也。1949 年早春阿虹于南京。"下端盖了一枚灰色圆形的印章，外圈为"抗战胜利纪念 东川柏溪"内圈为"卅四年九月三日"。扉页上贴有赵瑞蓂藏书票，左上角还有译者自存本的字条。当年的版权页上没有二维码，除了作者译者编者外，并印了一行小字"中华民国三十三年十月初版（渝）"。还有作家书屋抗战时期在成都、重庆、沙坪坝的书店地点。沙坪坝正是后来母亲生我的地方。

《红与黑》第一个中译本寄给了恩师吴达元先生，先生很快回复："你做了一件很不容易的事！在这炮火连天中，这本名著翻译过来会给人一股清醒，振作起来的力量。"

民国三十六年即一九四七年，《红与黑》沪版在上海中正中路六一〇号作家书屋出版。此版书页增厚，封面改为绛红底醒目的黑字书名，左下角是繁体字的"法·斯丹达尔著 赵瑞蕻译"。在我记事后，这本来之不易的洋书上已附有父亲亲笔写下的"海内孤本"四个大字，它已成了我们全家的文物，长年用白报纸裹着，静静地安放在父亲的"专柜"里，即使我想读读译后记，都会因它脆损不堪，不敢触碰而忐忑。

很多年之后，我才陆续了解这版《红与黑》背后的是非曲直。抗战胜利，出版界又活跃起来。当年巴金的平明出版社也决定出版父亲的译本，父亲本来也答应了，可偏偏作家书屋的姚蓬子以先付稿费的"优惠"条件，要继续出版父亲的译本，让急于出书的父亲做了一次"背信弃义"的事。巴金听说了非常遗憾地说，我都为他发了广告了啊。

读者们可能会奇怪，为什么这样具有意义的《红与黑》第一个中译本，一直没能再版，几乎被淹没，至少在读者心中。

在新华书店的世界名著柜架上，译者易人，父亲未能如愿排在新中国这本名著译者的行列中。赵瑞蕻三个字从此在《红与黑》的各种新版中译本封面上消失了。据母亲回忆，父亲曾收到过一封署名"罗玉君"的信。信的大意是，她是学习法国文学的，正在翻译《红与黑》，希望我父亲让给她来翻译。父亲听到对方也喜欢《红与黑》，不但欣然同意罗女士的请求，回信中还慷慨地将自己的译稿全部赠送，这其中有没有他已经译完但尚未出版的部分，我已无从了解了。但我知道，当罗玉君的译本出版，父亲读了以后心中却有难言的隐痛，可惜没能亲耳听到父亲讲这些了。

不管怎样，于连的名字溶入了我们姐弟的幸福童年，伴随着我们长大。现在回忆，甚至连世界名著的概念好像也是从这本书开始，走进我年幼的心灵。可是我那时哪能读懂主人公于连·索雷尔啊？上个世纪五十年代旅居莱比锡时，在苏军俱乐部我第一次见到《红与黑》搬上银幕。饰演于连的是当时红极的电影明星，他和德瑞纳夫人相拥的剧照印在考究的说明书上。

但是，没有哪种改编会像原著那样以纯正地道的法兰西语言，将这个发生在十九世纪二十年代，外省小城维里埃尔的伤痛故事娓娓道来，那么动人，那么耐人寻味，"有一种亲近之感"。我一直引以为傲的是，能将这优美的文字译成中文的第一人就是我亲爱的父亲！

许多年之后，我才懂得父亲的心事。首先他一向主张一本世界名著从来是，也应该是拥有几个甚至多个译本的。只有经过不只一人的翻译，原著精神才能得以传扬。他极为认真地阅读别人的译本，写下了大量的心得眉批。但翻译毕竟不等于创作，它最根本的一条是要忠实原著。父亲多次呼吁并著文写信表达主张，包括和许渊冲先生的学术分歧，他总是持有谦和研究的态度，尊重同行，孜孜不倦。

父亲从不认为自己的译本完美，他并不满意自己年轻时的译本，他要重翻《红与黑》，这个愿望从八十年代末，他的最后一批研究生毕业之后就开始了。在许钧回忆文字中，他说赵瑞蕻是《红与黑》的第一位中文译者，一九四四年把这本书引入中文世界。赵先生和他的对谈中公开自我检讨"我年轻时候把《红与黑》译得太花哨了，喜欢用大字、难字，用漂亮的词，堆砌华丽辞藻，这不对，因为这不是斯丹达尔（注：司汤达旧译名）的文笔。他还撰文反思自己的旧译，'有时偶尔翻翻，于心很不安……把一本名著译坏了，真是件可悲的事！'""赵瑞蕻晚年开始重译《红与黑》，他打算'加上几百条注释，重写译序'，还要写一本《〈红与黑〉解说》。1999 年，赵瑞蕻去世，女儿赵蘅的回忆文章中写道，整理父亲遗物时，她发现了那摞《红与黑》译稿，可里面只有前 10 章，装译稿的牛皮纸袋上，是翻译家用红笔写下的四个字——'死不瞑目'。"

然而此时的父亲已步入老境。他是要干一件与年龄不相符的事，白内障又使他本来十分近视的眼睛看东西更加吃力。查字典他要靠双倍放大镜，时间久了，密密麻麻的小字一片模糊。一九九五年，父亲手术后，来信兴奋地说他已大放光明，信心百倍可以完成多年的宿愿了。为了达到最理想的翻译水平并超越自己，父亲阅读多年收集的几乎所有的多种语种版本。所以他每翻一个章节，需要经过如此繁复的对比参照，进展自然十分艰难缓慢。幸好有留校研究生唐建清鼎力协助他，为他打字，完成了十章译稿，唐建清是父亲生前重译《红与黑》的见证人。

　　写到这里，不禁回忆我在巴黎为父亲买书的往事。父亲一直有本希望图文并茂的原著，而巴黎市面上的《红与黑》法文版只有文字没有插图。每一封寄自南京的家书里，父亲都要提这件事，从来视父母之命如圣旨的我，不忍心让老人失望，去过书店查找，又光顾塞纳河畔的书籍摊，这里有形形色色的稀有收藏，吸引了很多迷恋古籍的人们。我向老板打听，他也很快明白我要找什么——司汤达尔的名字家喻户晓，他是法国人的骄傲。书摊老板翻弄了半天，抱歉地说他没有带插图的《红与黑》。一次雨夜，我找到了斯丹达尔在巴黎的一处故居。它已易为一家公司，只是门口的铜牌上依然刻着大师的名字。

　　直到我回国前，仍不甘心空手而归，又想到下榻的艺术城附近 BHV 大超市再试试运气。这天，我扶梯而上径直去顶层文具书籍货架上查找，结结巴巴地对售货员介绍说："我的父亲是位翻译家，他将《红与黑》翻成了中文。"对方的反应自然是惊叹一番，我也趁机将话题一转，向他提出为我父亲找到《红与黑》法文版的请求。他欣然答应并领我到一个书架前，不费几秒钟，一本装帧新颖的书递到我手中。却只有文字没有插图，空欢喜一场。在这满目琳琅、四处散发书香的大厅，我茫然不知希望在哪里，但心里还是不甘。最后，我走到东北角，这里立着一大排书架，发现架上是一套十分完整的世界名人丛书，足有上百本，都配有大量的珍贵照片和精美图画，简直就是一本本小画册。原来这是为中学生编著的。我贪婪地查阅，甚至干脆席地而坐，好慢慢享受。不出我所料，一批文学艺术大师行列中，司汤达的名字终于跃入我的视线！虽然它并不是父亲要的那种《红与黑》的单行本，虽然这本书的价格十分昂贵，我仍毫不犹豫地买下了。一想到父亲会怎样地爱不释手，或是因兴奋而涨红了到老都那么清秀的面颊，我就开心得很。多年后我有幸读到父亲为斯丹达尔另一译作《嘉斯德乐的女主持》和《法尼尼·法尼娜》所写的译者前记，也出版于四十年代。年轻的父亲介绍说："斯丹达尔原名亨利·贝尔。他是法国东南部格雷匿布勒地方利·贝尔的名字。但是他预言他的书会在一九三五年为人阅读，这件事他却保守估计了！"

　　一九九八年九月十八日，我陪父亲出席了江苏译林主持的戈宝权翻译文学奖颁奖大会。他坐在主席台上，做了一个简短而意义深刻的发言。他特别向获奖的女性译者祝贺。他说"翻译永远是不可缺少的很有意义的工作，只要有人类存在，就有交流。地球上有四十亿人，三千多种语言，我们的工作要永远做下去。"二十日晚上，父亲设便宴为即将赴法工作的研究生唐建清饯行。席间，他感慨岁月如梭，四十五年前是高教部杨秀峰部长为即将赴民主的德国任教的他饯行。如他头发白了，风烛残年。他还告诉在座的，他刚完成了一本文学回忆录，一个晚秋的金色宿愿！

十六年过去了。二〇一四年父亲的另一个研究生黄乔生，推荐河南海燕出版社张胜来找我，策划出版父亲译著的事。后来又约了他的同学范东兴，唐建清一起来京，到我家一起商量。那天我将陆续从南京运来的父亲遗稿摊了一地，令大家兴奋不已。事先我还特地找出父亲和几位研究生的通信原件分送给他们。这些信件，现在读来，更觉珍贵，感动，感慨！借此摘录几处有关、体现师生情缘的内容：

父亲是一九八三年开始单独招收第一届比较文学硕士研究生的，其中唐建清毕业留校。他没有辜负导师的培养，毕业后，在父亲给黄乔生的一封信里夸奖说，"建清很努力，在《文艺报》上发表了好几篇关于当代西方文学的报道论述，文章很不错。"值得一提的是，现在唐建清已译著等身，却甘当幕后支持，正是他竭力推举师哥范东兴担任与我父亲这本译著再版的合译者。在名利膨胀的世风中，还有这样的让贤品格和同学情，令我和母亲非常慨叹和感动。在范东兴早年给父亲的一封信里还提到，"能听到建清的消息很高兴。系里外国文学教学他一直在讲台上，而且做事认真，对学生负责，是很优秀的教师。且同学中只有建清留在先生身边，有时照顾先生和师母的重任，是他为我们代劳，我和同学们会感激他的。"

一九八九年十二月一日，刚刚去法国不久的范东兴写信给父亲："先生想买司汤达小词典，我在巴黎和 AiX 书店都找过，没见到，书店的人也说，好像从未出版过，只偶遇雨果小词典。我在学校的图书馆也查过目录，没有。日后还要留心，见到一定为先生买回。"

一九九一年十一月六日，范东兴写道："名著有佳译，且译本愈多，读者经过甄别，自会分出轩轾，上乘佳译，定能流传久远，这是中外译界由无数事实证明了的。我衷心希望先生能实现这个夙愿，完成这项由您开始，经过几十年以后，再由您来结束的这项伟大的工程……"正是在这封信里，范东兴提到他买到了两本书，意大利文版《红与黑》与亚米契斯的《爱的教育》。而父亲收到这两本期待已久的书给范东兴回信说，他高兴得像个孩子，"久久地闻着书香"。

一九九二年七月六日，范东兴在写给父亲的信里说"瑞蕻师：您好！有半年多没给您写信了，十分想念您和杨先生。不知您的身体是否安康，计划进行的《红与黑》进展是否顺利，我衷心祝愿您能早日完成它，使这部著名的作品能有一部和它珠联璧合的新译本。"这封信里还提到父亲托他找西班牙文本的事，他告诉老师"巴黎的几家西文书店都没有，也没有订购业务，看来这与文艺复兴之源的意大利相比还是有差别的，尽管戏班也对法国浪漫主义的兴起曾提供过不能小视的异国情调……诚如您以前来信所说，单您手中的那些《红与黑》译文版本就可以写些关于这部著作的翻译文章"。

一九九五年八月十二日，范东兴在收到父亲的几篇文章后，回信说"知道国内关于翻译《红与黑》的译论很是热闹。我一则因为没有时间参与讨论，二来没有译作经验，故不敢贸然说话。但我认为这类探讨是有益于文学翻译事业的。就《红与黑》本身而言，先生是有发言权的；'但开风气不为师'。您不仅是《红与黑》第一位中译者，也是这次全国性讨论的'一家'之言。希望这样的讨论能促进译界文学事业的发展。"

一九九六年十二月十五日，父亲给黄乔生的信里透露："我开始撰写'文学回忆录'，其他的事暂时搁一下，比如《红与黑》新译本……其中有一节是《我的十二个研究生》，要说你和其他十一位，你该知道我会写些什么……在语言文字方面，在立意上，你有独到之处，没话说的。离二十一世纪只有三个年头了，让我们共同迈进二〇〇〇年，迎接新时代的光芒和风浪！"硕士论文研究鲁迅与比较文学的黄乔生，毕业后一直在北京鲁迅博物馆工作，早已是博物馆的主要领导人，鲁迅研究专家，著译颇丰。

以上之所以谈了这么多，是想说父亲和他的学生之间，有浓浓的师生情谊，《红与黑》能完成再版，是两代人共同努力的结果。这次再版工作的具体分工是：唐建清先期作了无名英雄，全部输入整理了父亲的译稿；范东兴补译了后四十二章和全书章节题词；黄乔生写了导读。为了使译本更精彩，也为了完成老师的夙愿，范东兴又从巴黎选购了原版精美插图，使得新版《红与黑》锦上添花。

二〇二〇年春夏之交，一个刻骨铭心的日子，在北京疫情突如其来反弹的情况下，范存忠先生的弟子、译林出版社原社长顾爱彬在南京主持召开了一个线上视频会议，专门讨论《红与黑》的出版。与会者有译林出版社总编袁楠、责编唐洋洋，编辑姚焱等人，以及父亲的学生范东兴、唐建清和我本人。在顾爱彬简短的开场白之后，第一个发言的是唐建清；他介绍了赵先生当年重译《红与黑》的情况，解释了完成先生夙愿的意义。我作为家属，女儿，表述了父亲和这本名著的情缘，出版的曲折，和父亲对自己的期望。因为都是出于真实感受，我和唐建清的发言比较动情。在此之前，范东兴已经把他翻译的部分章节送交编辑部审议过，所以他在视频会上主要汇报了他的翻译进度，表示已经接近尾声。顾社长表示，译林在工作上多年以来得到杨苡先生译作的大力支持，此次再版赵瑞蕻先生翻译的《红与黑》，于情于理，我们都应该大力支持。中场休息时，译林参会的领导和主要的编辑人员一致认为应该尽快出版，总编袁楠女士当场拍板决定，译林将以纪念版形式出版新版《红与黑》。这实在是太好的消息了！当视频会议继续进行时，译林方面宣布了这个决定之后，我的心情可想而知。父亲生前一直耿耿于怀的一件大事的命运，就这样决定了，父亲倘若天上有知，一定会激动万分，连声说，谢谢，谢谢!也许还会流下幸福的眼泪。

父亲离世二十二年了。今天重温他的青春足迹，追随他的探索之路，是一件沉重又幸福的事。我希望父亲的治学精神和理想之火永不泯灭。我发现自己年岁越大，许多方面越像父亲，连母亲都惊讶："怎么会有如此遗传?"我也热爱文学，痴迷语言，也好伏案写作，我也常习惯将两手交叉在胸前，沉思默想；我也喜欢对一篇文章，一句诗，一个词反复推敲，改来改去，没完没了。父女俩都是激动派，永远对这个世界充满兴致，总也表达不尽，好像能活三百岁。更重要的是，《红与黑》所追求的光明与平等，是我们父女俩共同的梦想。

今年也是纪录片《九零后》全国公映的年份，父亲的优美深情的文字一次次印在大银幕上，让观众们回到那个烽火时代，刚毅坚卓，弦歌萦绕，受到极大的感染。曾给予父亲滋养的先生们：朱自清，闻一多、吴达元、柳无忌、王季思、夏翼天……以及他的英文、历史、地理老师，在天国，师生们得以团聚。也许，父亲还能见到被他翻译过的作家们：梅里美，弥尔顿，马雅可夫斯基……当然他更有可能像四十年代那样，去和斯丹达尔对话，关于索雷尔·于连。

完稿于二〇二一年十月 北京

一朝发白诗魂冷，三尺案陈墨犹馨

符 雪

　　初春的清晨，南京的天空中漫洒着细细的雨丝。这天是
一九九九年二月二十三日，将是我永生难忘的日子。不仅因为
前一天是我的生日，而且因为，今天，我将送一位老人去另一
个世界了。他，是我亲爱的外公——给了我名字让我存在于世
的人，给了我那么多人生教诲的人。

　　走进熟悉的小院，外公手植的石榴树下，现在堆满了人们送
来的鲜花。尘封的角落里，那辆外公早年从国外带回的自行车，
仿佛在向我描绘着当年外公骑行在鼓楼下潇洒的身影；如泪的
雨滴挂在还没有返青的石榴枝头，仿佛也在哭诉着失去主人的
痛楚；几十年的老屋呵，又怎能忘记外公夜夜伏案写作的身影？
更不要说那盏光线柔和的台灯，依然反射着外公浩荡的诗情。

　　三十年前的二月二十二日，一场大雪伴随我来到这个世
界。当年的外公诗兴顿起，取"风雨送春归，飞雪迎春到"的
词意，为我取名"雪春"。从此，一张张的照片就记录了他对他

的"小春儿"的关爱和呵护。其实，从我记事到现在，外公在我眼里，似乎一直都没有变化，永远的鹤发童颜，永远的纯真眼神。小时候，他给我讲"烟笼寒水月笼沙……"，我长大了，他勉励我应该抓紧时间多多学习。更重要的，他以他的身体力行，教会了我做人应该爱憎分明，保持纯真的心性，宽厚善良地待人……

前年外公来北京小住。全家人在一起吃团圆饭的时候，我给老人们敬酒时说："二○○○年不是目标，是起点！"外公非常高兴，手舞足蹈得如同孩子一样。谁又能想到，才一年零四个月外公竟然就这样突然地撒手而去了！死神的降临如此迅速：五个小时前，他还在接受学生们朋友们的春节祝福；两个小时前，他还在和他远在美国的爱孙通电话，谁又能想到，他老人家在一瞬间就离开了我们。我们怨恨时光过得太快，我们怨恨上天没有人情。我宁可哭干我今生的泪水，如果我们的哭声可以挽住他老人家远去的脚步，哪怕只有短短的几分钟！我宁愿看不到他老人家那么多的文章，如果可以节省下他有限的心力，哪怕只是和我们多说几句话的气力！

看着外公安详的遗容，我禁不住又一次热泪盈眶。依旧的鹤发童颜，依旧盖着那床他喜爱的红格的毛毯，一切似乎都没有变。梅雨潭中还荡漾着外公诗集里的新绿；玄武湖上的波光，依旧勾划出外公激情吟哦的剪影；《红与黑》的历史中，永远记录着外公当年的青年才华；中国比较文学的殿堂里，外公的

《鲁迅〈摩罗诗力说〉注释·今译·解说》永远占据着光辉的一席……是的，一切都没有变。诗魂虽冷墨犹馨，外公和他的诗歌、文章一起，永远地活在我们心里。

外公，你安心地睡吧！

原载《服务导报》1999 年 3 月 9 日。

怀念爷爷

赵　旸

　　夜半，我的大头娃娃儿子——赵泓怎么也不睡。无奈，我打开了 MP3，钢琴演奏的舒伯特小夜曲旋律淡淡地飘入了我们的空间。儿子终于安睡了，我走到窗前轻轻撩开了窗帘。窗外暗淡的月光带来了一丝忧伤，我想起了爷爷。布鲁克林街道的路灯让我仿佛看见了爷爷书桌上的那盏台灯。

　　那是一个南京寒冷的冬天夜晚，刺骨、湿冷、幽静，我刷完牙关了灯，从烧着煤炉的温暖厕所里走出来，穿过走廊来到客厅门口前，暗淡并且闪动的灯光从客厅枣红色的木门小窗里透出。我悄悄推开了门，只见爷爷在书桌前来回走动，书桌上的那盏 25W 的台灯灯光被爷爷的遮挡而晃动，闪动的光洒落在书房的每个角落。一个白发老人，头发像滔滔不绝的瓯江浪花，翻滚在这个焦急的老作家心上。爷爷又在为了哪篇稿子在思索呢?我妈妈说爷爷是在挤牙膏一样地把诗情吐出，而我倒是认为爷爷作诗是即兴的灵感与激情，一气呵成。爸爸是个专业艺术家，他常说妈妈没有艺术细胞。不过，我觉得妈妈朗诵爷爷的诗特别好，我爸爸还给诗歌朗诵配上了音乐。我还记得爷爷在欣赏自己的诗作时闭上眼睛，那种得意、陶醉的样子会让我想到他在吃自己用黄酒泡虾米时的神采，他也会闭上眼睛去细嚼慢咽，细细品尝。爷爷是个浪漫派的诗人，他懂得享受一切美好的事物。

爷爷喜欢红色。我记得他穿着红色的毛衣，潇洒地骑着那辆德国古典的绿色自行车，随风飘荡的紫红色围巾在夜风中荡漾。

一天夜里，他又推着那辆自行车，从焦急的脸上能看出，当时他宝贝孙子的我正坐在这辆自行车上，被爷爷送往医院，我咳嗽不止，吐出血来。奶奶说我得了百日咳，还说当年在四川，是大姑姑还是小姑姑就得过百日咳的?我也记不清楚了。于是，爷爷连夜推车把我送到医院去挂了急诊。我在儿童医院住了整整一个星期，爷爷坐在床边给我讲故事，又剥橘子给我吃，说是可以舒润我那血红的嗓子。尽管那时我才三岁多，但是我深深记得这件事，因为这就是爱，让我永远难以忘怀的爱，

妈妈常说"人一定要夹着尾巴做人"，说爷爷喜欢我，老是喜欢跟我说这说那，其实爷爷是想要告诉我做人的原则，一是光明磊落，二是顺其自然，万事不要强求。

我记得大概是小学四年级的一个假期上午，我妈要求我假期不能偷懒，要我勤奋学习，还要练钢琴、练习毛笔字。我写的字是班上有名的"狗爬字"，要我练毛笔字简直是虎口拔牙。

我记得当时带着一颗急躁的心去练毛笔字，越练越烦躁，最后我找了爷爷，可是哪天不知为什么爷爷就是不肯教我，可能是由于他心情不好。于是我起了坏念头，悄悄离开书桌就直奔爷爷养的蝈蝈。爷爷从小不怕昆虫，我多次看见爷爷用手去拍打苍蝇与蟑螂。爷爷特别喜欢蝈蝈，说他是和这种像蝗虫一般大小的大蛐蛐长大的。每年在南京的酷热夏天中，他都会买几只蝈蝈，挂在客厅里，听它们唱鸣。爷爷说要喂它们吃辣椒，越辣它们叫得越响。我心里怀着一个四年级天真却又有点变态的想法，抓起蝈蝈笼子，就直奔院子里的金鱼池。我把笼子浸在水里，活活地把蝈蝈淹死了，接着我把又它们挂回在客厅的吊灯上。爷爷其实知道我做了什么，他也没有生气，装作没看见。之后，他又买了新蝈蝈就当没事儿发生过。之后我一直对我自己所作所为非常内疚。我好希望和爷爷说声对不起!想和他说，爷爷您是这个世界上最善良的人。那么多年过去了，我每当想起这件事，心里就特别难受!

那盏柔和台灯下的爷爷，在寒冷的冬天，默默地把胶布剪成一条条地贴满在干燥的裂了缝的手指头上。爷爷早就习惯在旁人进入睡梦中时去工作，在静悄悄的夜中，把他一时迷乱的思路从杂念里挖出来，把路铺好，重新踏入回忆西南联大和他的伙伴们的那些故事。这就是爷爷最后的一本书《离乱弦歌忆旧游》。

在一个静悄悄的雪夜里，饭桌上放着几盘简单的小菜。爷爷左手旁的一个小酒炉烧着烫烫的绍兴酒。一会儿，爷爷端起小酒壶，将冒着热气的黄酒倒入泡着温州大虾米的碟子中。记得爷爷兴奋地和我谈国家大事，而我那时却沉浸在我的梦幻中，想着如何去争取一个小学班干部的职位，如何去努力与排球队的那个女同学说上两句话……如果我没有移民去美国，我想我会和爷爷有许多的话题可以聊。我不遗憾，因为我有着那么多与爷爷美好快乐的回忆。

忆赵瑞蕻爷爷

俞　露

　　手中轻抚着赵瑞蕻爷爷送给我的《诗的随想录》，恍惚间，这位可敬、风趣的老人竟这样突然地离开了我们，展开他想象的翅膀，飞向了远方。

　　我的思绪也随之飞得很远，很远……

　　认识赵爷爷是在一个异常炎热的夏天。烦躁的知了令人无心读书，于是和父母出去散步，信步到了中美文化交流中心。听说赵瑞蕻先生暂住在那，怀着无比崇敬的心情，去拜访了这位久闻其大名的老人。

　　著名作家、诗人、学者、翻译家……这该是怎样的一位名人呢？几分崇敬，几分激动，我"咚咚"地敲了门。缓缓出来的是一位老人，身穿一件汗衫，满面笑容，清瘦的脸上留下了岁月的痕迹，花白的头发随意地向后梳着，显得格外精神。

　　"赵爷爷，您好！""你好！"招呼后，赵爷爷便随和地聊开了。原来他正在重译《红与黑》。看看赵爷爷的书桌，两边堆着厚厚的书，中间的两叠稿纸，密密麻麻，圈圈点点。一支未扣上帽的红笔静静地躺着……看到这一切，不觉一阵感动。这样闷热的天气，这样一位白发苍苍的老人，他仍在孜孜不倦地工作着。他是《红与黑》的第一个中译者。如今，他正在重译《红与黑》……敬佩之情，油然而生。

从《红与黑》聊到诗，才真真切切地体会到这位老人、这位诗人的才华。"你们刚刚敲门，'咚咚'两声，能让人想到很多。不是吗？是有急事？是有客人？是有好消息？还是……"，真感叹赵爷爷的想象，一个门，两声敲门声，居然能想到那么多。想不到，后来他居然作成诗，收在他的《诗的随想录》中。诗是这样写的：

静夜，一阵敲门声，猛然一惊！
邻居有急事？ 或许远方来的客人？
或为我送来意外的好消息？
是亲友病危通知，或别的凶信？
门啊！隐蔽而又要通向外界，
变化的契机。世界上有各种门，
有各种敲门声，天堂似的，地狱似的；
当门开了会遇见什么？ 门，系着命运。

《门》，真是太妙了，常人不注意的东西，在诗人的笔下就这样成了那一行行如歌如水的文字，真的，要"观察生活，热爱生命"，这是赵爷爷告诉我的。

临走的时候，赵爷爷还鼓励我多写文章，学好外语。邀请我到他家去坐坐，去看看他亲手种的两棵石榴树，两棵他写过诗作的石榴树。

以后的日子，忙于功课，一直没能有机会去赵爷爷家。可他却一直关心着我，常问起父母我发表文章了没有。随着习作的一篇篇发表，我梦想自己也能出一本小册子，想请赵爷爷给我写个序。

终于说好，今年过年时去看赵爷爷，读读他的书，听听他的诗，看看那两棵"强烈地吸引着心灵"的石榴树。然而，年三十的凌晨，赵爷爷却走了，那么突然，那么安详，伴随着贝多芬的交响乐，赵爷爷远行了……

哀切中无尽的遗憾……

赵爷爷，我还惦念着您的石榴树，惦念着那篇您还未给我写的序。

一九九九年二月二十三日夜晚

原载《服务导报》1999 年 3 月 21 日。

我所熟悉的赵爷爷

张希恩

　　暮春的时候，丁香那洁白的花儿便怯怯地开了。刚下过的细细密密的雨，在叶子和花儿上留着露珠般晶莹的水滴。总爱在丁香树下徘徊的，是一位满头银发的老人，他穿着紫红色的夹克，戴着紫红色的八角帽儿。倔强的、炯炯有神的眼睛从帽檐下露出来，满怀诗情地望着远方……

　　这便是活在我记忆中的赵爷爷了，一位慈祥而风趣的老人，一位睿智而博学的先生，一位激情与柔情交融的诗人。童年时代的我，对于这位邻居家的老爷爷充满了好奇——为什么他总是坐在那靠着窗的书桌前静静地看书呢，不觉着闷吗？即便是我们这些小孩子在一旁玩耍得闹翻了天，他也总是坐在那宽大的椅子上静静地看着书，还不时写着些什么。而那张大大的书桌上，也永远堆满了各式各样的书。傍晚昏暗的房间里，只有那盏略显陈旧的绿色台灯散发着温暖的、橘黄色的光线。在一切光线可及的地方，抖搂着细细浅浅的金边，玩倦了的我，坐在地上，逆着光去看赵爷爷的背影，那橘色光晕里的一切，模糊得像一幅古老的油画。

这幅画面有很长一段时间一直定格在我心中，几乎我幼时对赵爷爷的所有印象，都笼罩着这温暖的，橘黄色的光线。

大了些之后，我开始读赵爷爷写的诗句，想象着他笔下描绘的，"飞泉、幽涧，那迷人的梅雨潭""当夕阳将群峰和流泉染成金色时，晚风中水电站发出更清晰的马达声"。也许是因为这些潜移默化的影响，我爱上了中文，还去了赵爷爷笔下"山这么秀，水这么明媚"的杭州读书。

赵爷爷是浙江温州人，对故乡总怀着一份浓浓的眷恋之情。听说我要去杭州读书了，他兴致勃勃地和我聊起杭州的风土人情和美丽风光。在城西的九溪十八涧，顺着深幽的小径上山，便是龙井茶的产地了。春夏之交，满山的茶树、层层叠叠，荡漾着深浅不同的绿，仿佛在空气中都能嗅到那淡淡的新茶的清香。赵爷爷描绘的杭州的山清水秀、地灵人杰，给我留下了深刻的印象，后来到了杭州，我还特意去了九溪十八涧。虽然那时已是秋天，无法领略春夏时的清幽恬美。但秋风中满山遍野微微枯黄的落叶，暑气将退时的清爽宜人，同样是令人流连忘返的绚烂美景。

在杭州读书时还发生一件令我意想不到的事。课上说起司汤达的《红与黑》时，老师突然提到了我所熟悉的赵爷爷的名字，说起赵爷爷在翻译《红与黑》时对于连这个人物的理解。

这在我听来既熟悉又陌生。谦和的赵爷爷在聊天时总是对他自己的成绩轻描淡写，一笔带过。我是直到听了老师对赵爷爷的介绍之后，才了解到他在翻译和学术领域里的成就和重要地位的，这使我更加敬佩赵爷爷的虚怀若谷。

回到南京之后，我在南京大学继续学习中文，可此时我却再也见不到我所敬重的赵爷爷了，再也不能和赵爷爷在灯下愉快地谈心了。走在南大校园里，走在赵爷爷曾经工作过的地方，我仿佛总能看见，那个爱在丁香树下徘徊的老人——是热爱生命热爱生活的赵爷爷，正用他那饱含诗情的慈祥眼神凝望着我，指引我走向文学的圣洁殿堂。

选自《多彩的旅程：纪念赵瑞蕻专辑》，第 60–61 页。

附

录

赵瑞蕻自撰传略

赵瑞蕻

　　赵瑞蕻，原学名赵瑞霶，后通用笔名赵瑞蕻；曾用笔名阿虹、瑞虹、朱弦、朱玄等。一九一五年十一月二十八日（农历乙卯年十月二十二日，属兔）生，浙江温州市人。父亲赵承孝，字八铭，上过几年私塾，读四书、古文，会写一笔端秀的正楷字，后长期经营茶叶，又当一家茶行经理；他勤俭忠厚，乐善好施。母亲林繁，略识字，却能背诵几十首唐诗，这对我后来学诗、写诗有相当影响。我有两个哥哥、三个姐姐。我的二哥赵瑞雯研究古典文学，擅长诗词，我的三姐赵璧也爱好文学，善于写字、画花卉：这些也使我小时受到熏陶。我虽是父母最小的孩子，很受宠爱，但并没有因此惯坏了我，倒能自觉用功读书，不依赖父兄督促。我从小就喜欢幻想，赞美诗神，喜欢美术；上小学前，曾跟一位老先生学过一年多山水花鸟画。我从读小学（浙江省立第十中学附属小学，又名模范小学）起，就较幸运，受到良好教育。一九二九年夏小学毕业，以优异成绩，免试保送十中（后改称为温州中学）初中部学习；一九三二年夏考入高中部。第二年五月，与同班男女同学六人发起组织"野火读书会"，吸引了不少同学。我起草了《野火宣言》和《工作纲领》，印成小册子。我们阅读进步书刊，讨论时事，关心民族兴亡，宣传抗日救国。后来参加的同学很多，逐渐形成了当时温州地区青年学生中一股强大的进步力量。

一九三三年秋，我被选为学生自治会学术股长，主编、出版综合性刊物《明天》创刊号；我最初的一些诗作（如《秋天里的秋天》）和译作（如法国短篇小说《失去了的星星》）就登载在这上面。次年六月，我协助国文老师陈逸人先生编辑、出版大型学术杂志《中国文学》（前后出过两期），我最初两篇较长的论文（如《江西诗派与永嘉四灵》）就发表在这个难得的园地中。我在温中读书的六年中，得到许多好老师非常认真亲切的教导，尤其是几位国文老师和英语老师——王季思、许笃仁、陈逸人、陈楚淮、夏翼天、叶云帆等先生，为我以后专心致志学习和研究中外文学奠定了较坚实的基础。还有教中国史的吴文祺先生，他使我们获得了马克思主义、历史唯物主义的初步知识；我曾试以这种新观点，写了一篇《建立科学的中国文学史刍议》的论文，发表在《中国文学》创刊号上。一九三四年春，在吴先生的影响下，我还和校内外几个同学朋友出版了《前路》刊物，鼓吹革命思想，请吴先生写了发刊词，很快引起了国民党县党部的密切注意，就被迫停刊了。我父母亲非常紧张，深夜和我在灶间烧掉三四百本还未发出去的两期《前路》。关于我在温中学习的情况，我为母校八十周年（一九八二年）和九十周年（一九九二年）两次校庆纪念特刊写的两篇散文（前者是《瓯海在呼唤》，后者为《我与比较文学》）中有较详尽的叙述。

一九三五年夏，我高中毕业后，入大夏大学中文系（当时系主任是著名翻译家、法国文学专家李青崖先生，这也是件巧事）。一面读书，一面与朋友们组织了"五月社"，参加一些地下革命活动，秘密出版《中国青年行进》，曾把这刊物两期送赠鲁迅先生，向他请教，当时情景仍淹留心上。同年冬，我参加了"一二·九"运动。一九三六年夏，重新考入青岛山东大学外文系，除继续学习英文外，以浓厚的兴趣，开始努力学习法文，为以后翻译《红与黑》等打下了最初的基础（一九八一年山大八十周年校庆时，约我写纪念文章，我写了篇散文《碧海红樱忆旧游》）。一九三七年"七七事变"，抗日战争爆发后，我回到故乡，立即与许多同学朋友在一起，组织了"永嘉青年战时服务团"，积极开展抗日救亡运动。同年十月十九日，我们召开了鲁迅先生逝世一周年纪念大会，由我作报告，并在《浙瓯日报》上发表纪念文章（这是我向鲁迅学习，研究鲁迅著作的第一篇东西）；会后举行了十分热烈的示威游行。十月底，我和几个同学赶到长沙，入国立长沙临时大学（即北京、清华、南开三大学战时联合组织，西南联大前身）外国语言文学系二年继续求学。当时临大文学院设立在南岳衡山中，在那极其可贵的机缘、特殊的环境中，我得到了这三座学府许多著名教授的亲炙和深刻的启发，其中有吴宓、叶公超（外文系主任）、柳无忌、罗皑岚、吴达元、燕卜荪(William Empson，英国诗人和文论家)、朱自清、闻一多、冯友兰、陈寅恪等先生。

一九三八年初，因日寇南侵，威逼武汉，临大奉命西迁昆明。我和部分师生经广州、香港、越南入滇；临大也改称为国立西南联合大学了。因昆明校舍不够，文法两学院暂设蒙自，四月继续上课。也就在那个很有点浪漫情调、南国风味的边城里，我和外文系、中文系十五个爱好诗歌的同学结了一个"南湖诗社"，请朱自清、闻一多两位教授担任导师。当时我写的一首长诗《永嘉籀园之梦》（描绘温州落霞潭的风光，思念炮火下的故乡。为纪念晚清杰出学者和教育家孙诒让而创立的籀园和图书馆就在落霞潭畔）得到了朱先生的好评，认为是一篇"力作"（五十二年后，即一九九〇年，在蒙自县委和红河州文化局的支持下，蒙自恢复了"南湖诗社"，建造了闻一多纪念碑和纪念亭；并聘请几位现尚健在的当年诗社成员为名誉社长，我是其中之一）。同年九月，联大文法两学院搬回昆明，我们的诗社也更名为"高原文学社"，有四五十人参加。在一次文艺晚会上，我认识了外文系女同学杨静如（后通用笔名杨苡）。同时，我还读了沈从文先生和杨振声先生合开的"新文学与习作"一课，因此我常向沈先生请教；我那时几首诗都是承沈先生看后，代为发表在《今日评论》等报刊上的。其中一首长诗《1929 年春在昆明》抒写敌机空袭昆明，联大师生跑警报的情景以及我自己的感受。这首诗当时并不感到怎样，现在看来，倒是一个有意义的记录，一幅难忘的画像。

一九四〇年夏，我毕业后，就在美籍教授温德 (Robert Winter) 先生主持下的"基本英语学会"（Basic English Society）任职，并在南菁中学教英语，开始了我以后五十年的粉笔生涯。这时，我也认识了巴金先生，他长期给我热诚的鼓励和帮助。一九四〇年，我和杨苡特地挑了"八·一三"这个纪念日，在昆明风景区大观楼结婚。杨苡与我一样爱好西方语言文学，后来翻译了《呼啸山庄》等文学名著；她也喜欢写诗，尤长于散文，成为中国作家协会会员；又在南京师范大学外文系当了二十年教师。后来，我们有了两个女儿，一个儿子，他们各自学习音乐、绘画和电视艺术。

一九四一年十一月，因杨苡已先带我们初生的孩子小苡飞往重庆，与从天津迁居那里的母亲、姐姐住在一起，于是我就告别了永远怀念着的昆明（一九八八年，联大建校五十周年时，我写了一篇散文《弦歌烽火忆春城》），冒险搭运货卡车，在滇贵川公路上翻山越岭，走了七八天，几经危急，才安抵重庆，开始了我另一阶段的生活经历。关于在西南联大读书三年情况，我在《怀念朱自清先生》和《怀念英国现代派诗人燕卜荪先生》两篇散文（现均收入拙著文集《诗歌与浪漫主义》一书中）里有较多的抒写。抗战八年中，西南联大在那样艰苦的生活和学习条件下，敌机时常空袭骚扰中，弦歌不断，坚持奋斗，造就了一大批各科优秀人才，被称为中国教育史，乃至世界教育史上的一个奇迹，一大盛事。联大继承"五四"精神，有着强烈的爱国心，浓厚的民主和学术自由的气氛，亲密的师生关系，实实在在的教学相长。这些直到如今都仍是值得我们深思，应加以发扬的。

我到重庆后，先在南开中学等校教了一年多英语。这时，我和杨苡的哥哥杨宪益、英籍嫂嫂戴乃迭初次见面。一九四〇年他们从牛津大学毕业后到重庆，先在国立中央大学外文系等处任教，后入国立编译馆工作，开始了他们以后五十多年光辉的翻译事业，成为誉满中外的文学翻译家。宪益和乃迭不但是我的至亲，而且是好友，我向他们学到不少东西。一九四二年冬，我的老师柳无忌先生介绍我到中大外文系工作，在柏溪分校教大一英文。后来又有五六个西南联大外文系先后毕业的同学到柏溪任教。我和吴景荣（后任北京外国语学院英语系主任）共同编注、出版了一本《现代英文散文》，是当时大一英文教材之一。在嘉陵江畔寂静的山村柏溪，除教学外，是我写作和翻译的一个丰收期。我写了不少诗和一些散文，如发表在当时大后方最有影响的大型月刊《时与潮文艺》上的《阿虹的诗》《金色的橙子》等。我同时翻译了斯丹达尔的杰作《红与黑》、梅里美中短篇小说《嘉尔曼》等，法国象征派代表作之一《醉舟》，以及英美现代小品等。也从这时起，我就一直在中央大学

（一九四六年夏，抗战胜利后第二年，我们一家随学校复员到南京定居）和解放后的南京大学外文系工作；一九三五年春又从外文系调到中文系，直至现在，前后五十多年了。历任助教、讲师、副教授、教授。其间，一九五三年秋至一九五七年夏，根据"中德文化协定"，我被高等教育部派往德意志民主共和国卡尔·马克思大学（即莱比锡大学）东亚学系任客座教授四年，讲授中国现代文学史，鲁迅研究等课；为培植德国年轻一代汉语言文学和汉学研究以及其他方面的人才作出了一些贡献，得到好评，并获得优秀教师奖。其间，一九五五年十月，国际东方学会议在莱比锡大学召开，我国派出吕振羽先生为团长，季羡林、刘大年两先生和我为团员的代表团参加。我在文学组上宣读论文《中国现代文学的主潮》（德文本）。这是新中国成立后，对外比较系统地介绍我国"五四"以来新文学的发展和主要成就较早的一篇长文。

一九八一年十月，我又蒙莱比锡大学校长的邀请，重访德国，参加该校纪念东亚学系建立三十周年学术研讨会，并在柏林洪堡大学汉学系（当时系主任就是我以前的学生弗里兹·葛柳南 Fritz Gruner 教授）作了一次关于鲁迅、沈从文、巴金三位作家研究近况的报告，很引起兴趣。二十五年后，旧地重游，激动不已，但也不胜感慨，几位我所熟悉的德国老一辈汉学家和其他好几位莱比锡大学同事朋友都已先后去世了；我到他们的墓前一一献了鲜花。在德国讲学时期，我也曾几次访问苏联、波兰、捷克等东欧国家，认识了好几位汉学家，如捷克著名的中国文学专家、鲁迅《呐喊》等译介者普实克教授（Jaroslav Prusek）。这期间我前后写了一些诗和散文，歌颂和平、人民友谊和国际文化交流。

一九八二年以来，我曾到北京、天津、武汉、上海、杭州、绍兴、金华、青岛、桂林、西安、南宁等地讲学或参加学术研讨会，主要是关于外国文学和中西比较文学；又应邀到印度参加新德里举行的"首届国际翻译文学学术研讨会"，并到尼赫鲁大学中文系作了一次关于"南宋词人姜夔及其名作《暗香》与《疏影》"的演讲，播放了这两首咏梅词根据白石自度曲谱以琵琶、二胡、箫伴奏，由北京一位女歌唱家独唱的磁带录音，引起强烈的反响。印度朋友是初次知道这些，初次听到了这样美丽的诗，这样美丽的乐曲。我又三次到香港讲学，在中文大学和香港大学参加比较文学、中西文化交流国际学术会议；认识了不少位港台的学者、诗人和作家，受到热情的接待，促进了互相了解，很有意义。

我从小就喜欢游山玩水，留恋于自然美景，花鸟虫鱼；我的故乡温州那么优美的风景物华早已吸引了我的心灵。我上初中读书的地方恰巧就在纪念我国第一个山水诗人、刘宋时代"才高词盛，富艳难纵"的大作家谢灵运的"春草池"边。我的家乡有名山佳水，尤其是瓯江、楠溪江、雁荡山、江心孤屿、茶山五美园、九山落霞潭、仙岩梅雨潭，等等。历代诗人作家如谢灵运、李白、杜甫、孟浩然、韩愈、陆游、叶适、永嘉四灵、林景熙、文天祥、袁枚等，直到现代朱自清、郭沫若等都曾歌唱过这片秀丽的山川。我便在这样的自然环境和文学影响中获得了最初的诗的营养；可以说，我是从山水之恋到诗之恋的。还有三十年代动荡不安的世界，黑暗腐败的社会和中华民族深重的危机引起了我少年时的忧伤和愤慨，促使我十六岁（一九三一年）时开始写新诗（现存我最早的诗是《雷雨》和《爝火献辞》两首，均作于一九三二年）。长期以来，我和诗歌结下了不解之缘，把它看成是我生命的一部分。关于这些，我在一九四四年《红与黑》译者序，特别是一九八三年出版的诗集《梅雨潭的新绿》（这是我五十年来诗歌创作的一本选集）自序中有较详尽的叙述。

从一九四六年至一九四九年南京解放前这一阶段，由于时世动荡，社会不安，生活紧张，我除在中大教书外，曾在外面兼差，成天忙碌，没有闲暇写诗，只翻译出版了一本《爱的毁灭》（斯丹达尔短篇小说集）。一九四六年七月十五日，闻一多先生被国民党反动派暗杀，我在悲愤中写了一首诗《遥祭》，以志深切的哀思（五年后，即一九五一年，闻先生殉难五周年时，我又写了一首长诗《从烛光到阳光》）。一九四七年"五·二〇"时，我和杨苡、杨宪益（他们那时都在编译馆工作）支持"反内战、反独裁、反饥饿"的正义斗争，签名捐款，慰问受伤青年学生。当时宪益还和朋友进行地下革命活动，开了一个"绛社"古董店，作为联络点。总之，那时我们都期待着曙光涌现，胜利的红旗卷过长江，飘扬在紫金山上。

在解放初期，我以炽热的心胸，欢快的调子，写了很多诗，歌颂新的时代，新的祖国，社会主义革命和建设。我参加"土改"，写了《土地上的光》等诗；抗美援朝时，写了一首叙事长诗《三个美国兵》。那时南京文艺界十分活跃，很有新气象。一九四九年十一月，成立了南京文联，我被选为委员。我又与许多同志在一起，组织"诗联"，编印了两本《诗红旗》，并与上海"诗联"合办当时国内第一个诗刊《人民诗歌》；提倡诗歌朗诵，开了好几次诗朗诵会。同时，我迷上了马雅可夫斯基，翻译出版了一本《马雅可夫斯基研究》（一九五○年），一本马雅可夫斯基的杰作长诗《符拉基米尔·伊里奇·列宁》（一九五一年）。

新中国成立四十五年来，我在教学、学术研究、文学创作和翻译四个方面都进行了一些努力，比以前付出更多的劳动，取得了一些成绩，尤其是学术研究方面。可以说，这是我第二个丰收期。

首先我是一个教师，我热爱这个职业，一直认为教师是世界上最美丽的称号。我永远怀念和感谢我敬爱的小学、中学、大学的教师们！五十多年来，我坚持在文化教育这个领域中耕耘，没有动摇过，没有抱怨过；我是一个乐观主义者，我十分愉快地迈步在这条闪烁着师生情谊的绿色大道上。长期以来，我最服膺鲁迅《摩罗诗力说》中的一句话："盖人文之留遗后世者，最有力莫如心声。"（这里"心声"可泛指语言文学，特别是诗歌）和鲁迅在《捷克译本》一文中所说的："人类最好是彼此不隔膜，相关心。然而最平正的道路却只有用文艺来沟通。"这都是至理名言。我感到教师应该在教学中体现鲁迅这些话的精神，不断地鼓励和指导学生努力学习古今中外优秀的文化成果；并阐明在今天世界上促进各国人民互相了解和友谊的发展，保卫持久和平，加强国际文化交流极其丰富的内容和深远的意义。另外，十二年前，我在为我母校温中八十周年校庆时所写的一篇文章里，对在校同学们提出一点热望，我说："一定要刻苦地把中文和外语（至少要努力掌握一门外语）学好！这是一切学科的基础的基础。我认为理想、中文和外语这三样是建筑精神大厦的钢骨水泥。"在这里，我愿意重复这一点，或可作为当了五十年教师的我的一些经验体会吧。

在学术研究方面，我主要的兴趣和活动是浪漫主义和中西比较文学。先后发表有关中外文学的论文数十篇，其中较有影响的是：《中国现代文学的主潮》（德文本）、《鲁迅旧诗〈自题小像〉等解说的争鸣》《一颗燃烧的心和生命的开花——读巴金〈随想录〉和卢梭〈忏悔录〉》《中外比较文学研究的前景》《池塘生春草，园柳变鸣禽——关于谢灵运及其创作一些新的探索》《我热爱山水诗》《从齐白石的画说到浪漫主义》《斯丹达尔及其〈红与黑〉》《西方的"红学"》《梅里美短篇小说集译后漫记》《试说华滋华斯名作花鸟诗各一首》《济慈〈夜莺颂〉和〈秋颂〉欣赏》《弥尔顿〈欢乐颂〉与〈沉思颂〉译后漫记》《艾米莉·勃朗特和她的〈呼啸山庄〉》《兰波及其杰作〈醉舟〉》等。

一九七八年十一月我参加了在广州召开的"全国外国文学工作规划会议"（这是我国外国文学界空前规模的一次盛会，不少位老前辈，如朱光潜、冯至、梁宗岱、曹靖华、伍蠡甫等先生都参加了），会上成立了"中国外国文学学会"，我被选为理事。这次会议对我以后十多年的外国文学和比较文学研究工作起了不少促进作用。特别是在我国新时期改革开放政策的鼓舞下，我与我国十几位外国文学界前辈学者，前西南联大老师和同学（一九八〇年七月，"中国外国文学学会"年会在成都举行，我和北京大学英语系两位教授杨周翰、李赋宁等在会上提出了开展比较文学研究的倡议），以及许多中青年同行们在一起，共同努力复兴中国比较文学，使之成为我国一个新的热闹学科；并在中西比较文学教学以及培养比较文学研究生方面作出努力，产生了较大的影响，被称为"我国现阶段比较文学研究的积极倡导者和实践者"。（《比较文学及其在中国的兴起》第二百六十九页）一九八三年出版的《鲁迅〈摩罗诗力说〉注释·今译·解说》一书是我花了三年功夫写成的一部二十万字的专著。除作了五百多条注释外，还将原著深奥的文言文译成现代汉语。在"解说"部分《中外诗歌多彩交辉的旅程》一文中，我提出了"鲁迅是现代中国最早贡献最大的比较文学家，一九〇七年是中国比较文学起步的一年"；并论述浪漫主义九个特色——主观性、抒情性、想象力、理想性、敏感性、象征性、神奇性、自然美和中古风。这些观点引起了国内外学术界的重视。本文被认为"是一篇朴质谨严而又情文并茂的比较文学的重要论文，本书则是著者多年来大胆求索，辛勤耕耘的丰硕成果"。(《比较文学自学手册》第三百七十六页)有的学者还指出:"在鲁迅研究的六十多年学术史中，像赵瑞蕻同志这样以外国文学专家的身份撰述的鲁迅研究专著，是可数的几本之一。"(《中国比较文学》第二期第三百五十七页)一九九〇年，本书在全国首届比较文学图书评奖活动中获得了"荣誉奖"。近年，我又修订了过去发表和少数未发表过的文章，编成两部文集:《诗歌与浪漫主义》(一九九三年十月已由南大出版社印行)和《〈红与黑〉研究及其它》。

一九八六年至一九八八年，《香港文学》陆续发表了我的《诗的随想录》一百五十首，试以八行诗体抒写我晚年的所见所感所思，以及对古今中外十几个我最推崇最受影响的诗人、作家及其作品的点滴感受;宣扬爱国主义、国际人民友谊和文化交流，表达对人类未来和平和美好生活的向往;并且批判"文革"罪行，当前社会上存在着的某些腐败丑恶现象，庸俗、唯利是图的世态，等等。我想在内容，特别在新诗形式方面作些探索和新的尝试。诗集承蒙两位已登耄耋之年我敬爱的老师王季思先生和冯至先生写序(他们除评论拙作外，各自提出了对新诗格律的精辟见解)，实在可贵荣幸之至(本书即将由南大出版社印行）。一九九四年十月初，我怀着强烈的希望，以浪漫的激情，试以弥尔顿早年两篇杰作《欢乐颂》和《沉思颂》的诗式，写了一首一百八十行的诗《八十放歌》，表达我八十岁时的情思；追怀往昔，畅想未来，歌颂光辉的今天，呈献给我亲爱的祖国大地。这大概是我最后一首诗了。

在这里，我还须补充说一点。我虽然早就离开故乡了，但一直怀念故乡，关心那里的发展，尤其是文化教育方面的情况。一九六二年春节期间，我回到阔别了二十五年之久的故乡，拜访亲友，参观母校温中等；并重临仙岩梅雨潭，想起朱自清先生的名著《绿》，今昔对照，很有感想，于是写了一首《梅雨潭的新绿》，以纪念朱先生（此诗后来被收进多种选本）；还独自跑到雁荡，探寻谢灵运《从筋竹涧越岭溪行》诗里所描绘的胜迹。一九七八年六月，我承温州师范学院的邀请，去讲学一次。一九八五年五月，又承温师院聘为兼职教授，曾讲课八次（中西比较文学等），很受欢迎。同时，我又承温州大学聘任为兼职教授。后来又任温大董事会董事。一九八八年四月，我再次与我女儿赵蘅以及三个研究生应邀到温大讲学（每人讲一次。其中赵蘅的讲题是"关于当前电影创作的几点思考"，边讲边放映带去的《原野》《湘女萧萧》《黄土地》三部影片。赵蘅为爸爸创作的油画像片，反响最为强烈）。温师院和温大的热情鼓励和对我的帮助使我非常感动，永远感激！温州大学的创办，正如金温铁路开始兴建一样，使我感到特别兴奋激动，这的确是实现了我们温州人民长期的理想。我也因此特别关心温大，对外宣传温大，并把我的藏书捐献给温大，聊尽绵薄。一九八九年十月，我再一次回到家乡，承邀参加温州市图书馆成立七十周年盛会，并作了一次"中外文学研究的新探索"的报告。一九九一年十一月，我又承邀参加由温州师院等单位举办的雁荡召开的"全国旅游文学学会年会暨谢灵运国际学术研究会"；雁荡壮丽的风景和谢灵运优美的诗篇再一次深深地触动了我的心灵。

我现任南京大学中文系中西比较文学教授，又是中国作家协会会员、江苏作协顾问、南京作家协会理事、中国翻译工作者协会副会长、江苏译协会长、中国比较文学学会顾问、《中国比较文学》编委会顾问、中国外国文学学会理事、法国文学研究会顾问、鲁迅研究学会名誉理事、闻一多研究学会理事、江苏比较文学学会名誉会长，南京大学比较文学研究会名誉会长、国际比较文学学会会员等。

一九九四年十月初稿
一九九四年十一月二十八日修订

原载《文教资料》1995 年第 1 期。

赵瑞蕻先生生平

中国民主同盟盟员、中国作家协会会员、著名作家、诗人、学者、翻译家，南京大学中文系教授赵瑞蕻先生，因心脏病突发、抢救无效，一九九九年二月十五日凌晨二时五十分，逝世于江苏省人民医院，终年八十三岁。

赵瑞蕻先生一九一五年十一月二十八日出生于浙江省温州市，少年时代就读于温州中学，同时开始了最初的文学活动，他的文学才华，得到国文老师、著名戏曲大师王季思先生的赏识和鼓励。在中学时代，赵先生就参加了中国共产党领导和影响的学生爱国民主活动，表现出了对祖国命运和民族前途的深切关怀。

一九三五年赵瑞蕻先生考入上海大夏大学中文系，后转入山东大学外文系学习。他积极参加了"一二·九"学生爱国运动。抗战爆发，为了不当亡国奴，他跋涉万里，途经河内、香港，辗转来到大后方，进入西南联大外文系学习，在西南联大期间，他同外文系吴宓、钱钟书、燕卜荪，中文系沈从文、闻一多诸先生都有密切的交往，深受他们的影响。他写作了大量诗歌，是西南联大著名的青年诗人之一。他在这一时期开始了文学翻译活动，出版了法国著名小说《红与黑》的第一个中译本，还翻译出版了《梅里美短篇小说选集》等外国文学名著。

一九四〇年从西南联大毕业后，赵瑞蕻先生短期在中学任教，一九四二年受聘于中央大学外文系，担任著名学者范存忠先生的助教。

解放以后，赵瑞蕻先生在南京大学外文系继续执教，一九五二年调入中文系，次年奉国家教育部派遣，前往原民主德国莱比锡大学任客座教授，讲授中文和中国文学，他的出色工作，得到原民主德国教育部和莱比锡大学的高度评价和奖励，为中德文化交流和发展两国人民的友谊作出了贡献。

一九五七年赵先生回国，先后担任南京大学中文系副教授和教授，他在中文系开设外国文学的课程，为南京大学比较文学与世界文学专业的建立和发展奠定了基础。六十年代他出版了诗集《梅雨潭的新绿》等作品，他热烈歌颂真善美，鞭笞假丑恶，得到广大读者的喜爱；他还出版了《马雅可夫斯基研究》等一系列研究外国文学的论著，奠定了他在学术界的地位。

"文化大革命"结束以后，赵瑞蕻先生重新焕发青春，以极大的热情投入教学和科研工作，他站在学术研究的前列，为发展我国新兴的比较文学奔走呼号，他是中国比较文学学会的发起者之一，并创建和领导了江苏省比较文学学会，他还身体力行，培养了我国第一批比较文学方向的研究生，出版了比较文学的力作《鲁迅〈摩罗诗力说〉注释·今译·解说》，他为我国的比较文学事业竭尽了全力。

赵瑞蕻先生一九八八年退休后，仍然怀着一颗赤子之心，关注祖国的社会主义现代化建设和南京大学的发展，他继续勤奋工作，笔耕不辍，在八十高龄出版了论文集《诗歌与浪漫主义》，诗集《诗的随想录》，并完成了长篇文学回忆录《离乱弦歌忆旧游》等著述，为文学事业作出新的贡献。

赵瑞蕻先生担任过众多的学术职务，他是中国比较文学学会顾问、中国外国文学学会名誉理事、中国鲁迅研究学会名誉理事、江苏省翻译家协会名誉会长、江苏省比较文学学会名誉会长、江苏省作家协会顾问、江苏省外国文学学会顾问，他还曾担任过中国翻译家协会副会长的职务。

赵瑞蕻先生为人诚恳、热情，他热爱真理、追求光明、心地善良、襟怀坦白。他热爱生活、热爱文学。他的逝世，使我国文学界、学术界和翻译界失去了一位德高望重的前辈，他的逝世也是南京大学的重大损失。尊敬的赵瑞蕻先生，安息吧！

南京大学

一九九九年二月十六日

选自《多彩的旅程：纪念赵瑞蕻专辑》，第 145–146 页。

编后语

　　本册取名为《弦歌中西赵瑞蕻》，"弦歌"乃诗人平生喜好高声吟诵的形象，同时也与《离乱弦歌旧游》一书有涉；"中西"乃先生平生学术中西比较文学的概括，其学问确实横跨中西，不但从事欧洲文学的中译，同时也曾亲赴德国教授中国文学，足见先生在文学与学术均有历史性造诣。

　　事实上，我们学界对赵先生的诗歌创作、文学翻译与中西比较文学方面的成就缺乏全面而深入的研究。这一点也是编者在编选过程所得的学习体会。例如，德国汉学家梅薏华（Eva Müller）就回忆赵先生于一九五三年在莱比锡大学东亚所讲授"中国现代文学"与"鲁迅研究"，指引她从此热爱中国文学并"一辈子献身于中国文学"。

　　赵先生出身温州商人家庭，能够投身于文学事业，蔚然成就一名中西比较文学领域的开拓者，不能不说是他的文学禀赋使然，梅雨潭的梦魂铸就一颗浪漫的诗心。

为了追寻赵先生的历史足迹，编者将本册集子分为上中下三部分，分别以师友对其诗人诗作的确认与阐发，折射故知旧友眼中一个纯真浪漫的诗人形象；再以同事及学生辈的视角，从不同的生活细节，重现先生当年的诗意人生，勾勒赵先生热爱文学、热爱生活、热爱学生与热爱家乡，"洒向人间都是爱"，敢于讲真话，"永远保持一颗童心"，对于学术事业又是严谨不苟的形象；最后汇集家人亲属的怀念文字，真实而切近地展现赵先生的家庭生活片段。这些珍贵的回忆文字，可为学界研究赵先生的诗歌创作、文学翻译与中西比较文学阐发等诸方面，提供不可多得的佐证史料。

本册是在董宁文先生于二〇〇一年所编《多彩的旅程——纪念赵瑞蕻专辑》的基础上，进行选文增补，其中有些文章尽量以发表刊物或文集版本为准，并将选文时限更新至二〇二二年，新增文章二十多篇。本册试图对赵先生进行一次多角度的人物形象重构，但由于资料限制与编者能力有限，只能算是一次初编，期待将来涌现更多的回忆文章。最后，编者要感谢赵先生家属的信任与支持，也要感谢温州文史研究馆诸位先生的推荐与指点。

易永谊

二〇二三年三月四日

温州市文史研究馆
温州学人
印象丛书

图书在版编目（CIP）数据

弦歌中西赵瑞蕻 / 易永谊编 . -- 上海 : 文汇出版社，
2023.9

（温州学人印象丛书）

ISBN 978-7-5496-4059-1

Ⅰ . ①弦… Ⅱ . ①易… Ⅲ . ①赵瑞蕻－纪念文集

Ⅳ . ① K825.5-53

中国国家版本馆 CIP 数据核字 (2023) 第 125466 号

弦歌中西赵瑞蕻

出　　品	温州市文史研究馆
编　　者	易永谊
责任编辑	苏　菲
装帧设计	何天健
排版制作	胡文胜

出 版 人　周伯军

出版发行　🅜 文匯出版社
　　　　　上海市威海路 755 号（邮政编码 200041）

经　　销	全国新华书店
印刷装订	温州市北大方印务有限公司
版　　次	2023 年 9 月第 1 版
印　　次	2023 年 9 月第 1 次印刷
开　　本	889 毫米 ×1194 毫米　1/32
字　　数	220 千字
印　　张	11.625

ISBN 978-7-5496-4059-1

定　　价　68.00 元